高等院校会计专业（新准则）通用规划教材

会计信息系统原理与实务

（用友ERP–U872版）

➡ 第二版

主　编　李晟璐　王大海

副主编　冯建祝　穆　丽　马慧莲

上海财经大学出版社
SHANGHAI UNIVERSITY OF FINANCE & ECONOMICS PRESS

图书在版编目(CIP)数据

会计信息系统原理与实务(用友 ERP-U872 版)/李晟璐,王大海主编.—2 版.—上海:上海财经大学出版社,2017.5
高等院校会计专业(新准则)通用规划教材
ISBN 978-7-5642-2694-7/F·2694

Ⅰ.①会…　Ⅱ.①李…②王…　Ⅲ.①会计信息-财务管理系统-应用软件-高等学校-教材　Ⅳ.①F232—39

中国版本图书馆 CIP 数据核字(2017)第 054070 号

□ 责任编辑　李嘉毅
□ 封面设计　杨雪婷

KUAIJI XINXI XITONG YUANLI YU SHIWU
会计信息系统原理与实务
(用友 ERP-U872 版)
(第二版)

李晟璐　王大海　主　编
冯建祝　穆　丽　马慧莲　副主编

上海财经大学出版社出版发行
(上海市中山北一路 369 号　邮编 200083)
网　　址:http://www.sufep.com
电子邮箱:webmaster @ sufep.com
全国新华书店经销
上海新文印刷厂印刷装订
2017 年 5 月第 2 版　2019 年 8 月第 2 次印刷

787mm×1092mm　1/16　14 印张　340 千字
印数:4 001—5 500　定价:39.00 元

前　言

企业经营和财务管理是相互联系、相互制约的有机整体。对企业的生产经营情况进行核算、管理和决策不仅需要财务数据，而且必须有供、产、销、薪资、存货、设备等多方面的经济业务信息。ERP 系统是一个建立在信息技术基础上的，以系统化的管理思想为企业决策层及员工提供决策运行手段的管理平台。ERP 系统既是一个先进的管理信息系统，也是一种实现企业资源最优化配置的管理理念。用友 ERP-U8 以财务管理和业务处理高度集成的信息管理方式为基础，提升企业财务会计工作的水平和层次，以规范企业运营、改善经营成果为目标，帮助企业实现"精细管理，敏捷经营"。为了适应会计改革和发展的需要，我们编写了《会计信息系统原理与实务》。

本教材是以用友 ERP-U8(V8.72)管理软件为蓝本，深入浅出地介绍了会计信息系统的基本原理及具体的实务操作。

本教材共分 9 章：第 1 章"会计信息系统概论"介绍了会计信息系统的基本原理；第 2 章"用友 ERP-U8 管理软件功能与安装"介绍了该软件的功能结构及安装步骤；第 3 章至第 9 章介绍了系统管理、公共档案基础设置、总账管理系统、UFO 报表管理系统、薪资管理系统、固定资产管理系统、应收应付款管理系统、供应链管理系统，并且各章都加入了便于读者深入学习的实验案例及实验指导。书后附分模块练习题和综合练习题，以供读者进一步学习。

本教材的主要特色是：

第一，编写模式新颖，教材体系具有应用性特色。教材体系按应用型人才培养目标构建，紧紧围绕学生关键能力的培养组织内容，强调操作的实用性，促进教、学、做一体化。

第二，教材内容翔实，有助于进行综合性和系统性训练。在讲解用友 ERP-U8 管理软件总体架构的基础上，依据企业会计业务处理的过程，全面、系统地介绍软件的工作原理和使用方法，将理论与实践紧密结合。

第三，教材的编写团队具有"校校联合"的特点。本教材编写团队的成员来自 4 所高校，吸收了各高等院校丰富的教学经验和实践经验。

第四，随书附赠教学资料光盘，有利于教师备课和学生自主学习。本教材随书附带各模块实训结果样本账套、教学资料和相关软件，供读者练习使用。

本教材由李晟璐、王大海、冯建祝、穆丽、马慧莲编写。冯建祝编写第 1 章和第 2 章，邓利梅编写第 3、4、5 章和附录 2，王大海编写第 6 章和第 7 章，李晟璐编写第 8、9 章和附录 1。

本教材是以普通高等院校本科、专科会计学专业以及经济管理等相关专业"会计信息系统"和"会计电算化"课程教学为主要对象而编写的，也可作为会计电算化上岗培训、函授和自学教材。

计算机技术不断地发展和完善,以此为依托的会计信息系统也会随其而发展。在本教材的编写过程中,我们虽然做了很大的努力,但由于编者本身的局限,疏漏和不足之处在所难免,恳请读者批评指正。

编　者
2017 年 3 月

目　录

第1章 会计信息系统概论

1.1 会计信息系统概述

1954 年 10 月,美国通用电气公司在最早的商用计算机 UNIVAC-1 上计算职工工资,开创了计算机在会计工作中应用的先河。我国会计电算化工作从 20 世纪 70 年代后期开始,发展到今天,已经是信息化社会不可或缺的内容,用友、金蝶等一大批成熟的国产商品化会计软件被广泛应用。

2012 年 12 月 5 日财政部修订通过的《会计从业资格管理办法》第十条规定,"会计从业资格考试科目为:财经法规与会计职业道德、会计基础、会计电算化(或者珠算)",会计工作人员需要具备利用计算机处理会计业务的能力。会计信息系统的核心是会计核算软件。商品化会计核算软件种类丰富,软件功能和销售价格差异显著,使用方法各有特点。对于从事或准备从事会计工作的人员,要达到深入认识与正确使用会计核算软件的目的,就需要了解会计核算软件的相关知识,掌握会计核算软件的使用方法。

1.1.1 会计信息系统的概念

数据是记录下来的可以被鉴别的符号。信息是对数据的解释,是经过加工后有意义的数据。从处理过程看,会计是将会计数据转换为会计信息的信息系统,可以将会计信息分为经济业务信息和财务信息。会计信息系统可以是手工系统,也可以是利用计算机对会计业务进行处理的系统,即电算化条件下的会计信息系统。电算化条件下的会计信息系统横向扩展形成企业管理信息系统,纵向发展并按职能结构可分为会计信息处理系统、会计管理信息系统和会计决策支持系统。电算化条件下的会计信息系统(简称会计信息系统)基本知识和应用技术是本书研究的对象。

会计信息系统(Accounting Information System,AIS)是经济业务处理和财务处理一体化的处理系统,具有数据采集、存储、处理,以及信息传输和输出等功能,是会计、管理和信息技术的综合系统。它采用现代信息技术,系统、连续、综合地反映企业经营活动的全过程,以达到客观地反映过去、实时地控制现在、准确地预测未来的目的。把会计信息系统作为企业管理信息系统的一部分来认识和剖析更能反映会计为企业经营管理决策服务的本质特征。

1981 年 8 月,在财政部、原机械工业部和中国会计学会的支持下,在长春市第一汽车制造厂召开了"财务、会计、成本管理中应用电子计算机"专题学术讨论会,将电子计算机在会计中的应用定义为会计电算化(Accounting Computerization)。会计电算化是会计、管理、计算机、网络和信息技术相结合的边缘性学科,实践过程中延伸出多个相同或相似的概念,如电脑会计、会计软件、计算机会计信息系统、电子数据处理(Electronic Data Processing,EDP)会计和电算化会计等。会计电算化以电子计算机为主,将电子技术和信息技术应用到会计实务中,是一个应用电子计算机实现的会计信息系统。

会计信息系统的基本构成包括硬件、软件、人员和信息等资源,是一个庞大的系统工程。软件要素包括系统软件和会计软件,会计软件是会计信息系统工作的核心内容。会计软件集成在管理软件中,使会计工作具有更强的管理职能。在会计处理和业务处理一体化软件中,较成熟的是企业资源计划(Enterprise Resource Planning,ERP),它是以市场为导向开展经营管理活动的管理软件,能够将企业内部所有资源整合在一起,对采购、生产、成本、库存、分销、运输、财务和人力资源进行规划,从而达到最佳资源组合,取得最佳效益。ERP应用成功的标志是系统运行集成化,软件的运作跨越多个部门;业务流程合理化,各级业务部门根据优化后的流程重新构建;绩效监控动态化,绩效系统能及时反馈以便纠正管理中存在的问题;管理改善持续化,企业建立一个可以不断自我评价和不断改善管理的机制。不仅如此,还需要根据软件配置适当的计算机硬件系统。单位规模和会计信息系统水平不同,会计信息系统人员的构成也有所差异,基本人员一般有系统管理员、维护员、操作员、审核员和档案管理员等。影响会计信息系统发展的"瓶颈"是人才培养,会计工作涉及的电子数据、遵循的法规制度等信息资源是会计信息系统的保障。

1.1.2　会计信息系统的发展过程

会计电算化条件下的会计信息系统产生于20世纪50年代。1954年10月,美国通用电气公司开始尝试利用电子计算机处理本单位职工工资,开创了电子计算机在会计工作中应用的新领域。经过不断实践和创新,会计电算化条件下的会计信息系统在提高会计工作效率、工作质量、人员素质和促进会计理论发展方面发挥了重要作用。国外会计信息系统从20世纪50年代开始每隔10年左右进入一个新的发展阶段,主要经历了单项业务处理、综合业务处理和系统业务处理三个阶段。

我国会计电算化条件下的会计信息系统起步较晚,开始于20世纪70年代末。1979年,长春第一汽车制造厂在有关部门的支持下,从联邦德国进口电子计算机,进行电子计算机在会计工作中的应用试点。1981年,在长春第一汽车制造厂召开了"财务、会计、成本管理中应用电子计算机"专题学术讨论会,将"电子计算机在会计中的应用"定义为"会计电算化"。

1983年,国务院成立电子振兴领导小组,加快了会计电算化应用的发展进程。1988年12月,首家专业从事商品化会计软件开发与推广的企业——用友财务软件服务社——成立。此后,多家专门从事商品化会计软件开发、销售及相关工作的公司成立。1989年12月,财政部颁布了我国第一个会计电算化管理办法——《会计核算软件管理的几项规定》;同年,先锋集团公司的凯利·先锋CP-800通用财会软件系统第一个通过财政部评审。

财政部颁布了多部与会计电算化管理有关的法规,如1994年6月颁发并于7月1日起施行的《会计电算化管理办法》《商品化会计核算软件评审规则》《会计核算软件基本功能规范》,于1996年7月1日起施行的《会计电算化工作规范》《会计基础工作规范》,于1999年1月起施行的《会计档案管理办法》等。

2001年7月,用友正式推出用友ERP-U8/伟库分销管理软件。该软件以"集中管理,异地监控"为核心理念,为多分支机构企业及组织提供分销、电子商务管理系统和最新的客户化解决方案。

2006 年 2 月,我国新的《企业会计准则》颁布,引入了会计专业判断。2006 年 7 月,企业内部控制标准委员会成立。2008 年 6 月 28 日,财政部、证监会、审计署、银监会、保监会联合发布了《企业内部控制基本规范》,于 2009 年 7 月 1 日起先在上市公司范围内施行,鼓励非上市的其他大中型企业执行。

2008 年以后,独立的会计核算软件品种日渐丰富,在满足行业或特殊需要方面做得越来越精细;同时,企业 ERP 应用进入了一个新的阶段。全国有数百家公司提供 ERP 产品,国内产品有用友、金蝶、金思维、金算盘、安易、通软、新中大、浪潮通软、深圳天思和神州数码等,国外产品有 SAP、ORACLE、ROSS、PeopleSoft、SSA、ASW 和 QAD 等。

2008 年 11 月,中国会计信息化委员会暨可扩展商业报告语言(Extensible Business Reporting Language,XBRL)中国地区组织成立,推进了会计信息化的建立。2010 年 7 月 15 日发布了《基于企业会计准则的可扩展商业报告语言(XBRL)通用分类标准(征求意见稿)》(财办会〔2010〕16 号),全面推进我国会计标准化和信息化工作。

我国会计信息系统从会计电算化初期模拟手工记账探索起步,经过与其他业务结合推广,到引入会计专业判断的渗透融合,并且与内部控制相结合建立 ERP 系统集成管理,整个发展过程可以划分为缓慢发展阶段(1983 年以前)、自发发展阶段(1983~1986 年)、有组织有计划发展阶段(1986~1992 年)和成熟阶段(1992 年至今)。

我国信息化进程中的问题在于如何充分利用 IT 技术来开发新的会计信息系统。根据国家规划,到 2010 年全国 80% 以上的单位要实现会计电算化。我国会计信息系统的发展趋势主要是充分利用各种移动通信技术、网络技术和云技术,融合电子商务活动,使会计业务与经营管理紧密结合,全面实现会计信息系统的网络化、标准化和信息化。

1.1.3　会计信息系统的特征

会计信息系统实现了数据处理的自动化、信息化。会计信息系统的建立是会计电算化发展史上的一次重大革命,是促进会计基础工作规范化和提高经济效益的重要手段,是建立现代企业制度和提高会计工作质量的有效措施。

会计电算化条件下的会计信息系统与手工会计信息系统相比,两者目标一致,需要遵守的会计准则和会计制度、基本会计理论和会计方法相同,会计数据处理流程大体一致,但会计核算工具、会计信息载体不同,记账规则不完全相同,账务处理流程类型存在差别,内部控制方式也不同。

1. 会计核算工具是计算机系统设备

会计电算化条件下的会计信息系统工具主要是计算机系统中的硬件系统和软件系统、网络通信设备和存储设备等。这些设备与人协同工作,各取所长,高效、可靠地完成会计业务处理工作。为了正确使用这些新型工具,需要会计人员具备计算机操作知识,了解计算机的基本原理及操作方法。

2. 会计信息载体是数字化加工和存储设备

会计电算化条件下会计信息系统的核心设备以无纸化方式工作,会计软件及会计数据均为电子数据。会计信息的存储介质主要有磁介质、光介质和电信号等。存储设备包括计算机的内存设备，一般以半导体材料制成；外存储设备，如固定或移动磁盘、光盘、U盘等。这些光、电、磁信号看不见、摸不着，带来了一定的保管风险，需要时应该通过输出设备转化为纸质材料。财政部颁布的《会计档案管理办法》对会计数据的保存做出了严格的规定。

3. 记账规则与计算机程序自动化工作相适应

会计电算化条件下会计信息系统工作的基础会计数据正确录入后，数据的处理由会计核算软件按事先设计好的程序自动完成，不存在人为的随机性错误。记账规则与手工方式相比有所调整，如总分类账和明细分类账可以同时登记或者分别登记，可以在同一个功能模块中登记或者在不同功能模块中登记，通过软件内部设置的控制程序可以保证账实相符。

4. 账务处理流程以简单处理程序为主，支持其他账务处理程序

在会计电算化条件下的会计信息系统工作中，企业规模、日常业务量的大小不再影响会计业务处理效率，只需要在会计核算软件内部设置一种简单的账务处理流程，如记账凭证账务处理程序，就可以利用软件的强大功能提供任何手工账务处理程序资料。不仅如此，会计核算软件的会计数据处理具有集中化、统一化、共享化的特点，这与形式上的手工账务处理方式不同。

5. 内部控制的重点是数据的输入环节

会计电算化条件下的会计信息系统内部控制可以分为一般控制和应用控制两种基本类型。一般控制是不同品牌的会计核算软件需要共同遵守的控制原则，而不同软件的应用控制方式可能不同。应用控制中的输入控制是所有会计核算软件内部控制的重点。输入控制涉及人的因素，只有操作人员正确输入基础数据，才能保证会计核算软件对会计数据的正确加工处理。软件内部的处理和输出控制是事先设计好且不能更改的程序，如凭证记账前必须审核、审核的凭证不能修改、当月结账后不能再发生该月份新的业务等。总之，会计电算化的内部控制是人工控制与软件控制相结合的综合控制。

1.1.4 会计信息系统的应用层次

按照会计软件的结构，可以分为单用户会计软件和网络会计软件；按照适用范围，可以分为通用会计软件和专用会计软件(定点开发会计软件)；按照会计软件功能范围的大小，可以分为核算层、管理层和决策支持层三个应用层次。

1. 核算层次会计软件

核算层次会计软件是会计电算化工作的基础软件，主要是面向事后核算，采用一系列专门的会计方法完成会计核算工作。实现这一层次的会计软件一般称为会计核算软件，是以会计理论和会计方法为核心，以会计法规和会计制度为依据，以计算机技术和通信技术(两者结合即网络技术)为技术基础，以会计数据为处理对象，以会计核算、财务管理、为经营提供财务信息为目标，用计算机处理会计业务的计算机应用软件。它可以是独立的软件，也可以是管理软件的一个子系统即非独立的软件。

会计核算软件的功能模块一般划分为账务处理(即总账管理)、报表管理、工资核算、固定资产核算、应收款核算、应付款核算、销售核算、存货核算和成本核算等。

会计核算软件各功能模块的数据之间具有一定的相互依存关系。账务处理是会计核算软件的核心，它利用会计期间的记账凭证数据和各种期初数据，实现账务处理的所有功能。账务处理与其他功能模块之间主要通过记账凭证数据的传递建立联系。工资核算、固定资产核算、应收款核算、应付款核算和存货核算分别向账务处理系统传递工资费用分配凭证、固定资产增减变化及折旧凭证、往来凭证和存货变化凭证,由账务处理系统审核记账。成本核算系统需要获取账务处理、存货、销售核算、固定资产和工资管理系统中与成本有关的数据,并将计算出来的成本数据传递给销售核算、存货系统。报表管理系统通过取得其他各系统的数据,加工生成对外、对内报表,满足各方对报表的需求。

单位规模和会计业务的多少不同,这些模块应用的情况也不尽相同。经济业务较少时,可能只应用到其中的账务处理和报表管理模块;其他核算业务量较少时,可以采用辅助软件或手工完成,再利用账务处理模块进行登记。会计核算软件多具备让各模块集成应用或各自独立使用的能力,可以根据单位特点、会计人员素质和核算要求选择使用。针对会计核算软件的单机、分机、多用户或网络组织模式,在业务量大、采集处理地点分散、应用复杂的情况下,可以利用网络会计软件,采取集中化、统一化和共享化方式管理网络会计数据。

2. 管理层次会计软件

管理层次会计软件以核算层次会计软件为基础,增加辅助核算与管理功能,设置财务分析模块,增加对比分析、差额分析和比率分析,并应用一些分析模型进行资金、成本、利润等方面的分析和管理。

管理层次的会计软件可以对经济业务进行事中控制,使会计人员更好地参与本单位的经营或管理工作。

3. 决策支持层次会计软件

决策是对未来事项的安排,为了到达一定目标,采用科学的方法和手段,从两个以上的方案中选择一个满意方案的分析判断过程。决策支持层次会计软件依托财务会计、管理会计、供应链管理、集团财务管理等多个功能模块数据,通过各个模块间相互联系、共享数据的业务与财务一体化管理模式,建立预测、计划、分析、投资等方面的基本决策模型,加工模块所提供的数据,制定可行性方案供决策者参考。

1.2　会计信息系统应用管理

1.2.1　内部控制管理

内部控制是指单位实施的,旨在实现控制目标的过程。

内部控制的目标是合理保证单位经营管理合法合规、资产安全、财务报告及相关信息真实完整,提高经营效率和效果,促进企业实现发展战略,最终目标是提高单位的经济效益。企业建立与实施内部控制,应当遵循全面性、重要性、制衡性、适应性和成本效益原则。

内部控制的构成要素有内部环境、风险评估、控制活动、信息与沟通、内部监督等。

会计电算化条件下的会计信息系统内部控制是以规范会计电算化软件开发与使用行为、防范开发与使用过程中的差错与舞弊为宗旨。做好会计电算化内部控制对于加强内部监督,保证会计工作的正常秩序起着重要作用。

会计电算化条件下的会计信息系统内部控制可以分为一般控制和应用控制。一般控制包括组织控制、开发控制、文档控制、硬件控制和软件(质量、安全和维护)控制;应用控制包括输入控制、处理控制和输出控制。

1. 内部环境

(1)机构设置

会计电算化部门包括会计部门和信息部门(或者项目实施部门)。单位可以根据规划和业务量情况将信息部门单独设置或者归入会计部门管理。会计部门负责会计软件的操作使用,信息部门负责会计软件、硬件和会计数据的维护管理。对于自行开发会计软件的单位,信息部门还要负责开发、维护会计电算化信息系统,包括系统开发阶段的可行性研究、系统调查、系统分析、系统设计、程序设计、调试和试运行、系统运行后的软硬件维护等工作。

(2)岗位职责

会计电算化后的工作岗位可分为基本会计岗位和电算化会计岗位。基本会计岗位包括会计主管、出纳、会计核算、稽核、会计档案管理等工作岗位。会计电算化岗位包括系统管理、系统维护、软件操作、审核、档案管理等工作岗位。

电算主管,负责协调计算机及会计软件系统的运行工作,要求具备会计和计算机知识,以及相关的会计电算化组织管理经验。电算化主管可由会计主管兼任。采用中小型计算机和计算机网络会计软件的单位应设立此岗位。

软件操作,负责输入记账凭证和原始凭证等会计数据,输出记账凭证、会计账簿、报表,并进行部分会计数据处理工作。此岗要求具备会计软件操作知识,达到会计电算化初级知识水平。各单位应鼓励基本会计岗位的会计人员兼任软件操作岗位的工作。

审核记账,负责对输入计算机的会计数据(记账凭证和原始凭证等)进行审核,操作会计软件登记机内账簿,对打印输出的账簿、报表进行确认。此岗要求具备会计和计算机知识,达到会计电算化初级知识水平,可由主管会计兼任。

电算维护,负责保证计算机硬件、软件的正常运行,管理机内会计数据。此岗要求具备计算机和会计知识,经过会计电算化中级知识培训。采用大型、小型计算机和计算机网络会计软件的单位应设立此岗位。此岗在大中型企业中应由专职人员担任。

电算审查,负责监督计算机及会计软件系统的运行,防止利用计算机进行舞弊。此岗要求具备会计和计算机知识,达到会计电算化中级知识水平。此岗可由会计稽核人员兼任。采用大型、小型计算机和大型会计软件的单位可设立此岗位。

数据分析,负责对计算机内的会计数据进行分析,要求具备计算机和会计知识,达到会计电算化中级知识水平。采用大型、小型计算机和计算机网络会计软件的单位可设立此岗位。此岗位可由主管会计兼任。

档案管理,负责存档管理数字化存储介质(磁盘、光盘、U盘等)的会计数据、会计软件,软件操作资料,输出的账表、凭证及其他会计档案资料,做到会计档案的安全、保密。此岗位可由审核员兼任。

(3)业务流程

会计电算化后,会计核算流程有所改变,数据统一由计算机处理,无论是总账、明细账,还是会计报表,它们的数据都是来源于同一个文件,这样,与手工作业方式相适应的证、账、表,总账与明细账的内部牵制作用完全消失了。

2. 风险控制

组织机构设置和人员分工要遵循岗位责任制,以避免数据处理错误和舞弊行为风险。加强会计核算软件安全控制功能的设计对风险控制起到重要作用。

组织机构设置和人员分工要遵循不相容职能相互分离的原则,即把不相容的职能分给不同部门的不同人员来完成,使得不同部门之间、同一部门的各人员之间的工作相互补充、相互证明、相互制约。信息部门的工作人员了解会计软件的保密措施和程序设计,如果同时让他们担任会计软件的日常使用工作,则很容易造成信息部门的人员实施修改会计软件的关键部分等违法行为。信息部门的人员若参与会计部门的工作,则可能利用所掌握的系统方面的知识,再利用其在会计部门处理会计事项的便利条件从事不法活动。将会计部门和信息部门的职能分开,可使会计部门传递给信息部门的数据在输入计算机时得到复核,降低错误的发生率;同时,会计部门的人员无法直接接触计算机输入、输出操作,会计部门的人员无法直接处理会计事项,从而减少了作弊的机会。

防止会计信息系统安全风险,应做到非指定人员无权使用软件功能,并且对操作人员进行使用权限控制。会计核算软件遇到操作意外时,应进行提示并且保持正常运行,对存储的数据文件进行加密或者其他保护,以防止被非法篡改。一旦发现程序文件和数据文件被非法篡改,应当能够利用标准程序和备份数据,恢复会计核算软件的运行。会计核算软件应当具有在计算机发生故障或者由于强行关机及其他原因导致内存和外存会计数据被破坏的情况下,利用现有数据恢复到最近状态的功能。

3. 控制活动

(1)会计核算软件设计控制

会计核算软件设计控制要求会计核算软件符合我国法律、法规、规章的规定,保证会计数据合法、真实、准确、完整,有利于提高会计核算工作的效率。会计核算软件应当按照国家统一会计制度的规定划分会计期间,分期结算账目和编制会计报表。会计核算软件可以根据用户需要同时具有提供按照其他会计年度生成参考性会计资料的功能。会计核算软件中的文字输入、屏幕提示和打印输出必须采用中文,也可以同时提供少数民族文字或者外国文字对照。会计核算软件在设计性能允许使用的范围内,不得出现由于自身原因造成死机或者非正常退出等情况。

(2)会计核算软件初始化控制

初始化控制要求输入期初数及有关资料,包括总分类会计科目和明细分类会计科目名称、编号、年初数、累计发生额及有关数量指标等;输入需要在本期进行对账的未达账项;选择会计核算方法,包括记账方法、固定资产折旧方法、存货计价方法、成本核算方法等;定义自动转账凭证(包括会计制度允许的自动冲回凭证等);输入操作人员岗位分工情况,包括操作人员姓名、操作权限、操作密码等;初始化功能运行结束后,会计核算软件必须提供必要的方法对初始数据进行正确性校验。

(3)记账凭证输入控制

记账凭证输入控制要求会计数据输入采用键盘和网络传输等多种形式。记账凭证的编号可以手工输入,也可以自动产生。会计核算软件应当对记账凭证编号的连续性进行控制。记账凭证的编号不允许重复,应提示会计科目编号所对应的科目名称。输入的记账凭证中的会计科目借贷双方金额必须平衡并且金额非零。收款凭证借方科目不是"库存现金"或"银行存款"科目、付款凭证贷方科目不是"库存现金"或"银行存款"科目的，应提示并拒绝执行。会计核算软件应允许对已经输入但未登记的会计账簿进行修改，修改的具体要求同凭证输入。记账凭证审核通过后即不能对机内凭证进行修改。审核或者登账的记账凭证有错误，可以采用红字凭证冲销法或者补充凭证法进行更正。

（4）会计数据处理控制

会计数据处理控制要求会计核算软件提供会计制度允许使用的多种会计核算方法。根据审核后的记账凭证登记总分类账和明细分类账，可以同时登记或者分别登记，登记时计算出各会计科目的发生额和余额。会计核算软件应自动进行银行对账，生成银行存款余额调节表；提供会计报表的自定义功能，包括定义会计报表的格式、项目、各项目的数据来源、表内和表间的数据运算与核对关系等，并据此自动编制会计报表。会计凭证全部记账后，总分类账与明细分类账一致时才能结账。总分类账和明细分类账可以同时结账，也可以由处理明细分类账的功能模块先结账、处理总分类账的功能模块后结账。结账后，上一会计期间的会计凭证不能再输入，下一会计期间的会计凭证方能输入。

（5）会计数据输出控制

会计数据输出控制要求会计核算软件应当提供对原始凭证、记账凭证、会计账簿、会计报表等会计数据的查询、打印功能，打印格式和内容应当符合国家统一会计制度的规定，打印会计账簿中的表格线条可以适当减少，满页打印输出，总分类账可以用总分类账户本期发生额对照表替代。对各种会计报表数据，会计核算软件不能提供直接修改功能；会计年度终了进行结账时，提供强制备份功能。

4. 信息与沟通

会计核算软件应当建立信息查询与输出功能，明确信息的收集、处理和输出权限控制，确保信息安全、可靠。利用信息技术促进信息的集成与共享，充分发挥信息技术在信息与沟通中的作用，充分利用会计核算软件各功能模块数据之间的相互依存关系，集成使用各子系统。加强对信息系统的开发与维护、访问与变更、数据输入与输出、文件存储与保管、网络安全等方面的控制，保证信息系统安全稳定运行。

5. 内部监督

单位应保证会计核算软件的安全使用，制定监督措施，明确权限，规范监督程序、方法和要求。

会计核算软件安全的监督检查措施可以采用登录用户识别、建立日志文件、建立数据存取保护制度，做到程序加密、数据加密。

会计核算软件输入监督检查措施可以采取有效数据控制法、重复输入法、显示复核法和校验码控制法。会计核算软件处理监督检查措施可以利用数据间约束关系控制、数据范围控制和合理性控制、文件处理的安全控制。会计核算软件输出监督检查措施包括检查输出结果的正确性控制、输出数据的保护控制等。

1.2.2　使用与维护管理

会计核算软件的使用与维护管理是指利用人、财、物等要素进行有效的计划、组织、协调和控制,进行硬件管理、软件管理和操作管理。

开展会计信息系统工作,可根据本单位具体情况,按照循序渐进、逐步提高的原则进行。例如,可先实现账务处理、报表编制、应收应付账款核算、工资核算等工作电算化,然后实现固定资产核算、存货核算、成本核算、销售核算等工作电算化,再进一步实现财务分析和财务管理等工作电算化。在技术上,可先采用微机单机运行,然后逐步实现网络化;也可根据单位实际情况,先实现工作量大、重复劳动多、见效快项目的电算化,然后逐步向其他项目发展。具备条件的单位应尽快采用计算机替代手工记账。

1. 使用管理

使用管理涉及会计电算化工作中的操作管理,硬件、软件和数据管理等方面。

(1)操作管理

操作管理包括使用的会计核算软件达到财政部发布的《会计核算软件基本功能规范》的要求,配有专门或主要用于会计核算工作的电子计算机或电子计算机终端并配有熟练的专职或者兼职操作人员,用电子计算机进行会计核算与手工会计核算同时运行 3 个月以上(一般不超过 6 个月)并取得一致的结果。

单位应建立会计信息系统岗位责任制,明确各个工作岗位的职责范围,切实做到事事有人管、人人有专责、办事有要求、工作有检查。

在实施会计电算化的过程中,各单位可根据内部牵制制度的要求和本单位的工作需要,对电算化会计岗位的划分进行调整和设立必要的工作岗位。基本会计岗位和电算化会计岗位可在保证会计数据安全的前提下交叉设置,各岗位人员要保持相对稳定。由本单位人员进行会计核算软件开发的,还可设立软件开发岗位。小型企事业单位设立电算化会计岗位,应根据实际需要对上述给出的岗位进行适当合并。

建立会计信息系统操作管理制度的主要内容包括:①明确操作人员的工作职责和工作权限,对操作权限严格管理,防止未经授权人员操作会计核算软件;②制定原始凭证和记账凭证等会计数据未经审核而输入计算机、登记账簿的措施;③操作人员离开机房前,应执行相应命令退出会计核算软件;④建立会计核算软件操作日志和记录上机操作全过程制度,由被授权的专人保存必要的上机操作记录,记录操作人、操作时间、操作内容和故障情况等内容。

(2)硬件、软件和数据管理

计算机硬件系统工作于一定的环境之中,对其工作环境有一定的要求。为了使计算机系统能够稳定正常地工作,必须对其工作环境进行一定的控制。要建立良好的机房环境,利用设备把机房的温度、湿度、磁场强度以及灰尘等的含量控制在允许的范围之内,并使机房具有防磁场、防火、防尘等能力。机房是运行会计核算软件的工作要地,应制定必要的管理制度保证机房秩序和工作环境。保证机房设备安全和计算机正常运行是实行会计电算化的前提条件,要经常对有关设备进行保养,保持机房和设备的整洁,防止意外事故的发生。

对正在使用的会计核算软件进行修改、对通用会计核算软件进行升级、对计算机硬件设备进行更换等工作要有一定的审批手续。在软件修改、升级和硬件更换过程中,要保证实际会计数据的连续和安全,并由有关人员进行监督。单位应健全必要的防治计算机病毒的措施。

单位应确保会计数据和会计软件的安全、保密,防止对数据和软件的非法修改和删除,对磁性介质存放的数据要保存双份备份。应健全计算机硬件和软件出现故障时进行排除的管理措施,保证会计数据的完整性。

2. 维护管理

随着会计核算软件规模和复杂性的增加、硬件成本的降低,软件系统的维护费用在系统总投资中所占的比例将越来越高。

会计信息系统维护主要是指程序维护,包括程序的正确性维护、适应性维护和完善性维护;同时,还应包括故障性维护、特殊性维护和运行环境维护等。涉及软件程序修改的部分由软件公司开发人员承担,故障性维护、特殊性维护和运行环境维护等可由系统管理员与专业维护人员共同承担。

为了确保会计软件维护工作的安全、顺利进行,防止维护产生的副作用,应建立会计电算化的维护管理制度,形成一套严密的工作程序、必要的审批和监督检查流程,包括维护的提出和审核、维护的组织和实施、维护后的审核和测试以及维护程序的使用等环节。

1.2.3　档案管理

会计档案管理应该遵守财政部颁布、于 2016 年开始执行的《会计档案管理办法》的要求。电算化以后的会计档案除包括会计工作不可缺少的证、账、表以外,还包括会计软件、软件相关资料和运行软件产生的会计数据。会计数据通常以备份数据的形式存在。

1. 档案内容

会计档案是指会计凭证、会计账簿和财务报告等会计核算专业材料,是记录和反映单位经济业务的重要史料和证据,具体包括会计凭证类的原始凭证、记账凭证、汇总凭证和其他会计凭证;会计账簿类的总账、明细账、日记账、固定资产卡片、辅助账簿和其他会计账簿;财务报告类的月度、季度、年度财务报告,包括会计报表、附表、附注及文字说明,其他财务报告;其他类型的档案,如银行存款余额调节表、银行对账单、其他应当保存的会计核算专业资料、会计档案移交清册、会计档案保管清册和会计档案销毁清册。各单位的会计凭证、会计账簿、会计报表和其他会计资料应当建立档案,妥善保管。会计档案建档要求、保管期限和销毁办法等应依据《会计档案管理办法》的规定进行。实行会计电算化的单位,有关电子数据和会计软件资料等应当作为会计档案进行管理。

2. 管理要求

会计电算化条件下的会计档案包括存储在计算机硬盘中的会计数据、以其他磁性介质或光盘存储的会计数据和计算机打印出来的书面等形式的会计数据。会计数据是指记账凭证、会计账簿和会计报表(包括报表格式和计算公式)等数据。会计电算化条件下的会计档案管理是重要的会计基础工作,要严格按照财政部的有关规定对会计档案进行管理,由专人负责。

会计档案的保管期限分为永久、定期两类。定期保管期限分为 10 年和 30 年两类。一般单位的年度财务报告(决算)、会计档案保管清册和会计档案销毁清册保管期限为永久,库存现金和银行存款日记账的保管期限为 30 年,固定资产卡片在该资产报废清理后保管 5 年,银行对账单、银行余额调节表的保管期限为 10 年,月、季度财务报告的保管期限为 10 年,其他会计凭证类、会计账簿类的保存期限为 30 年。通用会计软件、定点开发会计软件、通用与定点开发相结合会计软件的全套文档资料以及会计软件程序视同会计档案保管,保管期限至软件停止使用或有重大更改后 10 年。

采用电子计算机进行会计核算的单位,应当定期打印并保存打印出的纸质会计档案。现金日记账和银行存款日记账要求每天打印,并且由订本账改成活页账形式;明细账每年或需要时打印一次。总分类账可以用总分类科目余额、发生额对照表替代,每月打印一次。会计报表每月打印一次。

具备采用磁带、磁盘、光盘、微缩胶片等磁性介质保存会计档案条件的单位,由国务院业务主管部门统一规定,并报财政部、国家档案局备案。采用磁性介质保存会计档案要定期检查,定期复制,防止由于磁性介质损坏而使会计档案丢失。对会计档案管理要做好防磁、防火、防潮和防尘工作,重要会计档案应该双备份,存放在两个不同的地点。

存档的记账凭证要由填制凭证人员、稽核人员、记账人员、会计机构负责人和会计主管人员签名或者盖章,收款和付款记账凭证还应当由出纳人员签名或者盖章。打印的会计账簿必须连续编号,经审核无误后装订成册,并由记账人员、会计机构负责人和会计主管人员签字或者盖章。对外报送的财务报告应当依次编定页码、加具封面、装订成册、加盖公章,封面上应当注明单位名称、单位地址、财务报告所属年(或季或月)、送出日期,并由单位领导人、总会计师、会计机构负责人、会计主管人员签名或者盖章。单位领导人对财务报告的合法性、真实性负责。

单位应当制定和实施会计电算化档案管理制度,建立档案管理员岗位责任制,进行档案的分类管理,完善存档保管和使用的审批手续,制定安全保密措施。

1.2.4　商品化会计核算软件的选择与评价

单位建立会计电算化条件下会计信息系统的方式一般有自行开发、购买商品化会计核算软件和两者结合三种方式。目前,中小规模的单位可以购买商品化会计核算软件,其优点是成本低、见效快、保密性好、软件质量高、维护有保障;单位规模大、应用复杂的,可以采取购买商品化会计核算软件与自行开发相结合的方式,以更好地满足复杂应用的需要。

商品化会计核算软件是指在市场上公开销售的通用会计核算软件。会计核算软件的功能模块是指会计核算软件中有相对独立的会计数据输入、处理和输出功能的各个组成部分。

在我国境内销售的商品化会计核算软件应当经过评审。会计核算软件开发与销售单位必须为使用单位提供操作人员培训、软件维护和版本更新等方面的服务。

软件质量评价指标主要有正确性、可靠性、可移植性、可测试性和易操作性的特点。会计核算软件的使用要能够实现用户的目标,经过若干使用周期性能依然稳定,可以在不同的操作系统之间移植,提供一组会计数据能够得到预知的会计处理结果,容易被会计人员、管理人员和其他用户安装和使用。

第2章 用友 ERP-U8 管理软件功能与安装

2.1 用友 ERP-U8 软件功能

2.1.1 用友软件概述

用友公司成立于 1988 年,是亚太地区最大的管理软件、ERP 软件及服务提供商。中国及亚太地区超过 150 万家企业与机构使用用友软件,中国 500 强企业超过 60%使用用友软件。用友公司拥有超过 3 500 人的研发队伍。用友公司的 100 多家分子公司、3 000 多名服务专家、3 000 多家合作伙伴组成了中国管理软件业最大的服务系统,在国外建有分公司或代表处,发展目标是成为世界级管理软件与云服务提供商。其产品具有跨平台、流程化、模板化、支持特大型集团企业应用等特性,处于行业领先水平。用友公司提供的涉及会计核算功能的软件主要有用友 NC(面向集团企业)、用友 ERP-U9(面向大中型企业,B/S 架构)、用友 ERP-U8(面向大中型企业,C/S 架构)、用友 T 系列(面向中小企业)、SaaS(软件即服务)在线租用软件及其他开发组件产品。这些软件结合不同应用方向,将基础会计核算功能集成在软件中,掌握了一种软件的会计核算处理方法,其他软件就容易学习和使用了。以下重点介绍用友 ERP-U8 的发展过程。

2001 年 7 月,用友正式推出用友 ERP-U8/伟库分销管理软件。该软件以"集中管理,异地监控"为核心理念,为多分支机构企业及组织提供分销、电子商务管理系统和最新的客户化解决方案。

2001 年 11 月,用友 ERP-U8 管理软件及财务通顺利通过了微软 Windows XP 的兼容性测试。

2002 年 9 月,用友 ERP-U8(V8.50)发布。该产品在保持成熟、完善、易实施特点的基础上,强化了人性化操作、先进完整的方案体系以及安全高效的系统特征。

2004 年 11 月,用友 ERP-U8(V8.60)发布,ERP 应用进入普及时代。

2006 年 11 月,用友 ERP-U8(V8.70)发布,它是在 ERP-U861 基础上推出的,支持 2007 年新的会计准则。

2008 年 11 月,用友 ERP-U8(V8.72)(简称 ERP-U872)发布,支持制造企业转型升级。

2009 年 9 月,用友 ERP-U8(V8.90)发布,改进了战略规划与反馈,业务计划、执行、监控,完善了行业关键特性和系统支持。

2011 年 12 月,用友 ERP-U8(V10.1)发布,包括企业门户、财务会计、管理会计、供应链管理、生产制造、分销管理、零售管理、决策支持、人力资源管理、办公自动化、集团应用和企业应用集成等典型功能。

2012 年 11 月,用友 ERP-U8(V11.0)发布。它面向成长型企业,加强企业精细化管理,集营销、云服务、移动应用、深度数据挖掘、敏捷制造、精细化成本管控和条码管理等功能。

ERP-U8 能够适应中国企业高速成长且逐渐规范化发展的态势,为广大中小企业连接世界级管理,是蕴含中国企业先进管理模式、体现各行业业务最佳实践、有效支持中国企业国际化战略的信息化经营平台。如今,ERP-U8 不仅成为管理者进行企业运营与管理的桌面工具,更是企业实现精细管理、敏捷经营的利器。鉴于软件使用现状,本书主要介绍用友 ERP-U872 软件中会计核算子系统各模块的功能及操作方法。

2.1.2　用友 ERP-U8 的功能

用友 ERP-U8 相对于早期版本,提供了插单模拟、改制和实际成本管理,加强了内部控制和质量追踪,完善了车间完工汇报、工序委外、加工贸易和主动服务应用,加强了对付款业务的审批力度,控制资金流向,集成考勤机应用,整合人事变动应用,预制人力结构分析报表,实现批零一体化管理,使 ERP+分销零售整合成为现实,在权限管理中增加了安全认证体系,在提供传统的用户名和口令加密方式的基础上,提供 CA 认证、动态密码,使用户的所有操作都留有痕迹,出现问题时可以进行追溯,办公与业务一体化应用更加便捷,具有提供个性化应用和移动应用的能力。

从结构上看,用友 ERP-U8 仍采用三层结构体系。第一层为数据库管理层,采用 Microsoft SQL Server 2000 及以上版本,集中管理所有账套数据,并支持网络功能。第二层为系统管理,为系统管理员和账套主管所用,提供账套管理、年度账管理、用户管理、权限管理、日志管理和系统运行状态管理功能。第三层为企业应用平台,提供操作员使用的客户端功能。三个层次的软件可以在单机版操作系统下工作,也可以在服务器版操作系统下工作;可以安装在同一台计算机中单机工作,也可以安装在不同的计算机中组网工作。配置专业服务器,并将第一层软件安装在服务器版操作系统下,可以支持更多的客户访问,增强网络处理能力。

用友 ERP-U8 的功能可以划分为财务管理、供应链管理、生产制造管理、人力资源管理、客户关系管理、集团管理和多维分析管理等子系统。

财务管理子系统包括总账、报表、应收款管理、应付款管理、固定资产、专家财务评估、公司对账、网上银行、现金流量表、网上报销、WEB 财务等功能模块。总账系统可以满足企业不同角色的会计人员处理日常业务的需要。系统可以自动编制收款、付款、转账凭证,自动进行期末记账与结账,自动形成总分类账、明细分类账和财务报表进行财务分析,提高企业财务核算效率,实时反映业务运营状况,进行财税一体化处理。

财务会计子系统各模块既可以单独使用,彼此不发生业务联系,也可以集成使用,模块之间具有数据传递和制约关系。集成使用可以体现 ERP 软件数据集中、统一和共享的优势,提高操作和管理效率。

供应链管理子系统包括采购管理、销售管理、库存管理、存货核算、合同管理、售前分析、出口管理、委外管理、质量管理、WEB 业务和进口管理,通过供应链管理帮助企业实现销售、生产、采购、财务部门的高效协同,逐步消除管理"瓶颈",建立竞争优势。

生产制造管理是用友 ERP-U8 的重要组成部分,用户可以进行 MRP 运算和 ROP 运算,包括物料清单、主生产计划、需求规划、产能管理、生产订单、车间管理、工序委外、工程变更和设备管理等功能模块。

人力资源管理子系统提供薪资管理、人事合同管理和对劳动争议事件处理情况的管理等功能模块。薪资管理系统用于各类企业、行政事业单位进行工资核算、工资发放、工资费用分摊、工资统计分析和个人所得税核算等,可以与总账系统集成使用。人事合同管理系统、对劳动争议事件处理情况的管理和薪资管理等功能模块适用于各类企业、行政事业单位对用人单位与劳动者个人签订的劳动合同以及各种人事协议(如岗位协议、保密协议、培训协议)进行管理。

此外,用友 ERP-U8 还提供集团财务、客户关系、多维分析管理等子系统。用友 ERP-U8 集团财务管理主要是针对集团财务、结算中心和网上结算等功能。客户关系管理子系统以客户为中心,基于完整客户生命周期的发生、发展过程,实现以客户为中心的信息整合,采用"一对一营销"和"精细营销"的模式帮助企业量化管理市场、销售及服务过程,实现员工、业务部门、分支机构及合作伙伴的协同工作,建立科学的知识管理、价值管理及决策支持体系,帮助企业更好地获取客户、保有客户及提升客户价值,从而全面提升企业竞争能力和盈利能力。多维分析管理是从管理的不同视角,多角度地分析一个或多个业务管理单元的信息,如对销售的多维分析,可以从时间、区域、部门、客户、销售员和产品等不同维度进行。

用友 ERP-U872 软件功能结构如图 2—1 所示。

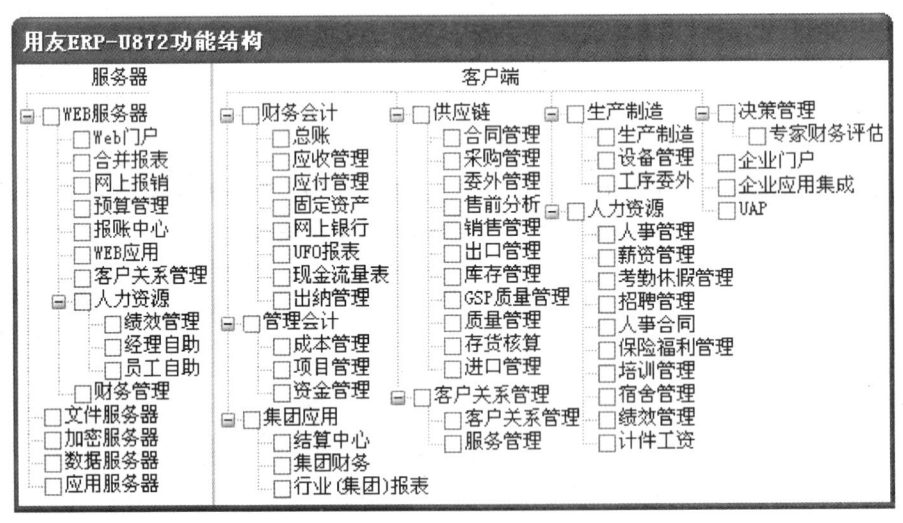

图 2—1　用友 ERP-U872 软件功能结构

2.2　用友 ERP-U8 软件安装

用友软件的安装比较复杂,从操作系统的安装开始,到用友软件安装后其他软件的安装为止,安装工作包括安装前准备、安装操作系统软件、安装数据库软件、安装必需的补丁软件、安装用友软件和安装其他软件(如杀毒软件)等环节。一般单位购买该软件后初次安装由用友公司人员完成,日常使用过程中需要重新安装时,可由单位的系统维护人员或使用者完成。ERP软件各模块可根据需要选购,各子系统可以集成安装使用,也可以各自独立使用,软件应只安装已经购买及将来可能购买的模块部分。重新安装前,需要将软件中的账套数据备份。

典型的用友 ERP-U872 三个层次的安装环境如表 2—1 所示。

表 2—1　　　　　　　　　　　典型的用友 ERP-U872 三个层次的安装环境

软件层次	硬件安装环境	软件安装环境
第一层次 (数据库管理)	· 不超过 10 个站点应用时,可以使用普通微型机;超过 10 个站点应用时,建议使用专业级服务器 · 最低技术指标:双核双 CPU,内存 2GB 以上,硬盘 20GB 以上可用容量 · 普通微型机即可 · 参考指标:内存 1GB 以上,硬盘 4GB 以上可用容量 · 其他硬件无特别要求,可参考市场主流硬件	· 操作系统:服务器版操作系统(Windows 2000 Server ＋ sp4、Windows 2003 Server ＋ sp2、Windows 2008 Server) · 单机版操作系统:Windows 2000 Professional ＋ sp4、Windows XP＋sp2、Windows Vista＋sp1 · 数据库管理系统:Microsoft SQL Server 2000 ＋ sp4、Microsoft SQL Server 2005 ＋ sp2、Microsoft SQL Server 2008 · 网络信息服务器:IIS 5.0 或更高版本 · NET 运行环境:. NET Framework 2.0 sp1 · 浏览器:Internet Explorer 6.0 ＋ sp1 · 用友软件:用友 ERP-U872 · 对于规模较大的复杂网络应用,第一层次和第二层次操作系统建议使用服务器版操作系统和企业版的 MS SQL Server,第三层次使用单机版操作系统
第二层次 (系统管理)		
第三层次 (企业应用平台)		

用友 ERP-U872 于 2008 年 11 月发布,操作系统 Windows7 或 Windows8 于 2009 年以后发布,用友 ERP-U872 直接在 Windows7 或 Windows8 上安装可能导致运行不正常。为了解决这一问题,需要重装支持的操作系统,或者在 Windows7 或 Windows8 上安装虚拟机软件,在虚拟环境中安装其他操作系统,再将用友软件安装到虚拟机中。互联网提供免费下载的虚拟机软件(如 VMware Workstation),它的安装与使用比较简单,可以参阅虚拟机软件的说明文档。

本节介绍的安装步骤适用于用友软件小规模应用的情况,软件配置采用 Windows XP sp2、IIS5.1、Microsoft SQL Server 2000 Personal Edition(个人版) ＋ sp4 和用友 ERP-U872。

2.2.1　安装前的准备

操作系统不符合安装要求时,需要准备好操作系统 Windows XP sp2 安装盘,并事先进行操作系统安装和硬件设备驱动等操作。如果操作系统中已经安装杀毒软件,应该先使杀毒软件停止工作或卸载杀毒软件,等用友软件安装成功后再恢复杀毒软件功能。以前安装过其他版本用友软件的,需要先卸载。操作系统 Windows XP 安装就绪后,在安装用友 ERP-U872 前应做好如下准备工作:

1. IIS 5.0 或更高版本的软件

原版 Windows XP sp2 安装光盘的 I386 文件夹中集成了 IIS5.1 安装软件,也可以从网上下载的独立发布的 IIS 安装包。如果安装的是服务器版操作系统,IIS 会随着系统安装自动安装,单机版的操作系统需要在操作系统中额外安装。但是独立的安装包不容易安装成功,建议使用原版 Windows XP sp2 安装光盘的 I386 文件夹中集成的 IIS 安装软件。

2. Microsoft SQL Server 2000 Personal Edition

数据库管理系统软件 Microsoft SQL Server 2000 分个人版和企业版等多种,适合在 Windows XP sp2 上安装的是个人版(Personal Edition)。

3. Microsoft SQL Server 2000 sp4

它是数据库管理系统软件 Microsoft SQL Server 2000 的补丁软件,是用友软件工作的必要环境,补丁程序可通过网上免费下载。

4. 操作环境的补充软件

这主要有.NET 运行环境.NET Framework 2.0 sp1、浏览器补丁 Internet Explorer 6.0 sp1 以及 MDAC 组件等。这些软件附加在用友 ERP-U872 安装盘内,用友安装软件运行前会自动检测并提示安装这些操作环境的补充软件。

5. 用友 ERP-U872 安装盘

安装光盘文件夹"U872SETUP"内是用友 ERP-U872 安装软件和操作环境的补充软件。

2.2.2　安装步骤

在完成安装前的准备工作后,就可以进行用友 ERP-U872 的安装操作。

1. 安装 IIS

安装过程中需要用到 Windows XP 安装盘或者独立的 IIS 安装包。本书采用 Windows XP sp2 安装盘,将该盘插入光驱,确认光盘中 I386 文件夹存在,如图 2-2 所示。

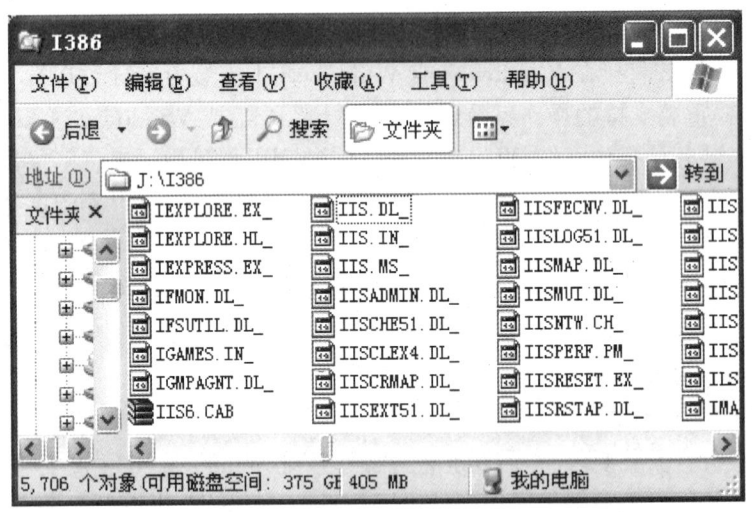

图 2-2　Windows XP sp2 光盘中的 I386 文件夹

　　选择"控制面板→添加/删除程序→Windows 组件",在出现的组件对话框中选择"Internet 信息服务(IIS)",如图 2-3 所示。

　　如果计算机安装的是 Windows XP sp3.0,则可能没有上述选项,除了重装操作系统的解决方案以外,还可以通过以下步骤在图 2-3 列表中加入"Internet 信息服务(IIS)"功能:

　　调用"开始→运行"对话框,输入"c:\windows\inf\sysoc.inf";在打开的编辑窗口中找到[Components]段,在该段下方查找"iis="开头的参数行,找到后删除该行,在[Components]段最后增加一行"iis=iis2.dll,OcEntry,iis2.inf,,7",其中所有符号都是英文半角的。保存并关闭编辑窗口。调用"开始→运行"对话框,先后输入并确认以下两条命令:

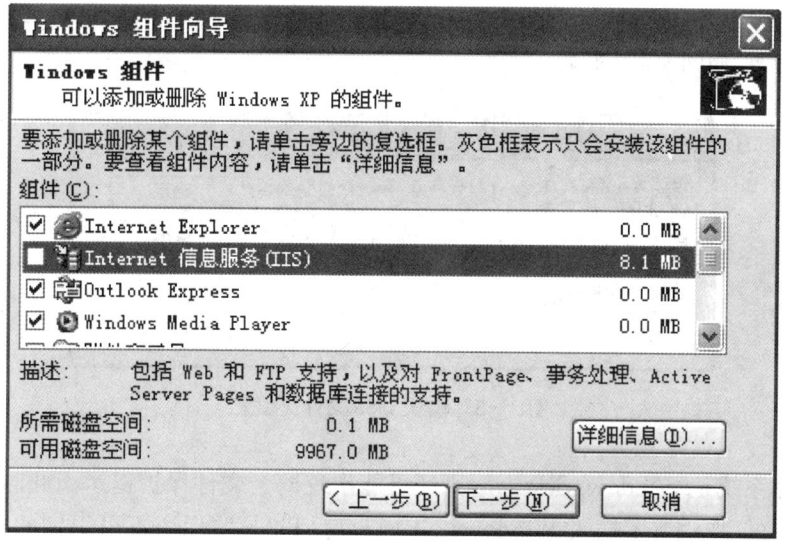

图 2-3 添加/删除 Windows 组件

expand J:\iis6\iis. dl_ c:\windows\system32\setup\iis2. dll

expand J:\iis6\iis. in_ c:\windows\inf\iis2. inf

在 cmd 窗口中运行上述命令，会得到相同的结果，都是将 J:\I386 文件夹下的 iis. dl_和 iis. in_解压到指定文件夹中。

上述操作成功后，再调用控制面板中的"添加/删除程序→添加删除 Windows 组件"，窗口列表中多出"Internet 信息服务(IIS)"功能项（如图 2-3 所示）。选择该项后单击"详细信息"钮，出现子组件列表，如图 2-4 所示。

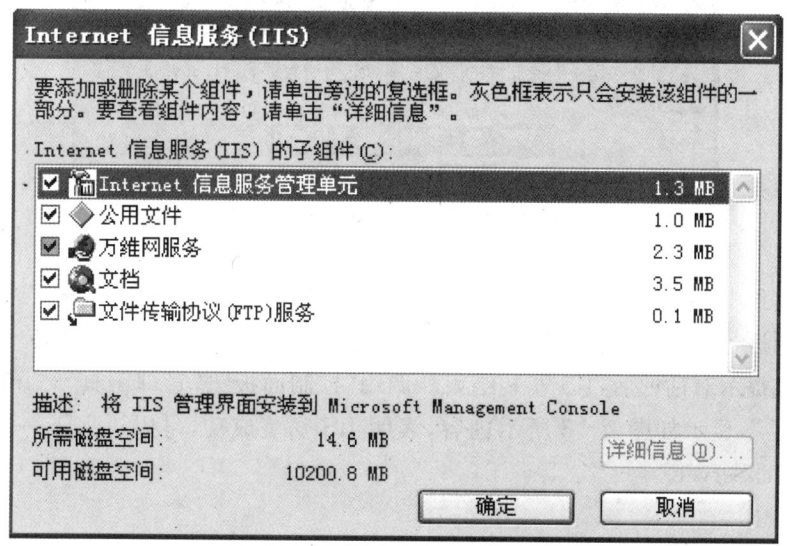

图 2-4 Internet 信息服务(IIS)

全部选定图 2-4 列表项目，确定选择直至返回图 2-3 组件列表对话框。此时，"Internet 信息服务(IIS)"项目右侧复选框已经有对勾，单击"下一步"开始安装过程。

在安装过程中,可能遇到光盘内 I386 安装文件夹位置找不到的提示,可通过"浏览"按钮确认文件夹位置,如图 2—5 所示。

图 2—5　确认 I386 文件夹位置

如果操作系统是 Windows XP sp3,则还可能出现两个文件保护提示。此时,应分别单击提示对话框中的"取消"(不插入 Windows XP sp3 盘)和"是"(保留不可识别的文件版本),如图 2—6 和图 2—7 所示。

图 2—6　插入 Windows XP sp3 提示

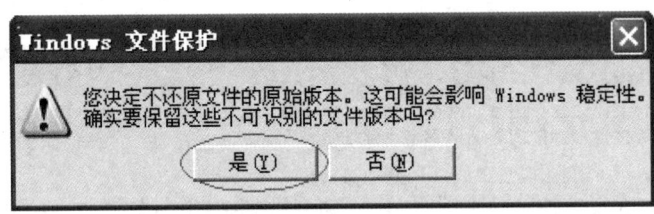

图 2—7　Windows 文件保留提示

在安装过程中,文件夹找不到和文件保护提示可能多次出现,应及时按上述方法处理,以保证安装顺利进行。

出现完成提示对话框后,IIS 安装结束。调用"控制面板"|"管理工具"|"Internet 信息服务(IIS)管理器",显示如图 2—8 所示内容,表明 IIS 安装成功,可以进入下一步骤——安装 Microsoft SQL Server。

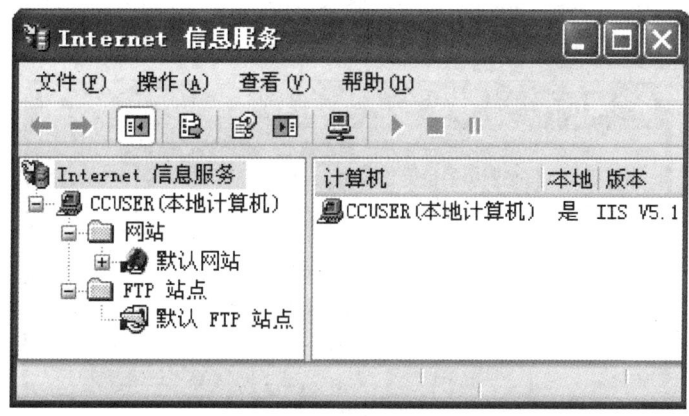

图 2—8　Internet 信息服务窗口

2. 安装 Microsoft SQL Server

安装 Microsoft SQL Server 的方法,一般是通过启动文件 autorun. exe 或 setup. bat 运行安装向导,按提示依次设置安装参数,确认所有信息后进入安装过程,直至安装完毕。

规模较小的应用可以安装 Microsoft SQL Server 2000 个人版(Personal Edition)。如果用户之前安装过 Microsoft SQL Server,再次安装时可能会出现"从前的安装程序操作使安装程序操作挂起,需要重新启动计算机"的提示,可选择"开始/运行",在"运行"对话框中输入"regedit",打开注册表,找到如下位置:HKEY_LOCAL_MACHINE\SYSTEM\CurrentControlSet\Control\SessionManager,删除 Pending File Rename Operations 项,就可以正常安装。

双击安装文件夹内的文件 autorun. exe 或 setup. bat 启动安装向导软件,出现欢迎窗口;单击"下一步"按钮,出现计算机设置步骤,默认本地计算机;单击"下一步"按钮,出现安装选择窗口,默认创建新的 SQL Server 实例;单击"下一步"按钮,确认默认的用户名、公司等用户信息;单击"下一步"按钮,选择"是"确认软件许可证协议;单击"下一步"按钮进行安装定义,选择默认的"服务器和客户端工具",如图 2—9 所示。

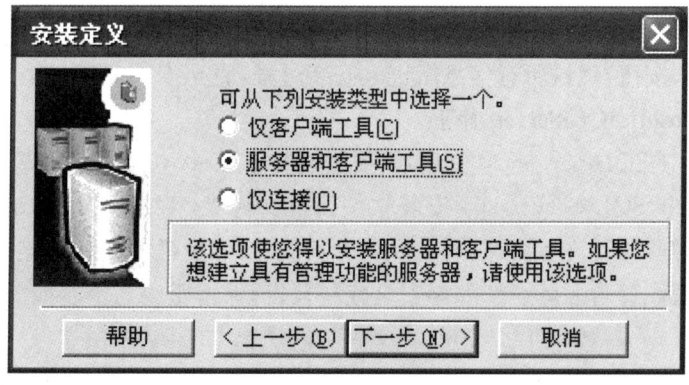

图 2—9　安装定义

单击"下一步"按钮,设置实例名,选择"默认";单击"下一步"按钮,设置安装类型,选择默认的"典型"安装;单击"下一步"按钮,设置服务账户,选择"使用本地系统账户",如图 2—10 所示。

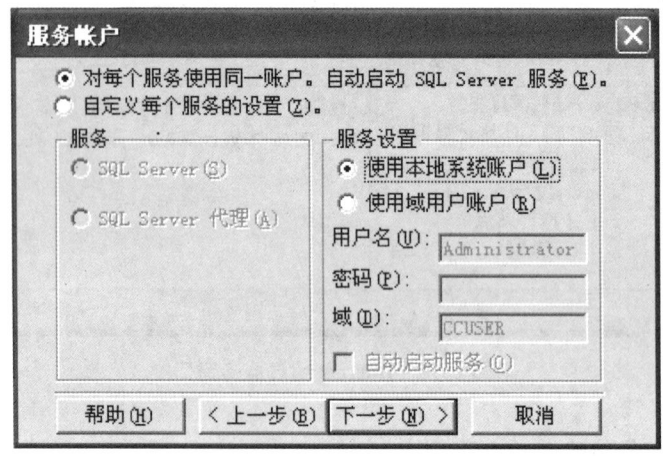

图 2—10　服务账户

单击"下一步"按钮,设置身份验证模式,选择"混合模式"并且勾选"空密码"(密码可以在以后的使用过程中随时修改),如图 2—11 所示。

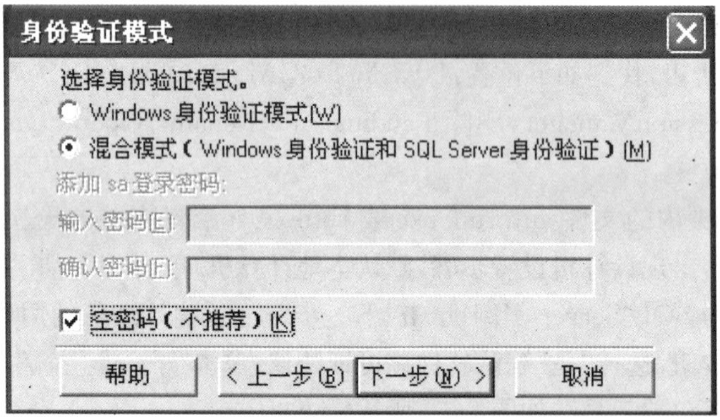

图 2—11　身份验证模式

单击"下一步"按钮,确认所有信息后进入安装过程,直至安装完毕。

3. 安装 Microsoft SQL Server 补丁

安装 Microsoft SQL Server 2000 后,需要安装补丁软件 Microsoft SQL Server sp4。

打开 Microsoft SQL Server sp4 安装软件所在文件夹,双击文件 setup. bat 启动安装过程,经过欢迎对话框,接受许可协议,确认默认的实例名,然后确认默认的连接服务器;单击"下一步"按钮,出现密码警告后,选择"忽略安全威胁警告,保留密码为空",如图 2—12 所示。

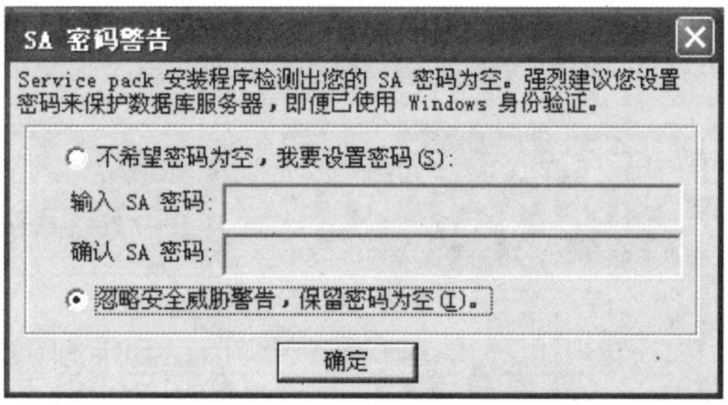

图 2—12　SA 密码警告

单击"确定"按钮,进入 SQL Server 2000 sp4 安装程序选项界面,勾选"升级必需"项,如图 2—13 所示。

图 2—13　SQL Server 2000 sp4 安装程序选项

单击"继续"按钮,确定默认的错误报告处理方式,再次单击"下一步"按钮,进入安装过程,直至安装完成。

4. 安装用友 ERP-U8

打开用友 ERP-U872 安装文件夹,双击文件 setup. exe 启动安装程序,确认欢迎窗口,接收许可证协议,编辑确认用户名和公司名称后,出现"选择目的地位置"对话框,如图 2—14 所示。

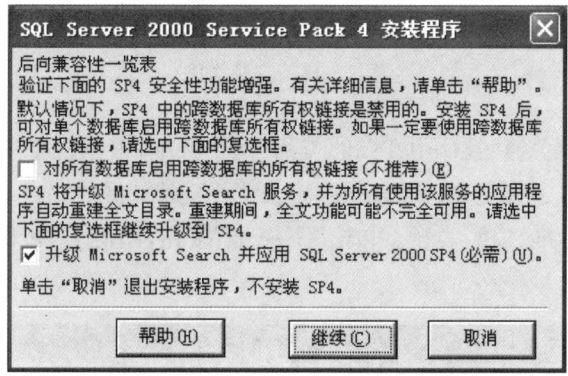

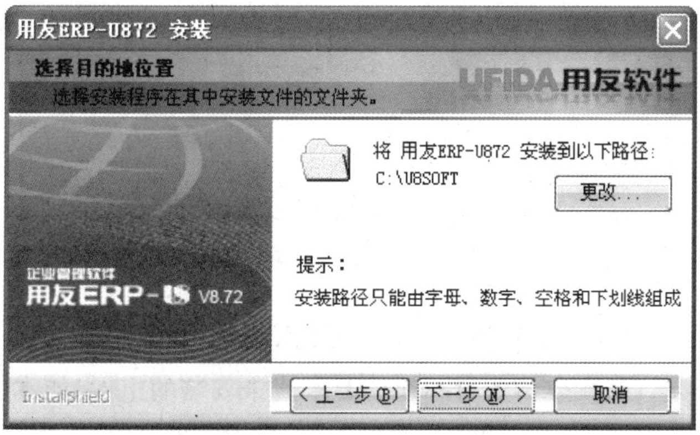

图 2—14　选择目的地位置

如果需要改变安装目录,可以单击"更改"按钮。安装位置最小需要 4GB 以上自由空间。单击"下一步"按钮,设置安装类型,如图 2—15 所示。

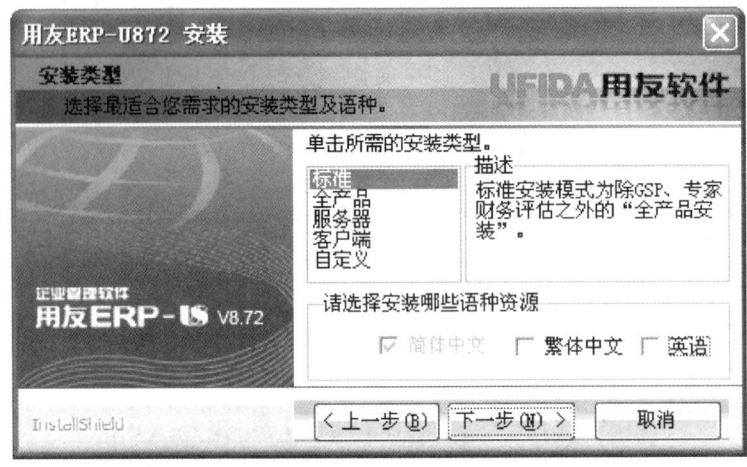

图 2—15　安装类型

在安装类型窗口中去掉"繁体中文"和"英语"两个选项,根据自身需要选择标准安装、全产品、服务器、客户端或自定义安装。若选择自定义类型,则需要根据自身购买的模块选择要安装的功能,此处选择"标准"安装类型。单击"下一步"按钮,检测安装环境是否满足要求,如图 2—16 所示。

图 2—16　系统环境检查

单击"系统环境检查"中不符合要求的项目链接,弹出"我的电脑"窗口,自动选择需要安装的组件文件,双击安装。依次安装所有不符合要求或未安装的组件,如本例中的NetFx20SP1_x86. exe 和 iewebcontrols. msi。完成后,单击图 2—16 中的"取消"按钮,返回图 2—15 所示的窗口,再次进行环境检查,直到基础环境全部符合要求、缺省组件全部安装,单击"系统环境检查"窗口中显示的"确定"按钮,进入安装确认步骤,如图 2—17 所示。

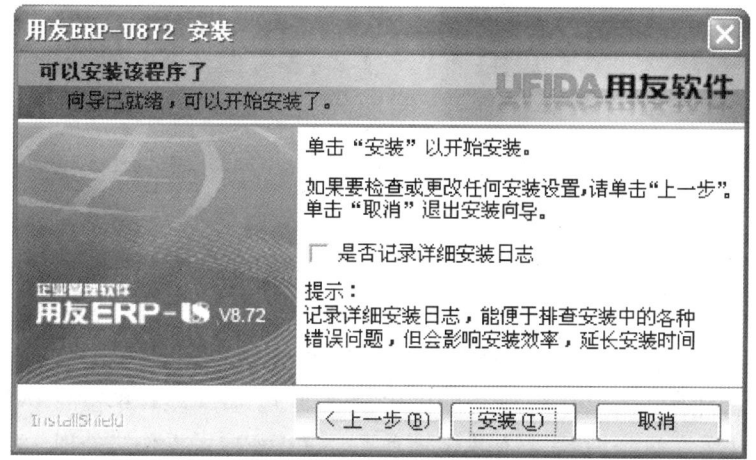

图 2—17　开始安装确认

单击"安装"按钮进行用友软件的安装。此过程时间较长,需要耐心等待。安装完成后,单击"完成"按钮,重新启动计算机。系统重启过程中出现"正在完成最后的配置"提示信息,在其中输入数据库名称,本地计算机名称可输入:LOCALHOST,SA 口令(前面安装时已经预置为空);单击"测试连接"按钮,测试数据库连接。若一切正常,则会出现连接成功的提示信息。进入系统后,询问是否初始化数据库,单击"是"按钮,提示"正在初始化数据库实例,请稍候……"。数据库初始化完成后,出现"登录"窗口,表示用友 ERP-U872 安装成功,可以登录系统管理窗口进行初始化工作。

用友软件安装成功后,再安装其他必要的软件,如恢复杀毒软件的功能或者重新安装杀毒软件,以保证计算机的安全。

第 3 章 系统管理与公共档案基础设置

3.1 系统管理

会计信息系统是由多个子系统组成的,各个子系统之间既相对独立又相互联系,既可以独立使用也可以组合使用,实现财务、业务一体化管理;并且,要将核算单位的个性化信息输入系统中,进行业务工作。这样,就需要有集中管理平台进行相应的操作与处理。系统管理与企业应用平台是用友 ERP-U8 管理软件的两大集中管理平台。

系统管理主要是对用友 ERP-U8 管理软件中的各个子系统进行统一的操作管理和数据维护的平台,包括系统注册、账套管理、年度账管理、权限管理和系统运行安全管理等。

企业应用平台主要是定义核算单位的个性化信息,即系统设置和进行各个子系统的具体业务操作的平台。企业应用平台是进入用友 ERP-U8 管理软件进行核算单位的业务管理与操作的唯一入口。

3.1.1 系统

1. 注册

要进入用友 ERP-U8 管理软件进行业务处理,必须明确操作对象,即对哪套账进行处理(账套号或账套名称);操作员,即谁来处理,有没有权限处理;操作时间,即什么时间进行处理。只有对某账套有操作权限的操作员注册进入系统才能进行业务操作与处理。

在系统管理窗口中,只有系统管理员和账套主管才可以登录系统管理进行操作,但两者的功能和权限不同。系统管理员负责用友软件的整体控制和维护,其可以建立、引入和输出账套,设置用户、角色和操作员并授权,设定备份计划,监控系统运行情况。账套主管是管理某一套或几套账的主管人员,主要负责对账套的修改,对所选年度账进行管理(年度账的建立、清空、引入、输出等),以及设置该账套的操作员权限。

2. 设置备份计划

为了防止意外的发生而导致系统数据丢失或损坏,企业应定期或不定期地将账套数据保存到其他介质中,以使损失降至最低。一种方法是设置备份计划,另一种方法是做账套输出。

3. 初始化数据库

当用友 ERP-U8 管理软件所依托的数据库出错或者更改数据源、数据库服务器名、SQL 密码等,则需要重新初始化数据库,以保证管理软件与数据库的一致性。

4. 升级 SQL Server 数据

可以对低版本账套数据进行升级,也可以对低版本的 SQL Server 数据库进行升级。

5. 安全策略

安全策略主要是进行用户身份和密码管理设置,其中包括是否对新用户首次登录系统强制修改密码、密码长度设置以及登录密码安全级别设置等。

6. 注销

在系统管理窗口中,需要更换操作员时,可以先注销原来已经注册的操作员,再以新操作员的身份重新注册。

7. 退出

退出系统管理窗口。

3.1.2　账套

账套是由相互关联的业务数据构成的一套完整的账簿体系。在用友 ERP-U8 管理软件中,允许存储 999 个账套,但账套号不能重复,每一个账套号都与特定的核算单位名称相对应。

1. 建立

根据账套建立向导创建新的核算账套。账套参数主要包括账套信息(账套号、账套名称、启用会计期等)、单位信息(单位名称、单位地址、税号等)、核算类型(本币名称、企业类型、行业性质等)、基础信息、科目编码方案和数据精度等。

2. 修改

账套建立完成后,如果某些信息需要修改,可以使用此功能,但只能以账套主管的身份注册后才能进行修改,账套号和启用会计期不可修改。

3. 引入

将其他介质中的账套数据引入计算机中即为账套引入,也称账套恢复。

4. 输出

将计算机中的账套数据输出到其他介质中即为账套输出,也称账套备份。

3.1.3　年度账

以一年为一个会计期间的账套数据称作年度账。以账套主管的身份注册之后,可以进行年度账操作,主要包括年度账的建立、清空、引入、输出和结转上年数据等。

1. 建立年度账

系统按年度的先后顺序建立,会计年度不可修改。在建立下一年度账之前,需要先对该年度账涉及的各个子系统按顺序进行月末处理,之后方可建账。

2. 清空年度数据

如果年度账中的错误太多,或不希望将年度账中的所有信息全部结转到下一年度,则可以清空年度账中的一部分信息,保留另一部分信息。

3. 结转上年数据

遵循会计的持续经营和会计分期基本假设,需要年末将该年度的账套数据结转至下一年继续处理。只有建立好年度账,才能执行结转上年数据的操作。结转上年数据必须遵循一定的顺序,供应链——应收应付——总账。在成功结转上年数据之后、建立新年度账之前,可以对会计科目进行调整,如删除不需用的项目等。

3.1.4　权限

1. 角色

角色是指特定的部门、岗位或职位,如财务总监、成本会计、应收应付会计、出纳等。在设置了角色之后,可以赋予相应的角色权限,当用户归属于某一角色后,该用户就继承了该角色的权限。

2. 用户

用户(操作员)是指有权登录系统进行业务操作的人员,即进行具体业务处理时的具体人员。只有设置了具体的用户后,才能进入企业应用平台进行具体的业务操作。

角色和用户的设置可以不分先后顺序。一个角色可以拥有多个用户,一个用户也可以分属于不同的角色。

3. 权限

用友 ERP-U8 管理软件提供了多级权限的集中管理功能,主要包括功能级权限管理、数据级权限管理和金额级权限管理。

功能级权限主要限定各功能模块的查询和操作权限。例如,赋予孙闯对 123 账套中总账子系统的全部操作权限,则孙闯可以进入企业应用平台进行总账子系统的业务操作。

数据级权限主要限定各功能模块中的某些具体业务的查询和操作权限。例如,如果孙闯进入总账子系统进行业务处理时,不希望其查询有关的基础档案信息,则可以限定其只具有录入权限而不具有查询权限。

金额级权限主要限定操作员在进行具体业务处理时可以使用的最大金额。例如,可以设定孙闯只具有金额在 50 000 元以下的凭证录入权限。

数据级权限和金额级权限必须在赋予功能级权限之后才能设置。

3.1.5　视图

视图的主要功能是实时监控各用户正在使用用友 ERP-U8 管理软件的情况,包括清除异常任务、清除选定任务、清除所有任务、清除单据锁定和上机日志等。

1. 清除异常任务

如果在操作过程中由于误操作或其他不可预见的原因导致系统出现异常情况,则视为出现异常任务,清除即可。

2. 清除单据锁定

在操作过程中由于某种不可预见的原因导致单据锁定,不能再继续往下操作,则应清除单据锁定,使其恢复正常功能。例如,在进行期初余额录入时,由于某种原因导致"单据被某人锁定",则清除即可。

3. 上机日志

为了保证系统运行的安全,系统会对每位操作员的上机时间、上机操作情况进行记录,形成上机日志,以备查看。

3.1.6　帮助

在帮助中心可以随时查询操作中遇到的问题的解决方法。

3.2　公共档案基础设置

公共档案是企业各部门、各工作环节的共享信息,是整个系统良好运行的基础。公共档案基础设置主要包括基本信息设置、基础档案设置和业务参数设置等。

3.2.1　基本信息

基本信息包括建账过程中确定的系统启用、编码方案以及数据精度。

1. 系统启用

用友 ERP-U8 管理软件包括许多子系统,有些是企业购买或可以使用的,有些是企业没有购买或不需要用的,需要将适合于企业的系统进行启用之后,才可以登录进行业务操作。系统启用越多,业务流程就越复杂,集成使用效果就越好。

系统启用日期是由原会计信息系统过渡到新会计信息系统的交接日期,便于确定使用新会计信息系统进行业务处理的起点,保证账、证、表数据的连续性。

2. 编码方案

编码设计是根据核算项目之间的逻辑关系,按照一个系统的方案确定各级次唯一数字编码的方法。编码方案的设计主要是便于反映核算项目之间的逻辑关系及便于计算机处理和分类,提高处理速度。例如,会计科目编码方案设计为"4-2-2-2",表示会计科目可以设置 4 级,第一级为 4 位长度,第二、三、四级各为 2 位长度。

在建账过程中,如果忘记设置编码方案和数据精度或设置有误,可以在此进行查询或修改。

3. 数据精度

数据精度是指进行业务处理时将需要使用的数据精确到小数点后几位,以便于四舍五入计算。

3.2.2　基础档案

基础档案信息可在之后的业务处理时被调用。在业务处理时,只有在系统的基础档案中存在的信息才可以保存在单据或凭证中,这样做的目的是为了保证系统数据信息的一致性和可操作性。基础档案的内容较多,一般应按一定的逻辑顺序设置。

1. 机构人员

机构人员设置中包括本单位信息、部门档案、人员档案和人员类别等,主要是供相应部门或人员查询和调用的信息。

2. 客商信息

客商信息包括地区分类、供应商分类、供应商档案、客户分类和客户档案等,主要是一些与企业有业务往来的供应商和客户的相关信息。这些信息可在之后的业务处理时被调用或引用,以减少输入的工作量或避免输入错误信息。如果单据或凭证上的客商信息不在档案中,则需先加入档案后方可继续处理。

建立客户档案可以动态反映每一个客户的基本情况、联系方式、信用状况和欠款情况等,以保证销售和回款工作的顺利进行,提高销售管理水平。

3. 存货

存货信息包括存货分类、计量单位和存货档案等。

（1）存货分类

如果企业存货种类很多，则需要按照一定的方式进行分类管理；如果企业存货种类不多，则无须进行存货分类。存货分类是指按照存货固有的特征或属性将存货划分为不同的类别，以便于分类核算和管理。

（2）计量单位

企业存货种类繁多，不同的存货对应的计量单位不同。在定义计量单位之前，应先对计量单位进行分组。计量单位组不同，计量单位之间的换算关系也就不同。

系统提供了无换算率和固定换算率的计量单位组类别供选择。无换算率是指计量单位之间无须进行换算即可直接使用，如台、盒、千米等；固定换算率是指计量单位之间有一定的换算关系，应先定义主计量单位，再定义辅助计量单位，如1盒=20支等。

（3）存货档案

存货档案主要是设置存货明细，随同发货单或发票一起开具的应税劳务等也应设置在存货档案中。通过查阅存货档案，可以掌握企业存货的种类、数量、规格型号和成本等信息。存货档案包括8个方面的信息，在此仅对存货属性加以说明。只有设置了相应属性的存货，在填制单据时才能被调用或参照，同一存货可以设置多个属性。

内销、外销：用于与销售有关的单据参照存货时使用，表示该存货可用于销售。开在发货单或发票上的应税劳务也应具有销售属性，否则无法参照选择。

外购：用于与采购有关的单据参照存货时使用。在采购发票、运费发票上一起开具的采购费用应设置为外购属性，否则无法参照选择。

生产耗用：用于与生产领用有关的单据参照存货时使用。生产产品耗用的原材料、辅助材料等应具有该属性。

自制：用于与产成品入库有关的单据参照存货时使用，如产成品、半成品等应具有该属性。

应税劳务：在采购发票上开具的运输费、包装费等采购费用及开具在销售发票或发货单上的应税劳务、非应税劳务等，应具有该属性。

4. 财务

（1）会计科目

会计科目设置是将企业会计核算使用的会计科目逐一按要求录入或引入系统中，并将会计科目保存到科目文件中，以备日后业务处理调用。会计人员可以根据企业会计核算的实际情况和管理需要，对会计科目进行增加、删除、修改或查询等操作。

一级科目的设置必须符合会计制度的规定，明细科目的设置则可以根据实际情况调整。

用友ERP-U8管理软件除了提供会计核算所需的基本功能模块外，还增加了辅助核算的功能，目的是强化会计的管理职能，为管理提供更多有用的信息。对于业务量较少或不准备进一步核算和管理的科目，可以不设置辅助核算；业务量比较多或是需要强化管理的会计科目，则应进行辅助核算设置，发挥计算机的优势。

长春皮尔迪亚电脑销售公司向全国各地销售品牌电脑，客户有千余家，2012年以前未采用辅助核算。将其所有客户作为"应收账款"明细账进行核算和管理，设置如下：

1122	应收账款
112201	应收联想电脑款
11220101	信达公司
11220102	海纳通信
11220103	贝贝康总厂
112202	应收方正电脑款
11220201	滨埠公司
11220202	春天少年宫
11220203	鑫雅总公司
……	……

不采用辅助核算,会计科目按商品品种和客户数量设置,则会计科目体系过于庞大,而且要随着往来客户的变化随时调整会计科目,增加工作量,也不便于查询和统计分析。

如果采用辅助核算,则该单位的"应收账款"会计科目只需要设置到二级,大大减少了会计科目输入的数量和修改工作量,便于查询和统计分析。

（2）凭证类别

用友 ERP-U8 管理软件预设了 5 种凭证类别的分类方式,有通用的记账凭证类别、收付转凭证类别、现金银行转账凭证类别、现金银行收付转凭证类别和自定义凭证类别。企业可以根据经济业务核算和管理的需要,自行选择相应的凭证类别进行凭证处理,也可以根据需要自定义凭证类别。

（3）外币设置

如果企业的经济业务涉及使用外币进行业务结算,就需要进行外币设置,进行外汇管理。

使用固定汇率作为记账汇率,在填制凭证时,可以直接显示已设定好的固定汇率,按设定好的固定汇率自动折算为记账本位币金额。

使用浮动汇率作为记账汇率,在填制凭证时,需手工输入当天的外币汇率或在外币设置中录入当天的记账汇率。

（4）项目目录

企业如果项目很多,需要进行成本核算或分类管理,就应设置项目核算,便于统计分析。项目目录设置的步骤如下：

第一步,设置会计科目辅助核算。辅助核算涉及的会计科目都应在设置会计科目时在"辅助核算——项目核算"处勾选。

第二步,定义项目大类,即定义项目核算的分类名称。

第三步,指定核算科目,即指定参加该项目大类核算的具体会计科目。一个项目大类可以指定多个会计科目,但一个会计科目只能指定给一个项目大类。

第四步,定义项目分类,即将项目大类进一步细分。

第五步,定义项目目录,即定义项目大类中的具体项目名称。

5. 收付结算

结算方式是指企业在购销活动中所使用的收款或付款方式,其与财务的结算方式一致,如现金结算、转账结算等。为了保证企业资金的安全完整,企业与银行之间要定期或不定期对账,为了提高对账的效率,系统为用户提供了结算方式设置功能。

票据管理标志是总账系统为辅助银行出纳登记支票登记簿而设置的功能。

6. 业务

业务信息包括仓库档案、收发类别、采购类型和销售类型等。

(1)仓库档案

企业的存货一般都放在仓库进行保管,对存货进行核算和管理应建立仓库档案。

(2)收发类别

收发类别用来表示存货的出入库类型,便于存货出入库情况的查询和统计分析。

(3)采购/销售类型

当用户在使用采购管理系统和销售管理系统填制单据时,输入相应的采购类型和销售类型,以便按类型进行数据的查询和统计分析。

7. 其他——常用摘要

当某项经济业务经常发生时,为了减少输入摘要的工作量和保证业务摘要内容的一致性,可以设置常用摘要并保存起来,在之后发生此项经济业务时调用或参照。常用摘要不具有对应性,可以根据需要随时删除或修改。

实验一　系统管理与公共档案基础设置

【实验目的】

(1)掌握单位账套建立的方法。

(2)掌握操作员权限的含义及赋予方法。

(3)掌握公共基础档案设置的相关内容及其重要作用。

(4)理解系统管理在整个系统中的作用。

【实验内容】

(1)新建单位账套。

(2)系统启用。

(3)增加操作员并赋权限。

(4)账套备份与恢复。

(5)修改账套参数。

(6)公共档案基础设置。

【实验要求】

(1)以系统管理员的身份进行新建账套、增加操作员并赋权限、账套备份与恢复操作。

(2)以账套主管"赵亮"的身份进行修改账套参数、公共档案基础设置操作。

【实验案例】

1. 新建单位账套

(1)账套信息(见表 3—1)

表 3—1　　　　　　　　　　　　　　账套信息

项 目	内 容
账套号	123
账套名称	长春市灵通电器有限公司
账套路径	系统默认
启用会计期	2013 年 06 月
是否集团账套	不勾选

(2)单位信息(见表 3—2)

表 3—2　　　　　　　　　　　　　　单位信息

项 目	内 容
单位名称	长春市灵通电器有限公司
单位地址	长春市净月经济开发区福光路 8888 号
邮政编码	130122
联系电话	84516688
传真	84516688
电子邮件	ccltdq@dq.com
税号	887766554433221

(3)核算类型(见表 3—3)

表 3—3　　　　　　　　　　　　　　核算类型

项 目	内 容
本币代码	RMB
本币名称	人民币
企业类型	工业
行业性质	2007 年新会计制度科目
科目预设语言	中文(简体)
账套主管	demo
按行业性质预设科目	勾选

（4）基础信息

对存货、客户、供应商进行分类，有外币核算。

（5）编码方案（见表3—4）

表3—4   编码方案

项　目	内　容
科目编码级次	4-2-2-2
客户分类编码级次	2-3
供应商分类编码级次	2-3
存货分类编码级次	2-2-2
部门编码级次	1-2-2
地区分类编码级次	1-2
结算方式编码级次	1-2
收发类别编码级次	1-1-2

（6）数据精度

按系统默认，小数位数为2。

（7）系统启用

启用总账系统、销售管理系统和采购管理系统，启用时间为2013—06—01。

2. 操作员档案（见表3—5）

表3—5   操作员档案

编号	姓　名	口　令	角　色	所属部门	权　限
Lt001	赵亮	001	账套主管、经理	总经理室	具有123账套的全部操作权限，主要负责单据审核和账套管理
Lt002	孙闯	002	财务总监	财务部	具有总账、应收款管理、应付款管理、固定资产、薪资管理、存货核算、UFO报表系统的全部操作权限
Lt003	王芳芳	003	应收应付会计	财务部	具有应收应付款管理系统的全部操作权限
Lt004	刘璐	004	出纳	财务部	具有"总账—出纳""总账—凭证—出纳签字"的操作权限
Lt005	谢冰	005	存货核算员	财务部	具有公用目录设置、公共单据和存货核算系统的全部操作权限
Lt006	马弘扬	006	销售主管	销售部	具有公用目录设置、公共单据和销售管理系统的全部操作权限
Lt007	张佳琪	007	采购主管	采购部	具有公用目录设置、公共单据和采购管理系统的全部操作权限
Lt008	王小红	008	仓库主管	库存部	具有公用目录设置、公共单据和库存管理系统的全部操作权限

3. 账套备份与恢复

(1)账套自动备份(见表 3-6)

表 3-6　账套自动备份

项　目	内　容	项　目	内　容
计划编号	123	计划名称	123 账套备份
备份类型	账套备份	发生频率	每天
有效触发	3 小时	开始时间	12：00：00
备份路径	C：/123 账套备份	保留天数	7 天

(2)账套手工备份

将当前账套进行手工备份。

(3)账套恢复

将手工备份的账套进行恢复。

4. 修改账套参数

修改 123 账套中的单位信息,增加单位简称——灵通电器,增加法定代表人——赵亮。

5. 公共档案基础设置

(1)部门档案(见表 3-7)

表 3-7　部门档案

部门编码	部门名称	部门属性
1	行政管理部门	管理中心
101	总经理室	综合管理
102	行政部	行政管理
103	人力资源部	人事管理
104	财务部	财务管理
2	业务经营部门	业务部门
201	销售部	销售管理
202	采购部	采购管理
203	库存部	库存管理
3	生产部门	生产管理
301	车间主任室	生产调度
302	生产车间	生产制造
4	工程部	工程建造

(2)人员类别

本企业在在职人员类别基础上细分为 5 类(见表 3-8)。

表3—8 人员类别

档案编码	档案名称
1001	行政管理人员
1002	经营人员
1003	车间管理人员
1004	生产人员
1005	基建人员

（3）人员档案（见表3—9）

表3—9 人员档案

人员编号	人员姓名	性别	人员类别	行政部门	是否操作员	对应操作员编码	是否业务员
10101	赵亮	男	行政管理人员	总经理室	是	Lt001	是
10201	周启发	男	行政管理人员	行政部	否		是
10301	李达仁	男	行政管理人员	人力资源部	否		是
10401	孙闯	男	行政管理人员	财务部	是	Lt002	是
10402	王芳芳	女	行政管理人员	财务部	是	Lt003	是
10403	刘璐	女	行政管理人员	财务部	是	Lt004	是
10404	谢冰	男	行政管理人员	财务部	是	Lt005	是
20101	马弘扬	男	经营人员	销售部	是	Lt006	是
20102	陈静	女	经营人员	销售部	否		是
20201	张佳琪	女	经营人员	采购部	是	Lt007	是
20202	梁国仁	男	经营人员	采购部	否		是
20301	王小红	女	经营人员	库存部	是	Lt008	是
30101	董衡	男	车间管理人员	车间主任室	否		是
30201	张青	男	生产人员	生产车间	否		是
40001	刘楠	男	基建人员	工程部	否		是

（4）地区分类（见表3—10）

表3—10 地区分类

分类编码	分类名称
1	国内
101	东北地区
102	华南地区
103	西南地区

分类编码	分类名称
104	西北地区
2	国外
201	美国
202	中国香港

（5）供应商分类（见表 3—11）

表 3—11 供应商分类

分类编码	分类名称
01	原材料供应商
02	成品供应商

（6）供应商档案（见表 3—12）

表 3—12 供应商档案

供应商编码	供应商名称/简称	所属分类	所属地区	税 号	开户银行	银行账号	地 址	邮政编码	分管部门	专管业务员
001	大兴电器	02	101	110675875544909	工行绿园分行	765787	长春市绿园区城西路88号	130000	采购部	张佳琪
002	汉恩电器	02	101	110675878890232	工行净月分行	908076	长春市净月区南华路38号	130000	采购部	张佳琪
003	远通电子	01	102	478876786543676	交行宝安分行	345678	深圳市宝安区紫金路89号	518000	采购部	梁国仁
004	莱昂科技	01	102	478876780987899	工行罗湖分行	876787	深圳市罗湖区海港路6号	518000	采购部	梁国仁

（7）客户分类（见表 3—13）

表 3—13 客户分类

分类编码	分类名称
01	国有企业
02	私营企业
03	个体工商户
04	零散客户
05	外资企业

（8）客户档案（见表 3—14）

表 3—14   客户档案

客户编码	客户名称/简称	所属分类	所属地区.	税　号	客户银行（默认值）	银行账号	地　址	邮政编码	分管部门	专管业务员
001	迅捷贸易	02	101	135792468012345	建行城西分行	890564	长春市绿园区城西路 55 号	130000	销售部	马弘扬
002	海商集团	02	101	135798851122456	建行东城分行	776690	大连市沙河口区瑰丽路 32 号	116000	销售部	马弘扬
003	好兆头	03	103	321009895677645	交行大南分行	332134	成都市锦江区白桦路 77 号	610000	销售部	陈静
004	香水湾	01	102	478876902232456	工行南头分行	559878	深圳市宝安区向阳路 22 号	518000	销售部	陈静

（9）存货分类（见 3—15）

表 3—15   存货分类

分类编码	分类名称	分类编码	分类名称
01	平板电视	02	洗衣机
03	冰箱	04	电视原材料
05	其他	06	应税劳务

（10）计量单位（见表 3—16 和表 3—17）

表 3—16   计量单位组

计量单位组编号	计量单位组名称	计量单位组类别
1	无换算关系组	无换算率

表 3—17   计量单位

计量单位编号	计量单位名称	所属计量单位组名称
01	台	无换算关系组
02	个	无换算关系组
03	千米	无换算关系组

（11）存货档案（见表 3—18）

表 3—18   存货档案

存货编码	存货名称	存货分类	主计量单位	税率	存货属性
011	等离子电视	01	台	17%	内销,外销,外购,自制
012	LCD 背光电视	01	台	17%	内销,外销,外购,自制
013	LED 背光电视	01	台	17%	内销,外销,外购,自制
021	滚筒洗衣机	02	台	17%	内销,外销,外购,自制

续表

存货编码	存货名称	存货分类	主计量单位	税率	存货属性
022	波轮洗衣机	02	台	17%	内销,外销,外购,自制
031	单门冰箱	03	台	17%	内销,外销,外购,自制
032	双门冰箱	03	台	17%	内销,外销,外购,自制
033	三门冰箱	03	台	17%	内销,外销,外购,自制
041	主板	04	个	17%	外购,生产耗用,自制
042	扬声器	04	个	17%	外购,生产耗用,自制
043	液晶屏	04	个	17%	外购,生产耗用,自制
044	电源板	04	个	17%	外购,生产耗用,自制
051	包装纸箱	05	个	17%	内销,外销,外购,自制,生产耗用
052	电视机顶盒	05	个	17%	内销,外销,外购,自制,生产耗用
061	运输费	06	千米	7%	内销,外销,外购,应税劳务

（12）外币设置

币符:USD;币名:美元;固定汇率:1：6.3。

币符:HKD;币名:港币;固定汇率:1：0.8。

（13）会计科目表（见表 3-19）

表 3-19   会计科目表

科目编码	科目名称	方向	外币币别/计量单位	辅助核算
1001	库存现金	借		日记账
100101	人民币	借		日记账
100102	美元	借	美元	日记账
100103	港币	借	港币	日记账
1002	银行存款	借		银行日记
100201	工行存款	借		银行日记
100202	交行存款	借	美元	银行日记
100203	中行存款	借	港币	银行日记
1101	交易性金融资产	借		
110101	股票	借		
1121	应收票据	借		客户往来
1122	应收账款	借		部门客户
1123	预付账款	借		部门供应商

续表

科目编码	科目名称	方向	外币币别/计量单位	辅助核算
1221	其他应收款	借		
122101	应收个人款	借		个人往来
122102	应收部门款	借		部门核算
1403	原材料	借		
140301	电视原材料	借	个	数量核算
14030101	主板	借	个	数量核算
14030102	扬声器	借	个	数量核算
14030103	液晶屏	借	个	数量核算
14030104	电源板	借	个	数量核算
140302	洗衣机原材料	借	个	数量核算
140303	冰箱原材料	借	个	数量核算
1405	库存商品	借		
1601	固定资产	借		
1602	累计折旧	贷		
1604	在建工程	借		部门项目
2001	短期借款	贷		
2201	应付票据	贷		供应商往来
2202	应付账款	贷		部门供应商
2203	预收账款	贷		部门客户
2211	应付职工薪酬	贷		
221101	工资	贷		
221102	福利费	贷		
221103	工会经费	贷		
221104	职工教育经费	贷		
2221	应交税费	贷		
222101	应交增值税	贷		
22210101	进项税额	贷		
22210102	销项税额	贷		
2501	长期借款	贷		
4001	实收资本	贷		
4002	资本公积	贷		

科目编码	科目名称	方向	外币币别/计量单位	辅助核算
4101	盈余公积	贷		
4103	本年利润	贷		
4104	利润分配	贷		
410401	未分配利润	贷		
5001	生产成本	借		项目核算
500101	基本生产成本	借		项目核算
50010101	直接材料	借		项目核算
50010102	直接人工	借		项目核算
50010103	制造费用	借		项目核算
50010104	其他	借		项目核算
500102	辅助生产成本	借		项目核算
5101	制造费用	借		
510101	折旧费	借		
510102	工资	借		
510103	修理费	借		
6001	主营业务收入	贷		
6051	其他业务收入	贷		
6401	主营业务成本	借		
6402	其他业务成本	借		
6403	营业税金及附加	借		
6601	销售费用	借		
660101	差旅费	借		部门核算
660102	业务招待费	借		部门核算
660103	广告费	借		部门核算
660104	薪资	借		部门核算
660105	折旧费	借		部门核算
6602	管理费用	借		
660201	差旅费	借		部门核算
660202	办公费	借		部门核算
660203	交通费	借		部门核算
660204	招待费	借		部门核算

科目编码	科目名称	方向	外币币别/计量单位	辅助核算
660205	通信费	借		部门核算
660206	薪资	借		部门核算
660207	折旧费	借		部门核算
660208	其他	借		部门核算
6603	财务费用	借		

将"库存现金(1001)"科目指定为现金总账科目。

将"银行存款(1002)"科目指定为银行存款总账科目。

将"人民币(100101)、美元(100102)、港币(100103)、工行存款(100201)、交行存款(100202)、中行存款(100203)"指定为现金流量科目。

(14)凭证类别(见表3—20)

表3—20   凭证类别

凭证类别	限制类型	限制科目
收款凭证	借方必有	100101,100102,100103,100201,100202,100203
付款凭证	贷方必有	100101,100102,100103,100201,100202,100203
转账凭证	凭证必无	100101,100102,100103,100201,100202,100203

(15)项目目录(见表3—21)

表3—21   项目目录

项目大类	生产成本
核算科目	生产成本 　基本生产成本 　　直接材料 　　直接人工 　　制造费用 　　其他 　辅助生产成本
项目分类	自产 委托加工
项目目录	平板电视,所属分类码"1" 洗衣机,所属分类码"1" 冰箱,所属分类码"1"

(16)结算方式(见表3—22)

表 3—22　　　　　　　　　　　　　　　　结算方式

结算方式编码	结算方式名称	票据管理标志
1	现金结算	
2	支票结算	
201	现金支票	有
202	转账支票	有
3	商业汇票	
301	商业承兑汇票	
302	银行承兑汇票	
4	汇兑	
401	电汇	
402	信汇	
5	委托收款	
6	银行汇票	
7	托收承付	
8	其他	

（17）本单位开户银行（见表 3—23）

表 3—23　　　　　　　　　　　　　　　开户银行

项　目	内　容
开户银行编码	001
开户银行名称	中国工商银行净月支行
银行账号	123456789098
币种	人民币

（18）仓库档案（见表 3—24）

表 3—24　　　　　　　　　　　　　　　仓库档案

编　码	名　称	所属部门	计价方式	是否货位管理
1	成品库	库存部	全月平均法	否
2	配件库	库存部	全月平均法	否
3	杂品库	库存部	移动平均法	否
4	原料库	库存部	移动平均法	否

（19）收发类别（见表 3—25）

表 3—25　　　　　　　　　　　　　　　　收发类别

编　码	名　称	收发标志
1	入库类别	收
11	采购入库	收
12	产成品入库	收
13	调拨入库	收
14	盘盈入库	收
15	其他	收
2	出库类别	发
21	销售出库	发
22	领料出库	发
23	调拨出库	发
24	盘亏出库	发
25	其他	发

（20）采购类型（见表 3—26）

表 3—26　　　　　　　　　　　　　　　　采购类型

编　码	名　称	入库类别	是否默认值
1	原材料采购	采购入库	是
2	产成品采购	采购入库	否

（21）销售类型（见 3—27）

表 3—27　　　　　　　　　　　　　　　　销售类型

编　码	名　称	出库类别	是否默认值
1	批发	销售出库	是
2	零售	销售出库	否

（22）常用摘要

01:报销差旅费;02:提取现金备用;03:赊销商品;04:报销业务招待费。

（23）数据权限分配

操作员"孙闯"只具有应收账款、预付账款、其他应收款、应付账款、预收账款和其他应付款 6 个往来科目的查账权限,具有所有部门的查询和录入权限。

操作员"刘璐"具有所有部门的查询和录入权限。

（24）会计科目期初余额表（见表 3—28）

表 3—28   会计科目期初余额表   单位:元

科目编码	科目名称	累计借方发生额	累计贷方发生额	期初余额
1001	库存现金	19 067.56	18 679.88	9 364.15
100101	人民币	8 450.69	10 345.33	3 345.21
100102	美元	10 039.84	4 987.89	2 387.79
100103	港币	577.03	3 346.66	3 631.15
1002	银行存款	2 125 931.88	1 594 125.68	4 685 195.50
100201	工行存款	1 190 676.88	680 345.22	3 635 032.42
100202	交行存款	378 909.45	356 889.79	372 007.22 (5 7231.49 美元)
100203	中行存款	556 345.55	556 890.67	678 155.86
1101	交易性金融资产	489 070.68	569 878.99	369 272.67
110101	股票	489 070.68	569 878.99	369 272.67
1121	应收票据			
1122	应收账款	346 980.67	348 976.66	155 924.01
1123	预付账款			
1221	其他应收款	6 000.00	8 000.00	16 000.00
122101	应收个人款	6 000.00	8 000.00	16 000.00
122102	应收部门款			
1403	原材料	251 455.99	310 028.15	525 698.99
140301	电视原材料	170 880.98	187 613.38	267 538.75
14030101	主板	67 909.88	56 767.99	99 832.77
14030102	扬声器	45 345.66	50 979.07	50 045.49
14030103	液晶屏	34 212.77	45 987.33	70 426.13
14030104	电源板	23 412.67	33 878.99	47 234.36
140302	洗衣机原材料	57 898.67	44 567.08	113 331.59
140303	冰箱原材料	22 676.34	77 847.69	144 828.65
1405	库存商品	87 658.66	98 747.35	8 889 311.53
1601	固定资产			7 800 900.99
1602	累计折旧		46 767.55	526 655.24
1604	在建工程			
2001	短期借款	600 000.00		
2201	应付票据			
2202	应付账款	100 789.98	150 343.87	173 983.89

科目编码	科目名称	累计借方发生额	累计贷方发生额	期初余额
2203	预收账款			
2211	应付职工薪酬		129 968.52	723 535.02
221101	工资		109 678.08	610 578.08
221102	福利费		15 354.93	85 480.93
221103	工会经费		2 193.56	12 211.56
221104	职工教育经费		2 741.95	15 264.45
2221	应交税费	78 905.66	77 456.73	134 541.40
222101	应交增值税	78 905.66	77 456.73	134 541.40
22210101	进项税额	78 905.66		−177 666.21
22210102	销项税额		77 456.73	312 207.61
2501	长期借款			1 000 000.00
4001	实收资本			5 000 000.00
4002	资本公积		67 978.49	141 428.93
4101	盈余公积		12 356.91	102 057.14
4103	本年利润			8 679 200.90
4104	利润分配	543 202.65	1 278 791.67	6 254 342.80
410401	未分配利润	543 202.65	1 278 791.67	6 254 342.80
5001	生产成本	212 270.42	149 233.70	284 077.48
500101	基本生产成本	212 270.42	149 233.70	216 186.60
50010101	直接材料	55 980.34	44 306.58	51 763.42
50010102	直接人工	67 903.64	33 896.32	88 308.31
50010103	制造费用	43 876.56	21 298.48	46 428.86
50010104	其他	44 509.88	49 732.32	29 686.01
500102	辅助生产成本			67 890.88
5101	制造费用			
510101	折旧费			
510102	工资			
510103	修理费			
6001	主营业务收入	1 568 900.68	1 568 900.68	
6051	其他业务收入	560 880.55	560 880.55	
6401	主营业务成本	233 789.45	233 789.45	

科目编码	科目名称	累计借方发生额	累计贷方发生额	期初余额
6402	其他业务成本	24 590.11	24 590.11	
6403	营业税金及附加	23 557.87	23 557.87	
6601	销售费用	214 410.93	214 410.93	
660101	差旅费	38 909.44	38 909.44	
660102	业务招待费	23 760.66	23 760.66	
660103	广告费	48 970.67	48 970.67	
660104	薪资	56 897.09	56 897.09	
660105	折旧费	45 873.07	45 873.07	
6602	管理费用	419 350.33	419 350.33	
660201	差旅费	33 908.78	33 908.78	
660202	办公费	44 890.69	44 890.69	
660203	交通费	68 908.34	68 908.34	
660204	招待费	99 854.90	99 854.90	
660205	通信费	45 890.33	45 890.33	
660206	薪资	23 408.78	23 408.78	
660207	折旧费	23 578.98	23 578.98	
660208	其他	78 909.53	78 909.53	
6603	财务费用	8 000.00	8 000.00	

(25)辅助明细账数据(见表3-29~表3-34)

表3-29　　　　"应收账款"会计科目期初余额明细(部门客户往来核算)　　余额:借155 924.01元

日　期	凭证号	部门名称	客户名称	摘　要	方　向	金　额
2013-04-23	转-100	销售部	迅捷贸易	赊销冰箱	借	88 540.00
2013-05-10	转-10	销售部	香水湾	赊销电视	借	67 384.01

表3-30　　　　"其他应收款——应收个人款"会计科目期初余额明细(个人往来核算)

余额:借16 000.00元

日　期	凭证号	部　门	个　人	摘　要	方　向	金　额
2013-05-20	付-78	总经理室	赵亮	出差借款	借	10 000.00
2013-05-22	付-88	财务部	王芳芳	出差借款	借	6 000.00

表 3—31   "应付账款"会计科目期初余额明细(部门供应商往来核算)   余额:贷 173 983.89 元

日　期	凭证号	部门名称	供应商	摘　要	方　向	金　额
2013—04—15	转—60	采购部	大兴电器	赊购原材料	贷	68 750.00
2013—05—07	转—8	采购部	远通电子	赊购原材料	贷	105 233.89

表 3—32   生产成本会计科目期初余额明细(项目核算)   余额:借 284 077.48 元

科目名称	项　目	累计借方金额	累计贷方金额	金　额
直接材料	平板电视	55 980.34	44 306.58	51 763.42
直接人工	平板电视	67 903.64	33 896.32	88 308.31
制造费用	平板电视	43 876.56	21 298.48	46 428.86
其他	平板电视	44 509.88	49 732.32	29 686.01
辅助生产成本	平板电视			67 890.88

表 3—33   "销售费用"会计科目累计发生额明细(部门核算)   单位:元

科目名称	部　门	累计借方金额	累计贷方金额
差旅费	销售部	38 909.44	38 909.44
业务招待费	销售部	23 760.66	23 760.66
广告费	销售部	48 970.67	48 970.67
薪资	销售部	56 897.09	56 897.09
折旧费	销售部	45 873.07	45 873.07

表 3—34   "管理费用"会计科目累计发生额明细(部门核算)   单位:元

科目名称	部　门	累计借方金额	累计贷方金额
差旅费	总经理室	33 908.78	33 908.78
办公费	总经理室	44 890.69	44 890.69
交通费	行政部	68 908.34	68 908.34
招待费	行政部	99 854.90	99 854.90
通信费	人力资源部	45 890.33	45 890.33
薪资	人力资源部	23 408.78	23 408.78
折旧费	财务部	23 578.98	23 578.98
其他	财务部	78 909.53	78 909.53

【实验指导】

1. 新建单位账套

(1)系统注册

单击桌面上的"系统管理"图标或者执行"开始"|"程序"|"用友 ERP-U8"|"系统服

务"|"系统管理"命令,系统弹出"系统管理"窗口。

在出现的"系统管理"窗口中,单击系统菜单,选择"注册"功能,系统弹出"登录"窗口。

此时,以系统管理员(admin)身份或账套主管(已存在账套的情况下)身份注册。第一次运行时,系统管理员密码为空(可修改),选择系统默认账套(default),单击"确定"按钮,以系统管理员身份登录系统管理。

◇ **提　示** ◇

为了保证系统的安全性,在"登录"对话框中,可以设置或更改系统管理员的密码。将"改密码"复选框选中,单击"确定"按钮,打开"设置操作员密码"对话框,在"新密码"和"确认"后面的输入区中输入新密码,单击"确定"按钮,返回系统管理。建议不更改系统管理员密码。

(2)新建账套

执行"账套"|"建立"命令,系统弹出"创建账套"窗口。

①账套信息

在"创建账套——账套信息"窗口中按实验案例输入。

已存账套:系统中已经存在的账套号和账套名称。因账套号不允许重复,所以可以参考已存账套信息。已存账套信息不能输入和修改。

账套号:新建账套的编号。在用友 ERP-U8 管理软件中,账套号为 3 位数(001~999),只要不重复均可输入。本例输入"123"。

账套名称:新账套的标识。本例输入"长春市灵通电器有限公司"。

账套路径:存放账套数据的位置,可以更改。本例采用系统默认的路径。

启用会计期:新账套启用的会计期间,可以单击"会计期间设置"按钮进行设置。启用会计期一旦设置就不能更改。本例选择 2013 年 06 月。

是否集团账套:不勾选。

输入完成后,单击"下一步"按钮,输入单位信息。

②单位信息

单位名称:单位全称,在打印发票时使用。

单位简称:除了打印发票以外的情况要使用单位简称。

公司 Logo:可以在业务单据打印时设置到单据的页眉页脚中。

其他项按实验案例输入即可。

输入完成后,单击"下一步"按钮,设置核算类型。

③核算类型

本币代码:记账本位币的代码,如 RMB、USD、HKD 等。本例为"RMB"。

本币名称:记账本位币的名称,如人民币、美元、港币等。本例为"人民币"。

企业类型:按企业类型在下拉列表中选择。本例选择"工业"。

行业性质:在下拉列表中选择,为以后"是否按行业性质预设科目"确定科目范围以及预制一些报表。本例选择"2007 年新会计制度科目"。

科目预设语言:本例选择"中文(简体)"。

账套主管:在下拉列表中选择。在未设置其他操作员的情况下,系统默认账套主管是

demo,在设置好其他操作员的情况下,可以更改。本例采用系统默认。

按行业性质预设科目:系统会根据建立账套时所选行业性质自动预设标准的会计科目,但一般仅限于一级科目。本例勾选。

输入完成后,单击"下一步"按钮,输入基础信息。

④基础信息

存货是否分类:如果单位存货很多,需要进行分类管理,则选中该项复选框。一旦选中存货进行分类核算,则在基础设置中应先设置存货分类才能进行存货档案的建立。本例选中该项复选框。

客户是否分类:同上,选中该项复选框。

供应商是否分类:同上,选中该项复选框。

有无外币核算:选中该项复选框表示有外币核算。

输入完成后,单击"完成"按钮,系统提示"可以创建账套了么?"单击"是"按钮,开始创建账套(时间比较长,请耐心等待)。创建账套完成后,系统弹出"编码方案"窗口。

⑤编码方案

分类编码方案的设置将决定核算单位如何对经济业务资料进行分级核算、统计和管理。任何系统都必须设置编码规则,即规定各种编码有几级构成及各级次的长度。例如,本例中会计科目编码级次为"4-2-2-2",表示科目级次为4级,一级科目编码长度为4位(0001~9999),二、三、四级科目编码长度均为2位(01~99)。

按实验案例所规定的编码方案修改系统默认值,之后单击"确定"按钮,再单击"取消"按钮,系统弹出"数据精度"窗口。

◇ 提示 ◇
　编码方案一经使用就不能更改;若要更改,必须将已经建立的档案资料彻底删除后才能更改。

⑥数据精度

数据精度表示系统处理数据时保留的小数位数,超出设置的精度范围,系统会自动进行四舍五入处理。本例按系统默认,小数位数为"2"。

单击"确定"按钮,系统弹出"创建账套"窗口,此时,系统提示"现在进行系统启用的设置?"单击"是"按钮,进入"系统启用"窗口。

⑦系统启用

勾选将要启用的系统,系统会提示录入启用的会计日期。本例勾选总账、销售管理和采购管理,系统启用时间为"2013-06-01"。系统启用后,单击"退出"按钮。

退出系统启用窗口,系统提示"请进入企业应用平台进行业务操作!"单击"确定"按钮,返回系统管理。

◇ 提示 ◇
　在用友ERP-U8管理软件中,各个系统可以单独使用、单独启用,也可以同时使用、同时启用,但只能启用已经安装的系统。如果系统未启用,则不允许登录。
　各个系统的启用日期必须大于等于账套建立的日期。
　编码方案、数据精度、系统启用可以由账套主管在"企业应用平台——设置——基本信息"中进行设置或更改。

2. 操作员档案

(1)增加操作员

在系统管理窗口执行"权限"|"用户"命令,系统弹出"用户管理"窗口。

单击工具栏中的"增加"按钮,系统弹出"操作员详细情况"窗口,按实验案例输入操作员信息,再单击"增加"按钮,保存并增加新用户。

所有操作员信息输入之后,单击"取消"按钮,返回系统管理。

◇ **提示** ◇

只有系统管理员才有权限增加、删除、修改角色和用户。

角色和用户一经引用,不能删除。

如果操作员调离企业,可以通过"修改"功能"注销当前用户"。

在"用户管理"窗口,单击"转授"按钮,可以将指定操作员的权限转授给其他指定的操作员。

在所有界面进行业务信息输入或处理时,蓝色字体标注的项目是必填项,其余项目为可选项。

(2)给操作员赋权限

在系统管理窗口,执行"权限"|"权限"命令,系统弹出"操作员权限"窗口。

在左侧操作员列表中选择"Lt001 赵亮",在右上角选择"123"账套,选择 2013 年,然后勾选"账套主管"复选框,则赵亮具有了账套主管的全部操作权限。

其他人员在左侧操作员列表中做相应选择,然后选择"123"账套,选择 2013 年,单击工具栏中的"修改"按钮,在右侧对应角色权限位置进行选择,然后单击"保存"按钮,保存设置。

所有操作员权限设置之后,单击"退出"按钮,返回系统管理。

◇ **提示** ◇

如果在增加操作员时选择了账套主管的角色,则该操作员自动拥有了账套主管的全部操作权限;如果没有勾选账套主管的角色,则按此方法进行授权。

一个账套可以有多个账套主管。

3. 账套备份与恢复

(1)账套自动备份

在系统管理窗口,执行"系统"|"设置备份计划"命令,系统弹出"备份计划设置"窗口。

单击"增加"按钮,系统弹出"备份计划详细情况"窗口,按本例输入。

单击中间的"增加"按钮,增加备份路径,勾选"请选择账套和年度"复选框。

单击下方的"增加"按钮,再单击"取消"按钮退出。

◇ **提示** ◇

账套自动备份要在计算机开机的情况下进行。

账套自动备份中的保留时间如果输入"0",则表示永久保留。

(2)账套手工备份

在系统管理窗口,执行"账套"|"输出"命令,系统弹出"输出账套数据"窗口。

选择要输出的账套号。如果希望备份后删除系统中的账套,则勾选"删除当前输出账套"复选框,单击"确认"按钮,系统提示"请选择账套备份路径"。选择要输出的路径,单击"确定"

按钮。

备份完成后,系统弹出"输出成功!"信息提示框,单击"确定"按钮返回。

(3)账套恢复

在系统管理窗口,执行"账套"|"引入"命令,系统弹出"引入账套数据"窗口。

选择要恢复的备份文件所在路径及备份文件即可完成账套的恢复工作。

4. 修改账套参数

如果要修改账套参数,就需要以账套主管的身份注册进入系统管理。

在系统管理窗口,执行"系统"|"注册"命令,系统弹出"登录"窗口。

以账套主管"Lt001"或"赵亮"(口令"001")的身份,选择账套"123",操作日期输入"2013—06—01",注册进入系统管理。

执行"账套"|"修改"命令,按本例修改账套参数。灰色内容不可修改,白色内容可修改。

5. 公共档案基础设置

单击桌面上的"企业应用平台"图标或者执行"开始"|"程序"|"用友 ERP-U8"|"企业应用平台"命令,弹出"登录"对话框。

输入操作员"Lt001"或"赵亮",口令"001",选择"123"账套,更改"操作日期"为"2013—06—01",单击"确定"按钮,进入"UFIDA ERP-U8"窗口。

单击"基础设置"选项卡,选择"基础档案"选项,展开其中包含的项目。本实验案例此部分内容的操作相对简单,请选择相应项目进行输入。

◇ **提示** ◇

各档案信息输入采取的一般操作原则:增加—输入—保存—退出。

所有档案信息的编码必须按照预设的编码方案输入,否则不允许保存。

所有档案信息必须按照级次由大到小的顺序输入。

在增加人员档案时,如果在之前的"用户"中已经设置为操作员,由于操作员编码之前已经给出,因此在此需要重新选择"对应操作员名称"。

在输入客户档案并增加相应的银行档案时,应在"增加客户档案"界面,单击工具栏中的"银行"按钮,再单击"增加"按钮,输入完毕单击"保存"按钮并退出。

在增加存货的计量单位时,应先增加计量单位组,在相应的计量单位组的基础上增加计量单位。

在输入存货档案时,需注意存货属性。如果没有对存货设置相应的属性,则在处理相应的业务单据时无法参照。

(1)外币设置

在企业应用平台的"基础设置"选项卡中,执行"基础档案"|"财务"|"外币设置"命令,系统弹出"外币设置"窗口。

单击"增加"按钮,输入美元信息,单击"确认"按钮。

输入"2013.06"对应的记账汇率"6.3",单击"退出"按钮,系统自动保存汇率信息。

同理,输入港币信息。

(2)会计科目表

在企业应用平台的"基础设置"选项卡中,执行"基础档案"|"财务"|"会计科目"命令,系统弹出"会计科目"窗口,显示所有"按 2007 年新会计制度科目"预设的科目。

单击工具栏中的"增加"按钮进行会计科目的增加；单击工具栏中的"修改"按钮，或先选择某个科目，再单击"修改"按钮进行会计科目的修改。按实验案例增加或修改会计科目。

科目设置完成后，单击"确定"按钮，保存设置并退出。

◇ 提示 ◇

"银行存款"科目要勾选"日记账"和"银行账"两个辅助核算选项。

不能删除已经制单或者录入期初余额的科目，不能删除已经被指定的会计科目，不能删除非末级科目；不可以使用被封存的科目；已有数据的科目不能修改科目属性。

（3）指定会计科目

在会计科目窗口执行"编辑"｜"指定科目"命令，系统弹出"指定科目"窗口。

选择"现金科目"按钮，将"库存现金（1001）"从待选科目选入已选科目。

选择"银行科目"按钮，将"银行存款（1002）"从待选科目选入已选科目。

选择"现金流量科目"按钮，将"人民币（100101）""美元（100102）""港币（100103）""工行存款（100201）""交行存款（100202）""中行存款（100203）"从待选科目选入已选科目。

单击"确定"按钮，退出"指定科目"窗口。

◇ 提示 ◇

指定现金、银行科目是指定出纳的专管科目。只有进行了现金、银行科目指定，才能在凭证中进行出纳签字，才能查询现金、银行存款日记账。

指定现金流量科目是供 UFO 报表系统编制现金流量表时使用的，在录入凭证时，对指定的现金流量科目系统自动弹出窗口要求选择当前录入分录对应的现金流量项目。

（4）凭证类别

在企业应用平台的"基础设置"选项卡中，执行"基础档案"｜"财务"｜"凭证类别"命令，系统弹出"凭证类别预设"窗口。

选择"收款凭证""付款凭证"和"转账凭证"复选框，单击"确定"按钮，进入"凭证类别"窗口。

单击工具栏中的"修改"按钮，单击收款凭证"限制类型"下的三角按钮，选择"借方必有"，在"限制科目"栏可参照选择"100101""100102""100103""100201""100202""100203"。

同理，按本例设置付款凭证、转账凭证。

设置完成后，单击"退出"按钮。

（5）项目目录

在企业应用平台的"基础设置"选项卡中，执行"基础档案"｜"财务"｜"项目目录"命令，系统弹出"项目档案"窗口。

单击"增加"按钮，增加项目大类名称——"生产成本"。按系统默认值，单击"下一步"按钮，完成项目大类名称的增加。

在项目档案窗口，选择右上角"生产成本"项目大类，打开"核算科目"选项卡，单击"＞"按钮，将"生产成本"及其明细科目选入"已选科目"中，单击"确定"按钮。

在项目档案窗口，选择右上角"生产成本"项目大类，打开"项目分类定义"选项卡，单击右下角的"增加"按钮，按本例输入。

在项目档案窗口,选择右上角"生产成本"项目大类,打开"项目目录"选项卡,单击右下角的"维护"按钮,进入"项目目录维护"窗口,单击"增加"按钮,按本例输入。

◇ 提示 ◇

企业因业务核算需要,要对具体的项目进行核算和管理,这时需要进行项目核算。

"核算科目"选项中的"待选科目"是在会计科目表中设置了项目核算辅助项的科目,因而才会显示出来。

在"项目目录维护"窗口,如果选择了"是否结算",则表明该项目已经结算完,不能再使用。

(6)数据权限分配

在企业应用平台"系统服务"选项卡中,执行"权限"|"数据权限控制设置"命令,系统弹出"数据权限控制设置"窗口。

打开"记录级"选项卡,选中"部门""科目"复选框,单击"确定"按钮并退出。

执行"数据权限"|"数据权限分配"命令,系统弹出"权限浏览"窗口。

从"业务对象"下拉列表中选择"科目"选项,从"用户及角色"列表中选择"Lt002 孙闯",单击工具栏中的"授权"按钮,打开"记录权限设置"对话框。

勾选"查账"复选框,分别将相应的会计科目从"禁用"列表框选入"可用"列表框。

单击"保存"按钮,系统提示"保存成功"。单击"确定"按钮,返回记录权限设置。

同理,设置部门权限。

(7)会计科目期初余额表

本表中给出的累计借方发生额、累计贷方发生额和期初余额应为总账管理系统初始设置的内容,但为了实验数据使用方便,在此给出。

在总账管理系统中,执行"设置"|"期初余额"命令,系统弹出"期初余额录入"窗口。

在用友 ERP-U8 软件中,期初余额是以三种颜色显示的——白色、浅黄色和灰色。

白色部分表示该科目属于末级科目,可以直接录入累计发生额和期初余额。

浅黄色部分表示该科目有往来辅助核算,其累计发生额和期初余额需要通过双击该科目所在行,到对应的辅助账中录入。录入完辅助账金额,系统自动将辅助账中的金额带入总账。

灰色部分表示该科目不属于末级科目,其累计发生额和期初余额需要先录入其末级科目金额后,系统自动计算其上级科目金额。

输入完所有科目金额后,单击该界面上方的"试算"按钮,系统弹出"期初试算平衡表"窗口,如果期初余额试算平衡,则单击"退出"按钮退出;如果试算不平衡,则需重新修改期初余额。

第4章 总账管理

4.1 总账管理系统概述

4.1.1 功能概述

总账管理系统又称账务处理子系统,是用友 ERP-U8 管理软件的核心系统,是必选系统,适合于各行各业进行账务核算和管理工作。该系统主要是通过已建立的会计科目体系,录入和处理记账凭证,完成登记账簿、对账和结账工作,输出各种账表,并提供各种辅助管理功能。总账管理系统既可以单独使用,也可以与其他业务系统集成使用。

1. **功能目标**

总账管理系统的目标包括:

第一,及时、准确地采集和录入各种凭证,保证进入计算机系统的会计数据及时、准确和全面。

第二,高效、正确地完成记账等数据处理过程。

第三,随时输出某个时期任意会计科目发生的所有业务,随时输出各个会计期间的各种账表,为企业管理提供信息。

第四,建立总账管理系统与其他子系统的数据接口,实现会计数据的及时传递和数据共享。

目前,总账管理系统的设计目标还包括辅助核算和管理功能,以及自动转账功能等。这些功能都是对总账管理功能的补充,但没有它们也可以称之为总账管理系统。

2. **基本功能**

总账管理系统的主要功能包括凭证管理、出纳管理、账簿管理和期末处理等。为了满足不同企业的账务处理需要,一般总账管理系统必须增加初始设置功能。

总账管理系统的基本功能结构如图 4—1 所示。

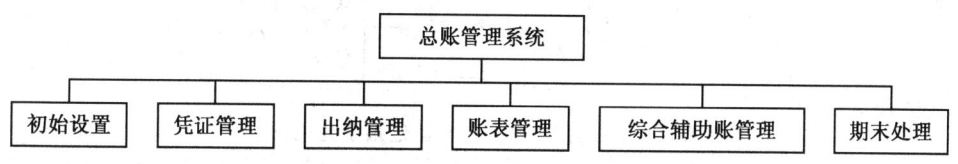

图 4—1 总账管理系统基本功能结构

初始设置包括期初余额、选项参数设置、数据权限分配、金额权限分配、总账套打工具和账簿清理功能模块。

凭证管理包括填制凭证、出纳签字、主管签字、审核凭证、查询凭证、记账和常用凭证等功能模块，以加强对发生过的经济事项的管理和控制。

出纳管理包括现金日记账、银行存款日记账、资金日报表、支票登记簿和银行对账等功能模块，为出纳人员提供集中办公环境，加强现金与银行存款的管理。

账表管理包括我的账表（自定义）、科目账（总账、明细账、序时账、多栏账等）、客户往来辅助账、供应商往来辅助账、个人往来账、部门辅助账、项目辅助账和账表打印。

综合辅助账管理包括科目辅助明细账、科目辅助汇总表、多辅助核算明细账和多辅助核算汇总表。

期末处理包括转账定义、转账生成、对账和结账功能模块。

4.1.2　总账管理系统与其他系统的关系

总账管理系统主要是接收从其他系统传递过来的凭证，完成最终的账务处理过程，为报表编制提供依据。总账管理系统与其他系统的关系如图4－2所示。

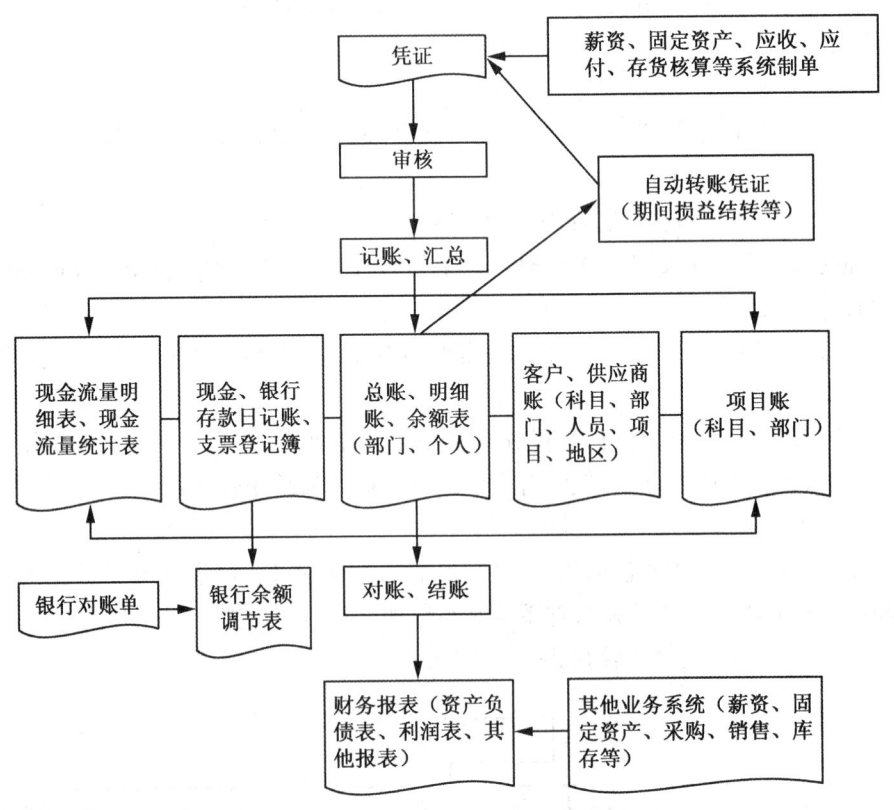

图4－2　总账管理系统与其他系统的关系

4.1.3　总账管理系统业务处理流程

总账管理系统的业务处理流程如图 4－3 所示。

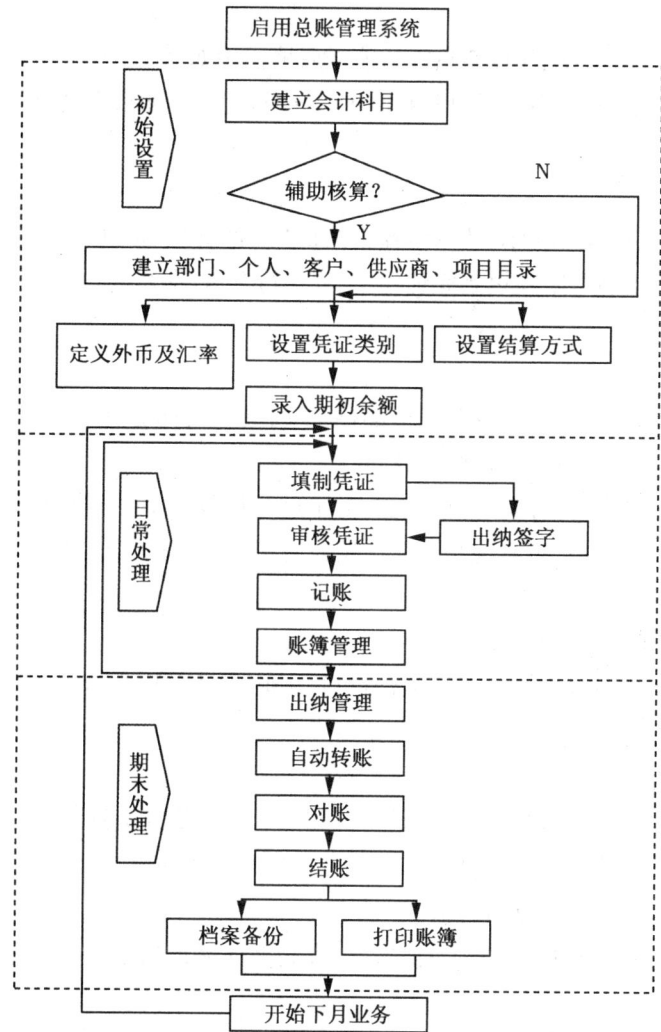

图 4－3　总账管理系统的业务处理流程

4.2　总账管理系统初始设置

通过总账管理系统的初始设置,可以把核算单位的会计核算规则、核算方法、应用环境以及基础数据录入计算机,保证业务处理过程的高效、准确和完整。

4.2.1　选项参数设置

用友 ERP-U8 管理软件在每个子系统进行日常业务处理之前都有选项参数设置,其作用主要是确定核算单位业务处理时的核算要求和控制规则。

总账管理系统的选项参数包括凭证、账簿、凭证打印、权限、预算控制、会计日历和其他选项卡。

1. 凭证选项卡

(1)制单序时控制

此项控制表示制单时,凭证日期只能从前往后填。例如,保存的最后一张凭证已经填制到2013年5月20日,则不能再保存2013年5月19日的凭证。如果有特殊需要,可以将其改为制单不序时控制,即不选此项。

(2)支票控制

此项控制与公共档案基础设置中结算方式的"票据管理"联用。如果既选择了"票据管理",又选择了"支票控制",则在填制凭证使用了"银行存款"科目时,系统提示录入未在支票登记簿中登记的支票信息。

(3)赤字控制

在制单时,当"资金及往来科目"或"全部科目"的最新余额出现负数时,系统将予以提示。

(4)可以使用应收(应付、存货)受控科目

如果科目为应收(应付、存货)受控科目,为了避免重复制单,一般只允许在应收(应付、存货)系统使用该科目,总账管理系统是不能使用该科目进行制单处理的。如果要在总账系统使用该科目,则选择此项。

(5)现金流量科目必录现金流量项目

选择此项,在制单时如果使用现金流量科目,则必须录入现金流量项目及金额,为编制现金流量表提供依据。

(6)自动填补凭证断号

在系统编号方式下选择此项,则在新增凭证时,系统按凭证类别自动查询上一张同类别凭证的断号,将其作为本张凭证的凭证号;如果无断号,则使用新号。

(7)批量审核凭证进行合法性校验

批量审核凭证时,针对凭证进行二次审核,提高凭证输入的正确率。合法性校验与保存凭证时的合法性校验相同。

(8)同步删除业务系统凭证

这项设置表示其他业务系统删除凭证时,同步删除传递到总账管理系统的凭证;否则,在其他业务系统删除凭证时,总账管理系统的凭证不予删除,而以"作废"标志显示。

(9)凭证编号方式

在制单时,系统提供两种编号方式——系统编号和手工编号。一般情况下选择系统自动编号;如果选择手工编号,应注意编号要做到不重号、不漏号。

(10)现金流量参照科目

选择现金流量录入界面的参照内容和方式,选择"现金流量科目",系统只参照凭证中的现金流量科目;选择"对方科目",系统只显示凭证中的非现金流量科目;选择"自动显示",系统依据前两个选项将现金流量科目或对方科目自动显示在指定现金流量项目界面中,否则需要手工参照选择。

2. 账簿选项卡

账簿选项卡可用于设置账簿打印格式。

（1）打印位数宽度（包括小数点及小数位）

设置账簿打印时各栏目的宽度，包括摘要、金额、外币、汇率、数量和单价。

（2）凭证、账簿套打

选择套打，则只打印出凭证、账簿中的数据，不打印表格线；不选择套打，则数据连同表格线一起打印出来。

（3）明细账（日记账、多栏账）打印方式

按月排页，即打印时先将明细账按月份顺序排页，再从所选月份范围的起始月份开始打印输出，打印起始页号为"1 号"；按年排页，即打印时先将明细账从本年度的第一个月份开始顺序排页，打印起始页号为所打月份在全年总排页中的页号。

（4）打印设置按客户端保存

如果有多台电脑安装用友 ERP-U8 管理软件，这些电脑又连接多台不同型号的打印机，选择此项则可以按照每台电脑上连接的打印机和打印机设置进行打印输出。

3. 凭证打印选项卡

凭证打印选项卡可用于设置与凭证打印相关的控制参数。

（1）合并凭证显示、打印

此项控制下面还有两项内容——按科目、摘要相同方式合并和按科目相同方式合并。在对凭证进行处理时，以系统选项中的设置显示；在明细账显示或打印时，在明细账显示界面提供是否"合并显示"的选项。

（2）打印凭证页脚姓名

勾选此项，表示在打印凭证时将制单人、出纳、审核人、记账人的姓名一并打印出来；不勾选此项，则不打印。

（3）打印包含科目编码

勾选此项，在打印时除了要打印科目名称以外，将科目编码一并打印出来。

（4）打印转账通知书

勾选此项，在会计科目设置中先指定需要打印转账通知书的科目，再在凭证中打印转账通知书。

（5）凭证、正式账每页打印行数

设置凭证、正式账的每页打印行数。

4. 权限选项卡

（1）权限控制

如果规定制单时某操作员只能使用具有相应制单权限的科目制单，则应选择"制单权限控制到科目"；如果规定制单时只显示某操作员有权限的凭证类别，则应选择"制单权限控制到凭证类别"；如果规定某操作员只能对一定额度的经济业务制单，则应选择"操作员进行金额权限控制"；如果规定某操作员只能审核特定操作员填制的凭证，则应选择"凭证审核控制到操作员"；如果规定涉及库存现金、银行存款的凭证必须经由出纳人员核对签字后才能记账，则应选择"出纳凭证必须经由出纳签字"；如果规定凭证必须经由主管会计签字后才能记账，则应选择

"凭证必须经由主管会计签字"。

(2)允许修改、作废他人填制的凭证

勾选此项,如果凭证填制错误,则可以由其他人进行修改或作废。

(3)可查询他人凭证

若允许操作员查询其他人填制的凭证,则勾选此项。

(4)制单、辅助账查询控制到辅助核算

只有勾选此项,制单时才能使用有辅助核算属性的会计科目,辅助账查询可以查询有权限的辅助项内容。

(5)明细账查询权限控制到科目

只有勾选此项,在"数据权限分配"中设置明细账录入和查询权限才能生效。

5. 预算控制选项卡

预算控制选项卡主要是针对预算管理进行的控制,包括控制科目(包含贷方科目)、超出预算允许保存等控制。

6. 会计日历选项卡

此项设置可以查看启用会计年度、启用日期、各会计期间的开始日期与结束日期等。此处仅能查看会计日历的信息,但可以修改数量小数位、单价小数位和本位币精度。

7. 其他选项卡

其他选项卡主要用于设置部门、个人、项目的排序方式。

4.2.2 期初余额录入

期初余额录入是将会计科目的余额由原来的会计信息系统或手工操作系统录入新会计信息系统的过程,以保证财务数据的连续性。如果企业在年初启用总账管理系统,则期初余额就是年初数;如果企业在年中启用总账管理系统,则应将各账户此时的余额和年初到此时的借、贷方累计发生额录入系统,系统自动计算年初余额。

期初余额的录入分为两个部分——基本科目期初余额录入和辅助核算科目期初余额录入。

1. 基本科目期初余额

基本科目是指无辅助核算的科目。此种科目只需要录入最末级科目的累计发生额和余额,上级科目的累计发生额和余额由系统自动计算。

2. 辅助核算科目期初余额

辅助核算科目是指有辅助核算的科目。此种科目期初余额录入时需要用鼠标双击辅助核算科目的期初余额或年初余额栏,系统弹出相对应的辅助核算的期初余额录入窗口,在窗口中输入或引入。

以"应收账款"为例,如果在应收款管理系统中已经录入了往来期初明细单据,则可以通过"引入"方式,将应收款管理系统中的期初数据引入总账管理系统,无须重新输入;如果未在应收款管理系统中录入往来期初明细单据,则在"期初余额——期初往来明细"窗口中输入,最后汇总到"辅助期初余额"中。

3. 科目余额方向

科目余额方向是由科目的性质确定的。资产类科目、成本类科目余额的方向为借,负债和所有者权益类科目、收入类科目余额的方向为贷。在录入科目余额时,如果有的科目余额方向不正确,则可以通过"方向"调整功能进行重新设置,但只能调整一级科目的余额方向,且要求该科目及其下级科目无余额。当一级科目余额方向调整后,其下级科目余额方向也随着调整。

4. 试算平衡

期初余额录入完毕,必须进行试算平衡。不平衡,不能记账。如果已经记账,则不能再录入或修改期初余额。

5. 期初对账

期初对账是由系统自动完成的,核对总账上下级、总账与辅助账、总账与明细账中的数据是否有误。如果出现错误,可查看错误报告。

4.2.3　账簿清理

当年初建账完成后,如果发现账建得太乱或错误过多,则可执行本功能冲掉已建立好的全部账,然后重新建账。账簿清理将冲掉本年录入的所有余额和发生额,并将上年的会计科目、客户分类、客户目录和凭证类别等转入本年。但如果在其他系统中已经填制了凭证,则最好不要对总账管理系统的数据进行清理,否则会影响数据的一致性。如果想清空所有系统的数据,则可执行系统管理中的"清空年度数据"功能。

4.3　总账管理系统日常业务处理

总账管理系统的日常业务处理主要是指从填制凭证开始到登记账簿、完成账务处理的全过程。

4.3.1　凭证管理

凭证管理模块的功能主要是对凭证的日常处理,包括填制凭证、出纳签字、审核凭证、查询凭证和记账等。

1. 填制凭证

填制凭证是总账管理系统日常业务处理的起点。在计算机环境下,总账管理系统中的记账凭证有两种来源:一种是在总账管理系统中根据原始凭证直接录入;另一种是在其他系统中根据相应单据自动生成记账凭证,然后传递到总账管理系统中。本部分讲述的是以直接录入的方式产生记账凭证。

机制的记账凭证与手工记账凭证在格式上基本相同,但机制的记账凭证在填制过程中会按照设置好的规则进行正确性校验,以保证数据的正确性。

(1)凭证类别和凭证号

根据经济业务的内容选择相对应的凭证类别。凭证类别应符合基础设置中对凭证类别的限制要求。

凭证号是记账凭证的标识,按照凭证类别从 1 开始连续编号,不允许重号、漏号。如果在

"选项"中选择系统编号,则由系统按时间顺序自动编号,否则将进行手工编号,允许最大凭证号为32767。系统规定每页凭证可以有5笔分录,当某号凭证不止一页时,系统自动在凭证号后标上几分之几。例如,收-0001号0001/0002,表示收款凭证第0001号,该凭证共有2张分单,当前光标处在第一张分单上。

(2)制单日期

系统自动取进入总账管理系统的日期为制单日期,可以修改。

(3)附单据数

输入原始凭证张数。

(4)摘要

简单明了地写清楚经济业务的内容,可以设置常用摘要进行参照,选入的常用摘要不会清除原来输入的内容。摘要不能为空。

(5)凭证自定义项

单击凭证右上角的输入框可输入用户自定义的信息,系统不对这些信息进行校验,只进行保存。

(6)会计科目

此处应输入最末级会计科目,可以输入科目编码,也可以输入科目名称。如果会计科目设有辅助核算,则应输入辅助核算信息;如果一个科目同时设置了多个辅助核算,则同时输入各种辅助核算的相关信息。

(7)金额

录入该笔分录的借、贷方本币发生额,金额不能为零,但可以是红字,红字金额以负数形式输入;如果方向不符,可以按空格键调整方向。

2. 出纳签字

出纳凭证是指涉及"库存现金"和"银行存款"科目的凭证。为了加强对企业现金收支的管理,出纳人员应对出纳凭证进行检查、核对、签字确认,保证出纳科目对应金额的正确性。出纳人员与制单人可以是同一人;可以单个签字,也可以成批签字。

3. 主管签字

为了加强对凭证填制的管理,系统提供了主管签字的功能。如果选择该功能,则凭证经过主管签字后才能记账。

4. 审核凭证

审核凭证主要是起监督、纠错的作用,使会计工作更加公正、准确。审核凭证时,可以采取单张审核和成批审核两种方式。如果审核人发现制单人填制的凭证有误,可以在错误凭证上标错,之后由原制单人修改。

审核方法有两种:一种是静态屏幕审核法,即计算机自动将未审核的凭证显示在屏幕上,由审核人员通过目测等方式对凭证进行检查;另一种是二次输入校验法,即将同一凭证输入两次,通过计算机比较两次输入的凭证是否相同,从而检查输入凭证的正确性。

审核凭证应注意三点:一是制单人与审核人不能是同一人,审核前必须更换操作员(重新注册);二是凭证一经审核便不能修改或删除,若要修改或删除可先取消审核;三是取消复核只能由复核人进行。

5. 查询凭证

通过查询凭证功能,可以获取符合条件的凭证信息。

6. 记账

凭证经出纳签字、主管签字、审核人员审核无误后,登记到总账、明细账、日记账、辅助账等,这一过程即为记账。记账一般采用向导方式,由计算机自动完成。可以一天记一次账,也可以多天记一次账。

7. 常用凭证

如果企业的某项经济业务经常重复发生,则为了填制凭证方便,可以对该经济业务对应的凭证生成常用凭证并保存在常用凭证库中,以后调用这张常用凭证即可。

8. 修改凭证

如果发现填制的凭证出现错误,应查看凭证的哪些地方有误。如果是摘要、科目、辅助项、金额及方向、增删分录等有误,在凭证没有审核之前可以直接修改。

如果某张凭证不要了或是出现不允许修改的错误时,可以将其作废。如果当前凭证已经作废,可以通过“作废/恢复”命令,取消作废标志。

对于已经作废的凭证,如果要将其彻底删除,则可以通过“整理凭证”命令,彻底删除所有作废的凭证,并对未记账凭证重新进行断号整理。

修改凭证应注意:一是未经审核的错误凭证可通过“填制凭证”功能直接修改,已审核的凭证应先取消审核后再进行修改。如果已经记账,先反记账,再反审核、修改;如果已经结账,先反结账,再反记账、反审核、修改。二是若已采用制单序时控制,则修改制单日期不能在上一张凭证的制单日期之前。三是若选择“不允许修改或作废他人填制的凭证”权限控制,则不能修改或作废他人填制的凭证。四是如果涉及银行科目的分录已录入支票信息,并对该支票做过报销处理,则修改操作将不影响“支票登记簿”中的内容。五是外部系统传过来的凭证不能在总账系统中进行修改,只能在生成该凭证的系统中进行修改。

9. 冲销凭证

对于已经记账的凭证,如果发现错误,可以制作一张红色冲销凭证,然后填制一张正确的凭证。通过冲销凭证功能增加的凭证,应视同正常凭证进行保存和管理。

10. 科目汇总

科目汇总是按条件对记账凭证进行汇总并生成一张科目汇总表。汇总的凭证可以是已经记账的凭证,也可以是未记账的凭证。用户可以在凭证未全部记账前,随时查看企业目前的经营状况及其他财务信息。

11. 摘要汇总表

系统提供了按照凭证摘要汇总一定期间凭证的功能。该功能方便用户对同一经济内容的业务进行汇总分析。例如,可以汇总前十位摘要中包含“业务招待费”的凭证信息。

4.3.2　出纳管理

出纳的工作与现金有关,而现金又是企业很重要的资产,为了提高出纳工作的效率,总账管理系统为出纳人员提供了一个集中处理业务的模块。出纳管理主要包括出纳签字、现金和银行存款日记账查询与输出、支票登记簿管理以及银行对账。

1. 出纳签字

出纳签字功能在凭证管理中已经做了说明。

2. 日记账及资金日报表

现金日记账是一种账簿,用来逐日逐笔反映库存现金的收入、支出和结存情况,以便于对现金的保管、使用,对现金管理制度的执行情况进行严格的日常监督及核算。

银行存款日记账是用来逐日逐笔反映银行存款增减变化和结余情况的账簿。通过银行存款日记账,可以序时详尽地提供每一笔银行存款收付的具体信息。

资金日报表是为了便于企业及时掌握货币资金的流动情况而提供的报表。通过当日资金收支及账面余额的输出,不仅为企业现金的管理提供了方便,而且为管理者及时掌握本企业的资金状况和合理运用资金提供了参考数据。

只要在设置会计科目时勾选"日记账"复选框,即表明该科目要登记日记账,并且在会计科目中做了科目指定才能查询。

3. 支票登记簿

在手工做账的情况下,出纳人员通常需要手工建立一个支票登记簿(可以是纸质的,也可以用 EXCEL 等电子表格软件来制作),在这个支票登记簿中登记支票领用的情况。在使用用友软件之后,我们可以使用软件提供的"支票登记簿"功能详细登记支票领用人、领用日期、支票用途、是否报销等情况。

"支票登记簿"的使用功能如下:一是指定银行存款总账科目。二是在总账选项中勾选"支票控制"。三是涉及支票登记簿的结算方式勾选"是否票据管理"。四是当有人领用支票时,出纳人员点击"支票登记簿"功能。五是当支票支出后,经办人持原始单据(发票)到财务部门报销,会计人员据此制作记账凭证。当在系统中录入该凭证时,系统要求录入该票据的结算方式和支票号。保存凭证时,系统提示"此支票已登记过,是否报销",即询问该支票号已经被出纳登记到支票登记簿了,现在制作付款凭证了,是否报销该支票号。六是会计人员在系统中填写完以上凭证后,系统自动在支票登记簿中将该号支票写上报销日期,该支票即为已报销。

支票登记簿的修改分两种情况:一种是该支票没有被报销,可以将光标移到需要修改的数据项上直接修改;另一种是该支票已经被报销,那么该支票是不能被修改的;要想修改,必须先取消报销标志。取消报销标志的方法是将光标移到报销日期处,按空格键删除报销日期即可。

4. 银行对账

银行对账是货币资金管理的重要内容之一,是出纳人员的基本工作之一。

(1)输入银行对账期初数据

将系统启用之前的最后一次单位银行存款日记账和银行对账单数据及两者的未达账项输入银行对账期初数据中,保证期初数据的正确性。

(2)输入银行对账单

在每月月末对账前,必须将银行开出的银行对账单输入或引入系统,由计算机自动或手工进行银行存款日记账与银行对账单的对账工作。

(3)银行对账

银行对账一般采取自动对账方式。如果自动对账达不到要求,也可以进行手工对账。

自动对账即由计算机根据对账依据将银行存款日记账和银行对账单上的账项进行自动核

对、勾销。对账依据通常是"结算方式＋结算号＋方向＋金额"或"金额＋方向"。对于已核对的银行业务,系统自动在银行存款日记账和银行对账单双方的两清位置打上"○"标志,视为已达账项;否则,视为未达账项。

手工对账是对自动对账的补充。采用自动对账后,可能还有一些特殊的已达账项没有对出来,为了保证对账更彻底、更正确,可以用手工对账进行调整勾销。双击双方的两清位置,在两清位置打上"Y"标志。进行手工对账一定要检查对账结果是否正确。

银行对账错误可以"取消"。

(4)余额调节表查询输出

进行银行对账之后,计算机自动整理并汇总未达账项和已达账项,生成"银行存款余额调节表",以检查对账是否正确。如果余额调节表显示对账结果不平,应检查"银行存款期初录入"中的相关项目是否平衡、"银行对账单"的录入是否正确、"银行对账"中的勾对是否正确,如不正确应进行调整。

(5)对账结果查询

这是对余额调节表的补充。通过对账结果的查询,可了解对账单上勾对的明细情况。检查无误后,年末可通过银行账来核销已达账项。核销错误可以进行反核销。

4.3.3　账簿管理

审核无误的凭证记账处理后,系统即保存了账簿文件。这些账簿供信息使用者查询和输出。日记账在出纳管理中查询和输出,其他账簿在账簿管理中查询和输出。

1. 基本核算账簿管理

基本核算账簿包括总账、余额账、明细账、序时账和多栏账等。要查询和输出基本核算账簿的内容和数据,只需要设定好相应的查询条件,即可按条件显示。

对于多栏账,在查询之前必须先定义查询格式。可以自动编制栏目,也可以手动编制栏目,一般先进行自动编制,然后进行手动编制。

2. 辅助核算账簿管理

辅助核算账簿包括个人往来、部门核算、项目核算账簿的总账、明细账以及部门收支分析和项目统计表。当客户和供应商往来在总账管理系统核算时,其对应的账簿也在总账管理系统中管理;否则,应在应收、应付系统中管理。

3. 现金流量表的查询

可以按月或按日查询现金流量凭证、现金流量明细表和现金流量统计表。

4.4　总账管理系统期末处理

总账管理系统期末处理是指会计人员将本期发生的经济业务登记入账之后,在期末需要完成的特定的会计工作,主要包括期末转账业务、对账、结账以及会计报表的编制等。

4.4.1　转账业务

转账凭证分为外部转账和内部转账。外部转账时将其他核算子系统生成的凭证转入总账系统中,内部转账是指在总账系统的内部把某个或某几个会计科目中的余额和发生额结转到一个或多个会计科目中。期末转账业务在每月都有规律地重复出现,编制的转账凭证中摘要、借方和贷方科目相同,金额的来源或计算方法基本不变,只有凭证中的金额每月不等,也有可能相等。

期末转账业务的特点有:期末转账业务大多在会计期末进行;期末转账业务大多只有记账凭证而没有原始凭证;期末转账业务大多从账簿中获取数据,需要将所有经济业务登记入账;某些期末转账业务必须依据其他期末转账业务的数据,因此,期末转账业务应按一定的顺序进行。

期末转账业务包括转账定义和转账生成两个部分。

1. 转账定义

系统提供了自定义转账、对应结转、销售成本结转、汇兑损益结转以及期间损益结转等。

(1)自定义转账

自定义转账功能可以完成的转账业务主要有:费用分配,如工资;费用分摊,如制造费用;税金计算,如增值税;提取各项费用,如福利费;各项辅助核算的结转。

如果启用了应收、应付款管理系统,则在总账管理系统中不能按客户和供应商辅助项进行结转,只能按科目总数进行结转。

(2)对应结转

系统可以进行两个科目的一对一结转,也可以进行科目的一对多结转。对应结转的科目可以是上级科目,但其必须与下级科目的科目结构一致(相同明细科目),如果有辅助核算,则两个科目的辅助账类也必须一一对应。此结转功能只结转期末余额。

(3)销售成本结转

销售成本结转是将月末商品(或产成品)销售数量乘以库存商品(或产成品)的平均单价计算各类商品销售成本并进行结转,主要针对商品、销售收入和销售成本三个科目。

在销售成本结转窗口,用户可输入总账科目或明细科目,但输入要求这三个科目具有相同结构的明细科目,即要求库存商品科目和商品销售收入科目下的所有明细科目必须有数量核算,且这三个科目的下级必须一一对应。输入完成后,系统自动计算出所有商品的销售成本。如果要对带辅助账类的科目结转成本,则到"自定义转账"中定义。

其中:

$$数量 = 商品销售收入科目下某商品的贷方数量$$
$$单价 = 库存商品科目下某商品的月末金额 \div 月末数量$$
$$金额 = 数量 \times 单价$$

当库存商品科目的期末数量余额小于商品销售收入科目的贷方数量发生额时,若不希望结转后造成库存商品科目余额为负数,则可选择按库存商品科目的期末数量余额结转。

结转凭证不受金额权限控制,不受辅助核算及辅助项内容的限制。

(4)售价(计划价)销售成本结转

按售价(计划价)结转销售成本或调整月末成本。

(5)汇兑损益结转

汇兑损益结转主要用于期末自动计算外币账户的汇兑损益并在转账生成中自动生成汇兑

损益的转账凭证。汇兑损益结转只处理外汇存款账户、外币现金、外币结算的债权债务,不包括所有者权益类账户、成本类账户和损益类账户。核算单位有外币业务的情况下才使用此功能。

(6)期间损益结转

期间损益结转用于一个会计期间终了时将损益类科目的余额结转到"本年利润"科目中,从而及时反映企业盈亏情况,主要是对"主营业务收入""其他业务收入""主营业务成本"和"管理费用"等科目进行结转。

(7)自定义比例转账

当两个或多个科目及辅助项有一一对应关系时,可将其余额按一定比例进行对应结转,可一对一结转,也可多对多结转或多对一结转。可在转账生成时显示生成的转账明细数据表,用户根据明细表可定义结转的金额和比率。本功能只结转期末余额。

例如,将510101、510102、510103转入50010103中(如表4—1所示)。

表 4—1　　　　　　　　　　　　　　　　　自定义比例结转

编号	摘　要	转出科目	科目名称	转出辅助项	转入科目	科目名称	转入辅助项
1	结转制造费用	510101	折旧费	项目核算	50010103	制造费用	项目核算
2	结转制造费用	510102	工资	项目核算	50010103	制造费用	项目核算
3	结转制造费用	510103	修理费	项目核算	50010103	制造费用	项目核算

一张凭证可定义多行,转出科目及辅助项必须一致,转入科目及辅助项可以不同。

转出科目与转入科目必须为末级科目,转入辅助项可以比转出辅助项少,但必须是转出科目已有的辅助项。

同一编号的凭证类别必须相同。

自动生成转账凭证时,同一辅助核算组合的转出科目有多个,结转比例是一致的。

(8)费用摊销和预提

对于需要按一定期间进行摊销和预提的业务,系统提供了自定义模板,按照模板设置即可,如报刊费的摊销、利息费用的预提等。

在设置转账定义凭证时,需要录入公式或通过函数向导取数。在录入或取数时应注意:一是公式中的科目是决定取哪个科目的数据;二是部门只能录入明细级;三是科目可以为非末级科目,但只能取该科目的总数,不能按辅助项取数;四是若不输入科目,系统默认按转账分录中定义的科目和辅助项取数;五是若取数科目有辅助核算,应输入相应的辅助项内容;若不输入,系统默认按转账分录中定义的辅助项取数,即按默认值取数。但如果希望能取到该科目的总数,则应选择"取科目或辅助项总数"。

2. 转账生成

在定义完成转账凭证后,每月月末只需执行本功能就可快速生成转账凭证。在此生成的转账凭证将自动追加到未记账凭证中。由于转账生成的凭证数据来源于已记账的凭证,因此,在期末转账生成凭证之前,必须将所有未记账的凭证登记入账,否则将影响转账凭证数据的正确性。

利用计算机完成期末转账业务凭证生成工作,大大提高了期末转账工作的效率,并能保证凭证的正确性和一致性。

4.4.2　对账

对账就是核对账目,是指在会计核算中,为保证账簿记录正确、可靠,对账簿中的有关数据进行检查和核对的工作。对账主要有账证核对、账账核对、账实核对。用友软件中的对账主要是指账账核对,即对各种账簿之间的有关数据进行核对,核对不同会计账簿的记录是否相符,主要是总账与明细账、总账与辅助账的核对。

采用计算机进行业务操作之后,登记账簿的工作是由计算机根据审核无误的记账凭证自动完成的,一般来说,不会出现不正确或不平衡问题。但由于非法操作或其他原因,有时也会造成某些数据被破坏,引起对账不平衡。因此,至少每月在月末结账前进行一次对账工作。

如果启用了应收、应付款系统,则在总账管理系统中不能对客户和供应商往来账进行对账。当对账出现错误时,可恢复到记账前的状态进行修改,在月末结账前必须对账正确。

4.4.3　结账

结账是在把一定时期内发生的全部经济业务登记入账的基础上,计算并记录本期发生额和期末余额,并终止本期业务的账务处理工作。采用用友 ERP-U8 管理软件,结账按向导操作即可。

结账前要进行如下检查:

第一,专人负责。由于某月结完账后将不能再输入和修改该月的凭证,因此,使用财务软件时,结账工作应由专人负责管理,以防止其他人员的误操作。

第二,结账前应检查该月的所有凭证是否均已记账、结账日期是否正确、损益类账户是否全部结转、其他相关模块的数据是否传递完毕,以及其他结账条件是否完备。若结账条件不能满足,则应退出结账模块,检查当月输入的会计凭证是否全部登记入账。只有在本期输入的会计凭证全部登记入账后才允许结账。

第三,结账必须逐月进行,上月未结账不允许结本月的账。若结账成功,则应做月结标志,之后不能再输入该月的凭证和记该月的账;若结账不成功,则恢复到结账前的状态,同时给出提示信息,要求用户做相应的调整。

第四,年底结账时,系统自动产生下年度的空白数据文件(即数据结构文件,包括凭证临时文件、凭证库文件、科目余额及发生额文件),并结转年度余额,同时自动对"固定资产"等会计文件做跨年度连续使用的处理。

第五,结账前应做一次数据备份,如果结账不正确,可以恢复重做。

结账是一种批处理,只允许每月结账日使用一次。

如果结账后发现结账数据有错误,可以取消结账,即反结账,然后进行修改,再结账。

实验二　总账管理系统

【实验目的】

(1)掌握总账管理系统控制参数设置的方法和意义。

(2)熟悉总账管理系统中期初余额录入的方法。

(3)掌握总账管理系统日常业务处理的各种操作,如凭证管理、出纳管理和账簿管理的具体操作方法。

(4)掌握总账管理系统期末处理的各种操作,如银行对账、自动转账、对账和结账的具体操作方法。

【实验内容】

(1)总账管理系统控制参数设置。

(2)期初余额录入。

(3)凭证管理:填制凭证、审核凭证、查询凭证和凭证记账等。

(4)出纳管理:出纳签字、现金和银行存款日记账查询、银行对账等。

(5)账簿管理:总账、明细账、辅助账等账簿查询。

(6)期末处理:自动转账、对账和结账。

【实验要求】

(1)引入"实验一"账套数据。

(2)以"孙闯"的身份进行凭证填制和凭证查询操作。

(3)以"刘璐"的身份进行出纳签字,现金、银行存款日记账和资金日报表的查询,支票登记及期末银行对账操作。

(4)以"赵亮"的身份进行审核凭证、记账、账簿查询、对账和结账操作。

【实验案例】

1. 总账控制参数设置(见表 4-2)

表 4-2　　　　　　　　　　　　　　　　总账控制参数

选项卡	控制参数设置
凭证	制单序时控制 支票控制 资金及往来赤字控制(控制方式:提示) 可以使用其他系统受控科目 现金流量科目必录现金流量项目 凭证编号方式采用系统编号
账簿	账簿打印使用标准版 明细账打印按年排页

续表

选项卡	控制参数设置
凭证打印	打印凭证的制单、出纳、审核、记账等人员姓名
预算控制	超出预算允许保存
权限	出纳凭证必须经由出纳人员签字 允许修改、作废他人填制的凭证 可查询他人的凭证 明细账查询权限控制到科目
会计日历	会计日历为 1 月 1 日~12 月 31 日 数量和单价小数位数设定为 2
其他	外币核算采用固定汇率 部门、个人、项目按编码方式排序

2. 期初余额录入

见"实验一"—【实验案例】—公共档案基础设置—会计科目期初余额表。

3. 凭证管理

(1)请根据 2013 年 6 月份发生的如下经济业务填制凭证：

①6 月 1 日,财务部刘璐从工行提取人民币备用金 10 000 元,结算方式为现金结算,附单据 1 张。

        借:库存现金/人民币   10 000
          贷:银行存款/工行存款   10 000

②6 月 1 日,销售部陈静报销差旅费 1 000 元、业务招待费 1 500 元,用库存现金人民币支付,附单据 2 张。

        借:销售费用/差旅费   1 000
          销售费用/业务招待费   1 500
          贷:库存现金/人民币   2 500

③6 月 2 日,财务部刘璐从中行提取港币备用金 10 000 港币,结算方式为现金结算,附单据 1 张。

        借:库存现金/港币   10 000
          贷:银行存款/中行存款   10 000

④6 月 4 日,销售部陈静收到香水湾公司转账支票一张,金额为 60 000 元人民币,用以归还前欠货款,转账支票号为 123456,附单据 1 张。

        借:银行存款/工行存款   60 000
          贷:应收账款   60 000

⑤6 月 6 日,财务部刘璐从工行转账支付上月工资 510 443.89 元,结算方式为其他,附单据 1 张。

        借:应付职工薪酬/工资   510 443.89
          贷:银行存款/工行存款   510 443.89

⑥6 月 8 日,销售部马弘扬预借出差费用 2 000 元人民币、3 000 港币,汇率为 1 : 0.8,附单据 1 张。

　　　借:其他应收款/应收个人款　　　　　　　　　　　　　　4 400
　　　　　贷:库存现金/人民币　　　　　　　　　　　　　　　　　2 000
　　　　　　库存现金/港币　　　　　　　　　　　　　　　　　　2 400

⑦6 月 12 日,采购部梁国仁从远通电子购入电源板 100 个,单价为 520 元,增值税税率为 17%,票号为 8888,款未付,附单据 1 张。

　　　借:材料采购　　　　　　　　　　　　　　　　　　　　　52 000
　　　　应交税费/应交增值税/进行税额　　　　　　　　　　　8 840
　　　　　贷:应付账款　　　　　　　　　　　　　　　　　　　　60 840

⑧6 月 13 日,⑦中的电源板验收入原料库,附单据 1 张。

　　　借:原材料/电视原材料/电源板　　　　　　　　　　　　52 000
　　　　　贷:材料采购　　　　　　　　　　　　　　　　　　　　52 000

⑨6 月 18 日,生产车间领用主板 5 个、单价 860 元,液晶屏 5 个、单价 720 元,用于生产平板电视,附单据 2 张。

　　　借:生产成本/基本生产成本/直接材料　　　　　　　　　7 900
　　　　　贷:原材料/电视原材料/主板　　　　　　　　　　　　4 300
　　　　　　原材料/电视原材料/液晶屏　　　　　　　　　　　3 600

⑩6 月 25 日,用库存现金人民币支付通信费 5 000 元,其中,总经理室 2 000 元、行政部 1 000元、人力资源部 1 000 元、财务部 1 000 元,附单据 4 张。

　　　借:管理费用/通信费　　　　　　　　　　　　　　　　　2 000
　　　　管理费用/通信费　　　　　　　　　　　　　　　　　1 000
　　　　管理费用/通信费　　　　　　　　　　　　　　　　　1 000
　　　　管理费用/通信费　　　　　　　　　　　　　　　　　1 000
　　　　　贷:库存现金/人民币　　　　　　　　　　　　　　　　5 000

⑪6 月 28 日,销售部马弘扬销售洗衣机 20 台,每台售价 3 500 元,增值税税率为 17%,收到工行转账支票 1 张,票号为 123497,附单据 1 张。

　　　借:银行存款/工行存款　　　　　　　　　　　　　　　　81 900
　　　　　贷:主营业务收入　　　　　　　　　　　　　　　　　　70 000
　　　　　　应交税费/应交增值税/销项税额　　　　　　　　　11 900

　　(2)查询所填制的凭证

　　(3)修改错误凭证

　　(4)彻底删除转-0002 号凭证

　　(5)出纳签字

　　(6)审核所有凭证

　　(7)凭证记账

　　(8)冲销凭证

　　采用"冲销凭证"功能,将业务⑨更改为"6 月 18 日,生产车间领用主板 5 个、单价 860 元,电源板 4 个、单价 800 元,用于生产平板电视,附单据 2 张"。凭证制单日期为 2013 年 6 月 28 日。

4. 出纳管理

(1)支票登记

6 月 30 日,库存部王小红借工行转账支票 1 张,用于购买库存商品所需包装箱,金额为 10 000 元,票号为 12321。

(2)银行对账

期初银行对账数据如下:灵通电器工行存款银行账的启用日期为 2013—06—01,工行人民币户企业日记账调整前余额为 3 635 032.42 元,银行对账单调整前余额为 3 535 032.42 元。未达账项一笔,系企业已收银行未收款 100 000 元,发生日期为 2013—05—31,结算方式为 201。

本期银行对账单如表 4—3 所示。

表 4—3　　　　　　　　　　　　　6 月份银行对账单　　　　　　　　　　　　单位:元

日　　期	结算方式	票　　号	借方金额	贷方金额
2013—06—05	转账支票	123456	60 000.00	
2013—06—07	其他			510 443.89
2013—06—27	其他			12 335.88
2013—06—29	转账支票	123497	81 900.00	
2013—06—30	现金支票	12322		120 000.00

(3)出纳账簿查询

出纳账簿查询主要包括现金日记账、银行存款日记账和资金日报表查询。

5. 账簿管理

查询所有账簿信息。

6. 期末处理

(1)自定义结转

6 月 30 日,按长期借款期末余额的 2.82% 计提长期借款利息。

　借:财务费用
　　　贷:长期借款

(2)汇兑损益结转

6 月 30 日,期末美元汇率调整,汇率为 1∶6.12。

　借:汇兑损益
　　　贷:银行存款/工行存款

(3)期间损益结转

6 月 30 日,结转当期损益至"本年利润"科目。

(4)期末对账、月末结账

【实验指导】

1. 总账控制参数设置

单击桌面上的"企业应用平台"图标或者执行"开始"|"程序"|"用友 ERP-U8"|"企业应用平台"命令,系统弹出"登录"对话框。

输入操作员"Lt002"或"孙闯",密码为 002,选择"123"账套,更改"操作日期"为"2013－06－01",单击"确定"按钮,进入"UFIDA ERP-U8[工作中心]"窗口。

在"业务工作"选项卡中执行"财务会计"|"总账"|"设置"|"选项"命令,系统弹出"选项"窗口。

单击"编辑"按钮进行总账系统参数设置。

在"选项"窗口显示"凭证""账簿""凭证打印""预算控制""权限""会计日历"和"其他"选项卡,按实验案例的要求进行相应设置。

设置完成后,单击"确定"按钮保存设置并退出。

◇ **提示** ◇

制单序时控制:表示填制凭证时,凭证日期只能按时间发生的先后顺序填列。

支票控制:表示填制凭证时,如果遇有需要进行支票登记管理的业务,系统提示进行支票登记。

可使用应收、应付、存货受控科目:为了防止重复制单,一项业务发生后只应在一个系统中进行业务操作,如应收业务应在应收款管理系统进行业务操作。但如果没有启用应收款管理系统或未安装此系统,则该项业务发生后可以在总账进行处理,但需要勾选此项复选框。

现金流量科目必须现金流量项目:在填制凭证时,如果使用现金流量科目,如 100101、100201 等,则必须录入该业务对应的现金流量项目,主要是为了编制现金流量表。

2. 期初余额录入

3. 凭证管理

(1)填制凭证

单击桌面上的"企业应用平台"图标或者执行"开始"|"程序"|"用友 ERP-U8"|"企业应用平台"命令,系统弹出"登录"对话框。

输入"操作员 Lt002"或"孙闯",密码为 002,选择"123"账套,更改"操作日期"为"2013－06－30",单击"确定"按钮进入"UFIDA ERP-U8[工作中心]"窗口。

在"业务工作"选项卡中执行"财务会计"|"总账"|"凭证"|"填制凭证"命令,系统弹出"填制凭证"窗口。

◇ **提示** ◇

在填制凭证时,遇到设有辅助核算的会计科目时要按 Enter 键,系统会自动带出需要填制的辅助核算信息,如果遇到"确认"按钮或"确定"按钮,则按相应的"确认"按钮或"确定"按钮。

在实验一的会计科目表中已经列出具有辅助核算信息的会计科目,遇到相应科目时应将辅助核算信息一并填制。

制单日期按业务发生时的日期填列。

科目编码必须是末级科目的编码。

填制凭证的一般步骤是:增加—填制—保存。

①"银行存款/工行存款":结算方式。

　　"库存现金/人民币"和"银行存款/工行存款"科目均是现金流量辅助核算科目,但由于本业务属于现金内部金额的一增一减,不影响现金流量净额,也不影响现金流量各项目之间的金额,因此,不填写现金流量项目。

　　在填制凭证窗口,单击"增加"按钮,增加一张空白的新凭证。

　　单击凭证类别旁的"参照"按钮,选择凭证类别"付";制单日期输入"2013-06-01";附单据数输入"1"。

　　摘要输入"从工行提取人民币备用金";科目名称输入"100101"或单击科目栏的"参照"按钮进入"科目参照"窗口选择所需科目,按 Enter 键。借方金额输入"10 000",按 Enter 键。

　　摘要自动带到下一行,如果两行的摘要内容一致,则无须更改,如果两行的摘要内容不一致,则可更改,科目名称输入"100201"或单击科目栏的"参照"按钮进入"科目参照"窗口选择所需科目,按 Enter 键,系统弹出"辅助项"窗口,结算方式输入"1",票号无,发生日期为"2013-06-01",单击"确定"按钮;再按 Enter 键,贷方金额按键盘上的"=",系统自动计算借、贷方的差额。

　　单击"保存"按钮,系统弹出"凭证已成功保存!"信息提示框,单击"确定"按钮。

　　②"销售费用/差旅费":部门核算;"销售费用/业务招待费":部门核算;"库存现金/人民币":现金流量。

　　在填制凭证窗口,单击"增加"按钮,增加一张空白的新凭证。

　　单击凭证类别旁的"参照"按钮,选择凭证类别"付";制单日期输入"2013-06-01";附单据数输入"2"。

　　摘要输入"报销差旅费"或通过摘要旁的"参照"按钮调用常用摘要,双击"01 报销差旅费"所在行或单击"选入"按钮,选入凭证中;科目名称输入"660101"或单击科目栏的"参照"按钮进入"科目参照"窗口选择所需科目,按 Enter 键。系统弹出"辅助项"窗口,单击"辅助明细"按钮,单击"增加"按钮,部门选择"销售部",金额为"1 000",再单击"确定"按钮;借方金额自动带回"1 000",按 Enter 键。

　　摘要自动带到下一行;科目名称输入"660102"或单击科目栏的"参照"按钮进入"科目参照"窗口选择所需科目,按 Enter 键,系统弹出"辅助项"窗口,按上述过程操作之后,按 Enter 键。

　　科目名称输入"100101"或单击科目栏的"参照"按钮进入"科目参照"窗口选择所需科目;贷方金额按键盘上的"=",系统自动计算借、贷方的差额。

　　单击工具栏中的"现金流量"按钮,系统弹出"现金流量录入修改"窗口,在项目编码中选择"07",单击"确定"按钮;或者单击"保存"按钮,同样要求输入现金流量信息,供编制现金流量表用。

　　单击"保存"按钮,系统弹出"凭证已成功保存!"信息提示框,单击"确定"按钮。

　　③"库存现金/港币":外币核算;"中行存款":外币核算、结算方式。

　　"库存现金/港币"和"银行存款/中行存款"科目均是现金流量辅助核算科目,但由于本业务属于现金内部金额的一增一减,不影响现金流量净额,也不影响现金流量各项目之间的金额,因此,不填写现金流量项目。

　　在填制凭证的过程中,输入完科目"100103",按 Enter 键,系统自动检测到该科目设有外币核算,所以凭证录入窗口自动切换到外币凭证录入格式,外币金额输入"10 000",汇率自动显示"0.8",再按 Enter 键,系统自动计算借方金额"8 000"。

输入完科目"100203",按 Enter 键,系统弹出"辅助项"窗口,结算方式输入"1",票号无,发生日期为"2013-06-02",单击"确定"按钮;外币金额输入"10 000",汇率自动显示"0.8",再按 Enter 键,系统自动计算借方金额"8 000",将光标移动到贷方后,按 Space(空格)键调整金额方向。

④"银行存款/工行存款":结算方式、现金流量;"应收账款":部门客户。

现金流量辅助项选择"01"。

⑤"银行存款/工行存款":结算方式、现金流量。

现金流量辅助项选择"05"。

⑥"其他应收款/应收个人款":个人往来;"库存现金/人民币":现金流量;"库存现金/港币":外币核算、现金流量。

现金流量辅助项选择"07"。

⑦"应付账款":部门供应商。

⑧"原材料/电视原材料/电源板":数量核算。

⑨"生产成本/基本生产成本/直接材料":项目核算;"原材料/电视原材料/主板":数量核算;"原材料/电视原材料/液晶屏":数量核算。

⑩"管理费用/通信费":部门核算;"库存现金/人民币":现金流量。

现金流量辅助项选择"07"。

⑪"银行存款/工行存款":结算方式、现金流量;"应收账款":部门客户。

现金流量辅助项选择"01"。

(2)查询凭证

执行"凭证"|"查询凭证"命令,系统弹出"凭证查询"窗口。

输入查询条件,单击"确定"按钮,便可查询符合条件的凭证。

要查询某张凭证的详细内容,可双击凭证所在行,屏幕显示该张凭证。

(3)修改凭证

在填制凭证窗口找到需要修改的凭证,可以直接修改凭证内容。

如果要修改凭证辅助项内容,选中辅助核算科目所在行,然后将光标下移至备注栏辅助项位置,待光标图形变为"钢笔"形状时双击,弹出"辅助项"窗口进行修改。

◇ 提示 ◇

未经审核的凭证可按上述方法进行修改,已审核的凭证应取消审核后进行修改。

采用制单序时控制,修改日期不能早于上一张凭证的制单日期。

如果涉及银行科目的分录已经输入支票信息,并且该支票进行了报销处理,则凭证修改不影响"支票登记簿"中的信息。

其他系统传递来的凭证只能在其他系统中进行修改。

(4)删除凭证

在填制凭证窗口找到需要删除的凭证。

执行"制单"|"作废/恢复"命令,该凭证左上角显示"作废"字样,表示对该凭证进行了有痕迹的删除,其数据仍然存在,不影响修改和审核。

如果不想作废,则再次执行"制单"|"作废/恢复"命令,该凭证即被恢复。

如果要彻底删除,在作废的基础上,执行"制单"|"整理凭证"命令,打开"凭证期间选择"窗口;选择要整理的月份,单击"确定"按钮;打开"作废凭证表"窗口,选择要整理的凭证,单击"确定"按钮,系统将所选凭证彻底删除。之后,系统提示"是否还需要整理凭证断号",按要求进行或不进行断号整理。如果进行断号整理,则系统将后面的凭证号全部往前移。

(5)出纳签字

执行"重注册"命令,输入操作员"Lt004"或"刘璐",密码为004,选择"123"账套,更改"操作日期"为"2013-06-30",单击"确定"按钮,进入"UFIDA ERP-U8[工作中心]"窗口。

在"业务工作"选项卡中执行"财务会计"|"总账"|"凭证"|"出纳签字"命令,系统弹出"出纳签字"条件过滤窗口。

输入过滤条件,选择"全部"单选按钮,单击"确定"按钮,进入"出纳签字"凭证列表窗口。

双击某一要签字的凭证或者单击"确定"按钮,系统打开该凭证,出纳人员确认该凭证没有问题,单击"签字"按钮即可完成出纳签字操作,在该凭证底部的"出纳"处会出现出纳人员"刘璐"的名字。

单击"下一步"按钮,对其他凭证进行签字,最后单击"退出"按钮。

对于大批凭证需要出纳签字的情况,可在出纳签字凭证窗口执行"出纳"|"成批出纳签字"命令,对所有凭证进行出纳签字。

◇ 提示 ◇

只有出纳凭证,即收款凭证和付款凭证,在进行出纳签字时才会显示出来。

凭证一经签字,不可以修改和删除,只有取消出纳签字后才可以;取消出纳签字的步骤可参见出纳签字的步骤。

制单人员和出纳人员可以是同一个人,也可以不是同一个人。

(6)审核凭证

执行"重注册"命令,输入操作员"Lt001"或"赵亮",密码为001,选择"123"账套,更改"操作日期"为"2013-06-30",单击"确定"按钮,进入"UFIDA ERP-U8[工作中心]"窗口。

在"业务工作"选项卡中,执行"财务会计"|"总账"|"凭证"|"审核凭证"命令,系统弹出"凭证审核"条件过滤窗口。

输入过滤条件,单击"确定"按钮,进入"凭证审核"凭证列表窗口。

双击某一要审核的凭证或者单击"确定"按钮,系统打开该凭证,审核人员确认该凭证没有问题后,单击"审核"按钮即可完成审核凭证的操作,在该凭证底部的"审核"处会出现出纳人员"赵亮"的名字。

单击"下一步"按钮,对其他凭证进行审核,最后单击"退出"按钮。

对于大批凭证需要审核的情况,可在审核凭证窗口执行"审核"|"成批审核凭证"命令,对所有凭证进行审核。

如果审核时发现凭证错误,可单击"标错"按钮,在该凭证上做出"有错"标志,并且可以写上错误原因等,待凭证修改后,在有"有错"标志的凭证上单击"标错"按钮,取消"标错"标志。

◇ **提示** ◇

　　制单人员和审核人员不能是同一个人。

　　凭证一经审核,不可以修改和删除,只有取消审核后才可以;取消审核的步骤可参见审核的步骤。

　　作废凭证不能审核,也不能标错。

　　审核人必须具有审核权。总账选项参数设置中勾选了"凭证审核控制到操作员",审核人还需要有对制单人所制凭证的审核权。

　　(7)凭证记账

　　执行"凭证"|"记账"命令,系统弹出"记账"窗口。

　　在"记账范围"栏输入记账的凭证范围,范围之间可以用"—"或",",隔开,如果是全部记账,则直接单击"全选"按钮。

　　单击"记账"按钮,系统弹出"期初余额试算平衡表",单击"确定"按钮,系统开始记账,最后提示记账完成。

　　单击"确定"按钮完成记账。

◇ **提示** ◇

　　上月未记账,本月不能记账。

　　未进行出纳签字、未审核凭证不能记账。

　　作废凭证不需出纳签字、审核,可以直接记账。

　　第一次记账时,如果期初余额试算不平衡,则不能记账。

　　(8)恢复记账前状态(取消记账)

　　凭证一旦经过出纳签字、审核、记账,就不允许修改或删除,如果要修改或删除,必须先取消记账、取消审核、取消出纳签字。

　　在"业务工作"选项卡中,执行"总账"|"期末"|"对账"命令,系统弹出"对账"窗口。

　　在"对账"窗口,按 Ctrl+H 键,系统弹出"恢复记账前状态功能已被激活"提示信息(再次按 Ctrl+H 键,则此项功能被隐藏),单击"确定"按钮,再单击"退出"按钮。

　　执行"总账"|"凭证"|"恢复记账前状态"命令,系统弹出"恢复记账前状态"窗口。

　　选择需要恢复的方式,单击"确定"按钮,系统弹出"请输入主管口令"信息提示框。

　　输入"001",单击"确认"按钮,系统弹出"恢复记账完毕!"信息提示框,单击"确定"按钮退出。

◇ **提示** ◇

　　取消记账后,一定要再次记账。

　　已经结账则不能取消记账,取消结账后可取消记账。

　　(9)冲销凭证

　　如果凭证填制有错误,而又希望保留错误凭证,则可以在记账后使用冲销凭证功能,即做一张与错误凭证一样的红字凭证,然后做一张正确的凭证。

　　执行"总账"|"凭证"|"填制凭证"命令,系统弹出"填制凭证"窗口。

执行"制单"｜"冲销凭证"命令，系统弹出"冲销凭证"窗口。

输入冲销条件，单击"确定"按钮，系统即生成一张与指定凭证一样的红字凭证，通过查询凭证窗口可以看到。

冲销完成后，输入一张正确的凭证。红字凭证与正常凭证一样，需要审核、记账。

4. 出纳管理

（1）支票登记

执行"重注册"命令，输入操作员"Lt004"或"刘璐"，密码为004，选择"123"账套，更改"操作日期"为"2013－06－30"，单击"确定"按钮，进入"UFIDA ERP-U8［工作中心］"窗口。

在"业务工作"选项卡中，执行"财务会计"｜"总账"｜"出纳"｜"支票登记簿"命令，系统弹出"银行科目选择"窗口。

科目选择"工行存款（100201）"，单击"确定"按钮，系统弹出"支票登记簿"窗口。

单击"增加"按钮，输入新增支票记录，单击"保存"按钮，再单击"退出"按钮。

（2）银行对账

①期初银行对账数据

执行"总账"｜"出纳"｜"银行对账"｜"银行对账期初录入"命令，系统弹出"银行科目选择"窗口。

选择"工行存款（100201）"，单击"确定"按钮，进入"银行对账期初"窗口。

确定启用日期为"2013－06－01"。

按实验案例输入单位日记账和银行对账单调整前余额。

单击"日记账期初未达项"按钮，进入"企业方期初"窗口。

单击"增加"按钮，输入日期"2013－05－31"，结算方式为"201"，借方金额为"100 000"。

单击"保存"按钮，再单击"退出"按钮。

②本期银行对账单

执行"出纳"｜"银行对账"｜"银行对账单"命令，系统弹出"银行科目选择"窗口。

科目选择"工行存款（100201）"，月份选择"2013－06—2013－06"，单击"确定"按钮，进入"银行对账单"窗口。

单击"增加"按钮，按实验案例输入银行对账单数据，单击"保存"按钮保存数据。

银行对账方法之一：自动对账

在银行对账单窗口中，单击"对账"按钮，系统弹出"自动对账"条件选择窗口。

截止日期选择"2013－06－30"，默认其他对账条件，单击"确定"按钮，系统显示对账结果。

◇ 提示 ◇

对账条件中的方向、金额相同是必选项，对账截止日期可以不输入。

对于已达账项，系统会在单位日记账和银行对账单"两清"栏中标上"○"标志。

银行对账方法之二：手工对账

对于自动对账无法勾销的账项，可以进行手工对账，分别在单位日记账和银行对账单"两清"栏双击鼠标左键，打上"Y"标志。

对账完毕，单击"检查"按钮，检查平衡结果。如果有错，还需调整；如果没错，则单击"退出"按钮。

③余额调节表查询

执行"出纳"｜"银行对账"｜"余额调节表查询"命令,系统弹出"银行存款余额调节表"窗口。

双击需要查询的科目或单击"查看"按钮,系统弹出该科目对应的"银行存款余额调节表",查询完毕,单击"退出"按钮。

(3)出纳账簿查询

出纳账簿查询主要包括现金日记账、银行存款日记账和资金日报表查询。

执行"总账"｜"出纳"｜"现金日记账"命令,系统弹出"现金日记账查询条件"过滤窗口。

输入查询条件,然后单击"确定"按钮,系统弹出"现金日记账"窗口。

双击某行或将光标置于某行再单击"凭证"按钮,可查看相应的凭证。单击"总账"按钮,可查看此科目的总分类账。

查询完毕,单击"退出"按钮。

同理,进行银行存款日记账和资金日报表的查询操作。

5. 账簿管理

执行"总账"｜"账表"命令,可以对相应的账簿进行查询。

6. 期末处理

(1)转账定义

期末转账前,首先要对所有凭证进行审核、记账。

①转账定义

单击桌面上的"企业应用平台"图标或者执行"开始"｜"程序"｜"用友 ERP-U8"｜"企业应用平台"命令,系统弹出"登录"对话框。

输入操作员"Lt002"或"孙闯",密码为 002,选择"123"账套,更改"操作日期"为"2013-06-30",单击"确定"按钮,进入"UFIDA ERP-U8[工作中心]"窗口。

在"业务工作"选项卡中,执行"财务会计"｜"总账"｜"期末"｜"转账定义"｜"自定义转账"命令,系统弹出"自定义转账设置"窗口。

单击"增加"按钮,系统弹出"转账目录"窗口。

输入转账序号"0001",转账说明为"计提长期借款利息",凭证类别为"转账凭证",单击"确定"按钮。

单击"增行"按钮(设置借方科目),参照选择科目编码为"6603",方向为"借",双击金额公式栏,选择参照按钮,系统弹出"函数向导"窗口。

在公式名称列表中选择"期末余额(QM)",单击"下一步"按钮,系统弹出"公式向导"窗口。

选择科目"2501",其他默认,单击"完成"按钮,返回公式设置栏,将光标移至末尾,输入"*0.0282",按 Enter 键确认。

单击"增行"按钮(设置贷方科目),参照选择科目编码为"2501",方向为"贷",双击金额公式栏,选择参照按钮,打开"公式向导"对话框。

选择"取对方科目计算结果(JG)"函数,单击"下一步"按钮,选择科目为空,其他默认,单击"完成"按钮,返回公式设置栏。

单击"保存"按钮。

> ◇ **提示** ◇
>
> 输入转账计算公式时,可以直接输入计算公式,也可以采用函数向导的形式输入。
>
> "JG()"的含义为"取对方科目计算结果"。
>
> 在用友软件中,所有公式的输入必须在英文输入法下进行,否则公式无效。

②转账生成

执行"期末"|"转账生成"命令,系统弹出"转账生成"选择窗口。

选择"自定义转账"单选按钮,单击"全选"按钮,再单击"确定"按钮,生成转账凭证。

单击"保存"按钮保存凭证,凭证左上角显示"已生成"字样。

> ◇ **提示** ◇
>
> 期末转账定义做一次即可,之后每月月末只需执行"转账生成"功能即可快速生成转账凭证。
>
> 转账凭证每月只生成一次。
>
> 转账生成的凭证仍需审核、记账,凭证审核、记账需更换操作员"Lt001"。

(2)汇兑损益结转

①转账定义

执行"期末"|"转账定义"|"汇兑损益"命令,系统弹出"汇兑损益结转设置"窗口。

输入汇兑损益入账科目"6061",然后双击交行存款"是否计算汇兑损益"栏,打上"Y"标志。

单击"确定"按钮。

②转账生成

在企业应用平台"基础设置"选项卡中,执行"基础档案"|"财务"|"外币设置"命令,系统弹出"外币设置"窗口。

找到外币币种"美元",在日期"2013—06"对应的"调整汇率"栏输入"6.12",单击"退出"按钮。

执行"期末"|"转账生成"命令,系统弹出"转账生成"选择窗口。

选择"汇兑损益"单选按钮,选中"交行存款",单击"确定"按钮。

系统弹出"汇兑损益试算表",显示外币余额、本币余额等信息,单击"确定"按钮。现金流量辅助项选择"07"。

单击"保存"按钮保存凭证,凭证左上角显示"已生成"字样。

> ◇ **提示** ◇
>
> 因汇兑损益结转生成的凭证涉及银行科目,所以审核、记账前要进行出纳签字。

(3)期间损益结转

①转账定义

执行"期末"|"转账定义"|"期间损益"命令,系统弹出"期间损益结转设置"窗口。

选择凭证类别"转账凭证",输入本年利润科目编码"4103",单击"确定"按钮。

②转账生成

执行"期末"｜"转账生成"命令,系统弹出"转账生成"选择窗口。

选择"期间损益"单选按钮,单击"全选"按钮,再单击"确定"按钮生成转账凭证。

单击"保存"按钮保存凭证,凭证左上角显示"已生成"字样。

◇ 提示 ◇

期间损益结转是当月的最后一笔业务,所有影响损益的业务必须已记账。

(4)期末对账、月末结账

①期末对账

执行"重注册"命令,输入操作员"Lt001"或"赵亮",密码为 001,选择"123"账套,更改"操作日期"为"2013-06-30",单击"确定"按钮,进入"UFIDA ERP-U8[工作中心]"窗口。

在"业务工作"选项卡中,执行"财务会计"｜"总账"｜"期末"｜"对账"命令,系统弹出"对账"窗口。

将光标置于要对账的月份"2013-06",单击"选择"按钮。

单击"对账"按钮,系统开始自动对账并显示对账结果。

单击"试算"按钮,对科目余额进行试算平衡。

单击"确认"按钮。

②期末结账

执行"期末"｜"结账"命令,系统弹出"结账"窗口。

将光标置于要结账的月份"2013-06",单击"下一步"按钮。

单击"对账"按钮,系统开始自动对账并显示对账结果。

单击"下一步"按钮,系统显示"2013 年 06 月份的工作报告"。

查看工作报告后,单击"下一步"按钮,再单击"结账"按钮,完成结账工作。

◇ 提示 ◇

如果无法结账,则单击"上一步"按钮,查看工作报告中哪些工作没有做完或有误,修改后再次结账。

结账后如果要取消结账,则在结账窗口选中要取消结账的月份,按 Ctrl + Shift + F6,激活取消结账功能,输入主管口令"001",单击"确认"按钮。

第5章 UFO 报表管理

5.1 UFO 报表管理系统概述

5.1.1 功能概述

财务会计报告是会计信息系统的最终产品。会计信息系统的重要功能之一就是在日常核算的基础上,按照会计规范和信息使用者的要求编制财务会计报告。财务报表是财务会计报告的重要组成部分,是会计信息系统的最终输出结果。

UFO 报表管理系统是用友软件股份有限公司开发的通用电子表格软件,既可以独立使用,也可以和用友 ERP-U8 管理软件中的其他系统结合使用。UFO 报表管理系统独立运行时,应用于处理日常办公事务,可以完成表格制作、数据运算、图形分析等电子表的所有功能。UFO 报表管理系统与总账管理系统等同时运行时,可作为通用财务报表系统使用,应用于各行各业的财务、会计、人事等部门。UFO 报表管理系统无须启用,可直接使用。

1. 功能目标

UFO 报表管理系统的目标包括:第一,提供各类报表的格式设计和数据来源公式定义的功能;第二,自动根据预设的报表格式和数据来源公式,从源数据库中提取数据,进行数据处理,以生成报表数据;第三,向用户提供各种报表信息的查询功能;第四,按照预定格式输出各种报表。

2. 基本功能

UFO 电子表可以按照需要定义报表,对于一些企业常用的财务报表,还可以利用系统提供的报表模板功能直接生成,省去自定义的烦琐;能够进行报表的总汇、合并,也可独立编制现金流量表,完全能满足企业编制各种财务报表的需要。在数据管理上,UFO 报表管理系统引进表页的概念,并以此为基础方便、迅速地管理和查询报表数据。该系统还提供标准财务数据接口,方便导入、导出相关报表数据,提供输出多种文件格式的报表。在报表数据分析上,UFO 报表管理系统采用图文混排,制作 10 种图式的分析图表,能方便地进行图形数据处理,直观了解报表数据。UFO 报表管理系统的基本功能结构如图 5—1 所示。

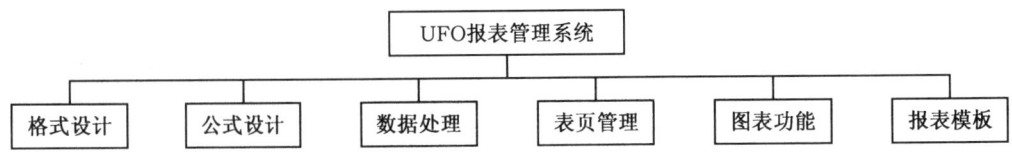

图 5—1 UFO 报表管理系统基本功能结构

格式设计功能包括设置表尺寸、行高、列宽、线条、单元属性、组合单元和关键字等。

UFO 报表管理系统提供了绝对单元公式和相对单元公式,既可对单元公式进行设置,也可对审核公式和舍位平衡公式进行设置。在该系统中,通过公式向导即可完成公式的设置。

数据处理功能是指根据定义好的报表格式和公式生成、审核报表数据并进行舍位平衡操作。

表页管理包括表页排序、查找、透视,报表的显示比例,定义显示风格和设置打印分页等。

图表功能是指将数据以图表的形式表现出来,直观地反映数据之间的关系,包括直方图、圆饼图、折线图和面积图等。

UFO 报表管理系统为用户提供了不同行业的各种标准财务报表模板,用户也可以自己编制报表模板,对报表模板可以进行修改。

UFO 报表管理系统除了提供上述功能外,还提供了其他功能,如文件管理、UFO 数据与其他文件格式的转换、导入和导出、二次开发功能等。

5.1.2　UFO 报表管理系统与其他系统的关系

UFO 报表管理系统主要是从其他系统中提取编制报表所需的数据。总账、应收款、应付款、固定资产、薪资、采购、销售、库存、存货核算和财务分析子系统都可向 UFO 报表管理系统传递数据,以生成信息使用者所需要的各种财务报表。

5.1.3　UFO 报表管理系统业务处理流程

UFO 报表管理系统的业务处理流程如图 5-2 所示。

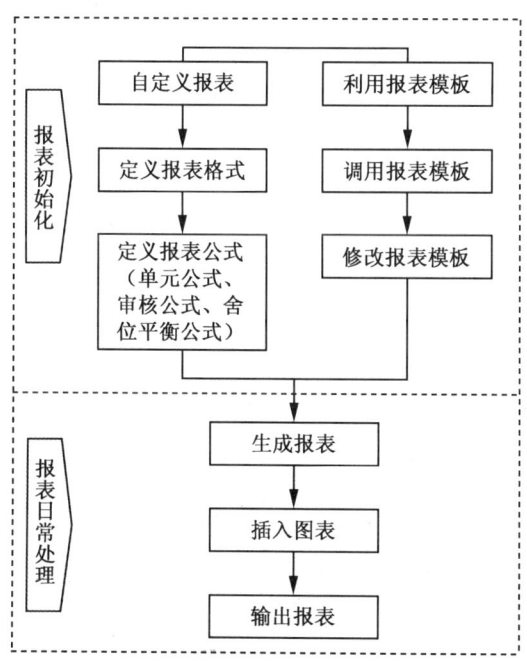

图 5-2　UFO 报表管理系统的业务处理流程

在 UFO 报表管理系统中,报表的格式设计和数据处理是在两种状态下进行的——格式状态和数据状态。报表的初始化工作要在格式状态下进行,报表的日常处理工作要在数据状态下进行。格式状态与数据状态的区别见表 5—1。

表 5—1   格式状态与数据状态的区别

格式状态	数据状态
画表样,录入表体文字	录入或修改数据
设置公式	执行公式
设置关键字	录入关键字
插入或追加行和列	插入或追加表页
调用报表模板	表页汇总、排序、透视,数据采集

5.2   UFO 报表管理系统初始设置

UFO 报表管理系统的初始设置主要是完成报表格式设计和公式设计工作,一般情况下应在格式状态下完成。

5.2.1   报表格式设计

在 UFO 报表管理系统中编制会计报表,首先要对报表的格式进行设计,也就是要在系统中保存一个报表模板。之后在生成报表时,可以无限次地复制相同格式的表格供用户使用。报表格式是报表数据处理的基础。

1. 报表格式

不同的报表有不同的报表格式,但也有相同之处,即报表的格式是由表头、表体和表尾三个部分组成,不同的报表主要是表头、表体和表尾的内容不同。下面以简要的货币资金表为例说明报表的格式(见表 5—2)。

表 5—2   报表格式

货币资金表

编制单位: 年   月   日   单位:元

项　目	行　次	期初数	期末数
库存现金	1		
银行存款	2		
其他货币资金	3		
合　计	4		

会计主管: 制表人: 审核人:

表头

表体

表尾

（1）表头

表头用来说明报表的标题、编制日期、编制单位及栏目等信息，是报表中说明报表整体性质的部分。报表栏目决定了报表的纵向结构、报表的列数以及列宽。报表栏目可以是一层，也可以是多层。

（2）表体

表体是报表的核心，是"正文"，是一张二维表。报表中行和列的相交处称为表元或单元。

（3）表尾

表尾用来辅助说明该报表的补充数据。

2. 报表格式设计

在定义报表格式时，要对报表进行整体设计，如报表的标题放在哪里、报表中的项目有哪些、各行的行高是多少、各列的列宽是多少、用何种文字和字体等。一般情况下，对报表格式进行设计，应按以下步骤进行：定义表尺寸→设置行高和列宽→区域画线→组合单元→输入报表项目→设置单元属性→设置关键字。

（1）定义表尺寸

表尺寸是指报表的行数和列数，即整张报表由几行几列组成。

（2）设置行高和列宽

设置表格的整体行高和列宽（单位：mm）。

（3）区域画线

在查询和打印时，需要在报表中显示表格线的地方进行区域画线。

（4）组合单元

表中由行和列确定的方格称为单元，单元是组成报表的最小单位。把几个单元作为一个单元来使用，即为组合单元，组合单元与一般单元的操作一样。

（5）输入报表项目

输入报表的固定文字信息包括表头、表体项目和表尾项目等。

（6）设置单元属性

单元属性用于设置每一个单元的单元类型、数字格式和边框线等。单元类型分为三种：表样型、数值型和字符型。表样型单元的设置对所有表页都有效，数值型单元和字符型单元的设置只对本表页有效；表样型的单元在数据状态下不允许修改或删除，字符型的单元在数据状态下可以录入文字信息。

（7）设置关键字

在一个报表文件中，可以有多张结构相同而编制单位或编制时间不同的表页，关键字可以唯一标识表页，用于在大量表页中快速选择。关键字主要有单位名称、年、月、日等，另外还可以根据实际情况自定义关键字。例如，在资产负债表文件中，将年、月、日设置为关键字后，就可以按照时间来快速查找所需要的报表，或者录入不同时间的关键字，生成不同时间的报表。

5.2.2　报表公式设计

报表公式定义是指为了从账（表）中获取数据，或将获取的数据进一步加工生成数据而定义的取数公式。报表公式定义中应说明从哪里取数、取什么条件的数据以及数据要经过怎样的处理等。

在 UFO 报表系统中,可以利用函数向导来设置报表公式。报表公式包括单元公式、审核公式和舍位平衡公式。单元公式一般情况下是必须要设置的,审核公式和舍位平衡公式则可以根据需要设置。

1. 单元公式

单元公式是对某一个单元设置的取数公式,主要作用是在报表生成的过程中,通过设置好的单元公式,从根据公式描述的数据库文件中提取指定数据进行表达式指定的运算,将运算结果放入单元中。

用友软件的单元公式一般通过函数来实现。企业常用的财务报表数据一般来源于总账管理系统或报表系统本身,取自于报表的数据又可以分为从本报表取数和从其他报表的表页取数。

(1)账务取数函数

从总账取数的公式又称账务函数。账务取数公式是报表系统中使用最多的一类公式,此类公式中的函数表达式也最为复杂。账务函数的基本格式如下:

函数名(科目编码,会计期间,[方向],[账套号],[会计年度],[编码 1],[编码 2])

科目编码也可以是科目名称,必须用双括号。

会计期间可以是"年""季""月"等变量,也可以是具体的表示年、季、月的数字。

方向即"借"或"贷",可以省略。

账套号为数字,缺省时表示当前登录企业应用平台的账套。

会计年度即数据取数的年度,可省略。

编码 1、编码 2 与科目编码的核算账类有关,可以取科目的辅助账,如职员编码、项目编码等,如无辅助核算则省略。

主要的账务取数函数如表 5—3 所示。

表 5—3   主要账务函数表

函数名	金额式	数量式	外币式
期初函数	QC()	SQC()	WQC()
期末函数	QM()	SQM()	WQM()
发生额函数	FS()	SFS()	WFS()
累计发生额函数	LFS()	SLFS()	WLFS()
条件发生额函数	TFS()	STFS()	WTFS()
对方科目发生额函数	DFS()	SDFS()	WDFS()
净额函数	JE()	SJE()	WJE()
汇率函数	HL()	SHL()	WHL()

(2)本表页取数函数

本表页取数函数用于在本表页的指定区域内做出诸如求平均值、求最小值、求和等统计结果的运算。主要的本表页取数函数如表 5—4 所示。

表 5—4　　　　　　　　　　　　　　　　本表页取数函数

函数名	函数式	函数名	函数式
求和	PTOTAL()	最大值	PMAX()
平均值	PAVG()	最小值	PMIN()

例如:PTOTAL(D4：D6)表示求区域 D4 到 D6 单元的总和。

（3）本表其他表页取数函数

如果一张表页中的数据取自于同表中的其他表页,则可以利用某个关键字或直接以页标号为定位依据,指定取某张表页的数据。例如,D11＝C11@2 表示当前页 D11 单元的值等于当前表第 2 页 C11 单元的值。

（4）其他报表取数函数

在报表之间取数时,既要考虑数据取自哪一张表,又要考虑数据来源于哪一张表页、哪一个单元。例如,D10＝"hbzj"→D10@2 表示当前页 D10 单元的值等于表"hbzj. rep"第 2 页 D10 单元的值。

2. 审核公式

审核公式是报表数据之间关系的检查公式。报表中的各个数据之间一般存在一定的勾稽关系,利用审核公式,可以进一步检查报表编制的结果是否正确。利用审核公式可以对同一表页、同表不同页或不同报表之间数据的勾稽关系进行检查。

3. 舍位平衡公式

报表在编制时由于计量单位的原因,需要重新进行位数转换时,如将计量单位"元"转换成"万元"或"千元",进位操作必然引起小数位数的四舍五入,为了保证进位后的平衡关系仍然成立,可以进行舍位平衡公式的设置。

定义舍位平衡公式需要说明舍位表名、舍位范围以及舍位位数,并且输入平衡公式。

5.2.3　报表模板

用户可以根据需要,按照报表格式和公式设计的方法自定义报表,也可以利用系统提供的报表模板直接生成报表。用友 UFO 报表管理系统为用户提供了不同行业的各种标准财务报表格式,可对其进行修改。用户也可以将经常使用的自定义报表设置为模板,供以后直接调用。

5.3　UFO 报表管理系统日常处理

报表格式和公式设计完成,则可以按照设计好的格式和公式定期或不定期地输出所需报表。

5.3.1　报表数据处理

报表数据处理主要是生成报表数据、审核报表数据和舍位平衡操作等。数据处理工作必须在数据状态下进行,计算机自动按照设计好的格式和公式进行相应的报表数据处理。

报表数据处理时还涉及表页的操作,如增加、删除、插入和追加等。

表页是由若干行和列组成的一张二维表,一张报表中的所有表页具有相同的格式,但其中的数据不同。每一张表页由若干单元组成。一张 UFO 报表最多可以容纳 99 999 张表页。

1. 录入关键字

关键字是表页定位的特定标识,在格式状态下设置完成关键字后,只有在数据状态下对其实际赋值才能真正成为表页的鉴别标志,为表页间、表与表间的取数提供依据。

2. 整表重算

计算报表数据是在数据处理状态下进行的,既可以在录入完成报表的关键字后直接计算,也可以使用菜单功能计算。

3. 汇总报表

UFO 报表管理系统提供了表页汇总和可变区汇总两种汇总方式。汇总数据可以存放在本报表的最后一张表页上,也可以生成一张新的汇总报表。

4. 数据采集

数据采集是指把其他文件中的数据追加到当前报表文件中。UFO 报表管理系统可以把下面几类数据采集到当前报表中:后缀为“.REP”的其他报表文件、后缀为“.TXT”的文本文件,以及后缀为“.DBF”的数据库文件。

5.3.2　表页管理

UFO 报表管理系统的表页管理包括表页排序、表页查找、表页透视、报表的显示比例、定义显示风格和设置打印分页等。

在 UFO 报表管理系统中,大量的年度或月度数据是以表页形式分布的,正常情况下,每次只能看到一张表页。如果要对每张表页的相同行或列区域的数据进行比较,则可以利用“数据透视”功能,将多张表页相同位置的数据显示在一个平面上,即将立体形式展开成平面形式,形成一种类似报表的“虚表”显示在平面上,以便对比分析。

5.3.3　图表功能

报表数据生成之后,为了能够更直观地对报表数据进行分析和说明,可以将数据转化成图表形式展现出来。UFO 报表管理系统提供了 4 类共 10 种格式的图表供用户使用。

图表是利用报表文件中的数据生成的,图表与报表数据存在着紧密的联系,报表数据发生变化时,图表也随之变化;报表数据删除后,图表也随之消失。图表功能的使用应在数据状态下进行。

实验三　UFO 报表管理

【实验目的】

(1)理解报表编制的原理及制作流程。

(2)掌握设计报表格式的方法以及编辑报表公式的操作方法。

(3)掌握报表数据处理的操作方法。

(4)掌握利用报表模板生成报表的方法。

【实验内容】

(1)自定义一张货币资金表。

(2)利用报表模板生成报表。

【实验要求】

(1)引入"实验二"账套数据。

(2)以"赵亮"的身份进行 UFO 报表管理系统的操作。

【实验案例】

1. 自定义货币资金表

报表的格式设计如表 5－5 所示。

表 5－5　　　　　　　　　　　　　　货币资金表

单位名称:灵通电器　　　　　　　年　　月　　日　　　　　　　　　单位:元

项　　目	行　　次	期初数	期末数
库存现金	1	C5＋C6＋C7	D5＋D6＋D7
人民币	2	QC("100101",月)	QM("100101",月)
美元	3	QC("100102",月)	QM("100102",月)
港币	4	QC("100103",月)	QM("100103",月)
银行存款	5	C9＋C10＋C11	D9＋D10＋D11
工行存款	6	QC("100201",月)	QM("100201",月)
交行存款	7	QC("100202",月)	QM("100202",月)
中行存款	8	QC("100203",月)	QM("100203",月)
总计	9	C4＋C8	D4＋D8

制表人:

单位名称和年、月、日应设置为关键字。

取数公式定义:单元公式、舍位公式(舍 3 位)。

报表数据处理。

2. 利用报表模板生成报表

利用报表模板生成资产负债表、利润表和现金流量表主表。

【实验指导】

1. 自定义货币资金表

单击桌面上的"企业应用平台"图标或者执行"开始"|"程序"|"用友 ERP-U8"|"企业

应用平台"命令,系统弹出"登录"对话框。

输入操作员"Lt001"或"赵亮",密码为001,选择"123"账套,更改"操作日期"为"2013－06－30",单击"确定"按钮,进入"UFIDA ERP-U8[工作中心]"窗口。

在"业务工作"选项卡中,执行"财务会计"|"UFO 报表"命令,打开 UFO 报表系统。

执行"文件"|"新建"命令,建立一张空白报表,报表名默认为"report1"。

◇ 提 示 ◇

空白报表外观类似于 Excel 文件,其操作方法也类似于 Excel。

"演示数据"表明现在使用的是演示版。

(1)报表格式设计

UFO 报表具有"格式"和"数据"两种状态,按报表左下角的"格式/数据"按钮,可以在两种状态之间切换。在"格式"状态下主要进行格式处理,即报表格式的设计、取数公式的定义等;在"数据"状态下主要进行数据处理,即数据的计算等。

①表尺寸

在"格式"状态下,执行"格式"|"表尺寸"命令,系统弹出"表尺寸"窗口。

输入行数"13",列数"4",单击"确认"按钮;也可以通过执行"编辑"|"插入"或"追加"命令,增加行数和列数。

②行高和列宽

执行"格式"|"行高"或"列宽"命令,调整表格的整体行高和列宽;也可以将光标置于行或列的分隔线上,按住鼠标左键拖拽来调整。

行高和列宽的单位为毫米。

③画线

用鼠标选定需要画实线的区域范围,如 A3：D12。

执行"格式"|"区域画线"命令,系统弹出"区域画线"窗口。

选择画线类型、线条样式,然后单击"确认"按钮。本例画线类型选择"网线",样式选择"实线"。

④组合单元

用鼠标选定需要组合单元的区域范围,如 A1：D1。

执行"格式"|"组合单元"命令,系统弹出"组合单元"窗口。

选择组合单元的方式,本例选择"整体组合"或"按行组合"。

同理,定义 A2：D2 单元为组合单元。

⑤输入报表项目

选中需要输入内容的单元或组合单元,按本例要求输入,如在 A1 组合单位输入"货币资金表"。

⑥单元属性

单元属性用于设计每个单元格的单元类型、字体图案、对齐方式和边框。

执行"格式"|"单元属性"命令,系统弹出"单元格属性"窗口。

在此窗口中,可以根据需要对所选定的单元进行单元格风格设置,然后单击"确定"按钮。

◇ 提示 ◇

输入内容的单元系统默认为表样单元,未输入内容或输入公式的单元系统默认为数值单元。

如果要在数据状态下输入文字,则应将该单元设置为字符单元,本例中的"制表人"单元可以设为字符型。

表样单元输入后对所有表页都有效,数值和字符单元输入后只对本表页有效。

⑦关键字

关键字可以用来唯一标识某一表页。UFO 报表系统提供了 6 种关键字,用户也可以根据需要自定义关键字。

选中需要输入关键字的单元,本例选中"A2"单元。

执行"数据"|"关键字"|"设置"命令,系统弹出"设置关键字"窗口。

选择"单位名称",单击"确定"按钮。

同理,设置"年""月""日"关键字。

如果需要调整关键字所在的位置,可以执行"数据"|"关键字"|"偏移"命令。负数值表示向左偏移,正数值表示向右偏移。关键字偏移量单位为像素。

如果需要取消关键字,可以执行"数据"|"关键字"|"取消"命令。

(2)取数公式的定义

①单元公式

选定单元之后可以手工输入公式,也可以利用函数向导输入定义公式。

◇ 提示 ◇

输入公式的三种方法:一是单击工具栏中的"fx"按钮,二是执行"数据"|"编辑公式"|"单元公式"命令,三是直接按键盘上的"＝"键。

选定被定义的单元"C5",即"库存现金/人民币"期初数。

单击"fx"按钮,系统弹出"定义公式"窗口。

单击"函数向导"按钮,系统弹出"函数向导"窗口。

在函数分类列表中选择"用友账务函数",在函数名列表中选择"期初(QC)",单击"下一步"按钮,系统弹出"用友账务函数"窗口。

单击"参照"按钮,系统弹出"账务函数"窗口。

科目选择"100101",其余各项采用系统默认,单击"确定"按钮,返回"用友账务函数"窗口。

单击"确定"按钮,返回"定义公式"窗口,单击"确认"按钮。

输入其他单元公式。

②审核公式

审核公式用于审核报表内部或报表之间的勾稽关系是否正确。例如,资产负债表中的"资产＝负债＋所有者权益"可以在报表格式状态下进行审核公式的定义,在数据状态下进行数据审核。

在"货币资金表"中不存在这种勾稽关系。

如果要定义审核公式,则执行"数据"|"编辑公式"|"审核公式"命令。

③舍位平衡公式

舍位平衡公式用于重新调整报表四舍五入后的小数平衡关系。

执行"数据"｜"编辑公式"｜"舍位平衡公式"命令,系统弹出"舍位平衡公式"窗口。

舍位表名"SW",舍位范围为"C4：D12",舍位位数为"3",平衡公式为"C4＝C5＋C6＋C7,D4＝D5＋D6＋D7,C8＝C9＋C10＋C11,D8＝D9＋D10＋D11,C12＝C4＋C8,D12＝D4＋D8"。

单击"完成"按钮。

◇ 提示 ◇

　　各公式之间用","(半角)号隔开,最后一个公式不用逗号。

　　等号左边只能有一个单元(不带页号和表名)。

　　舍位平衡公式中只能使用"＋""－"符号,不能使用其他符号和函数。

④保存报表格式

执行"文件"｜"保存"命令,系统弹出"另存为"窗口。

选择目的文件夹,输入报表名"货币资金表",选择保存类型,后缀为"rep",单击"保存"按钮。

(3)报表数据处理

执行"文件"｜"打开"命令。

选择"货币资金表．rep"存放的文件夹,单击"打开"按钮。

单击报表左下角的"格式/数据"按钮,将报表切换到"数据状态"。

①增加表页

执行"编辑"｜"追加"｜"表页"命令,系统弹出"追加表页"窗口。

输入需要增加的表页数"1",单击"确认"按钮。

◇ 提示 ◇

　　系统自动将当前表页设为第1页。

　　每一张表页可根据关键字录入信息的不同而单独取数。

　　"追加"是在当前表页之后增加表页,"插入"是在当前表页之前增加表页。

②录入关键字

执行"数据"｜"关键字"｜"录入"命令,系统弹出"录入关键字"窗口。

在此录入第1页的关键字,输入单位名称"灵通电器",年为"2013",月为"6",日为"30"。

单击"确认"按钮,系统提示"是否重算第1页?"

单击"是"按钮,系统自动按照关键字取6月份的数据进行计算。

计算结果出来后,在当前表页的左下角出现"计算完毕"字样。如果数据有误,则切换回"格式"状态进行修改,再切换回"数据"状态进行重算。

执行"文件"｜"保存"命令,保存当前表页。

◇ 提示 ◇

　　单位名称关键字可以确认报表数据取数的空间范围,日期关键字可以确认报表数据取数的时间范围。

　　执行"数据"｜"整表重算"命令,可以对本表中的所有表页重新进行计算。

　　执行"数据"｜"表页重算"命令,可以对本表中的当前表页重新进行计算。

　　选定一个有数据的单元,单击鼠标右键,可以"联查明细账",在明细账中可以联查凭证。

③舍位平衡

执行"数据"｜"舍位平衡"命令。

系统自动按照前面定义的舍位平衡公式进行舍位平衡处理,并将舍位平衡后的报表保存在"SW. REP"文件中。

打开"SW. REP"文件查看舍位平衡后的结果。如果舍位平衡公式有误,则系统左下角提示"无效命令或错误参数!"

④表页管理

表页管理包括表页排序、表页查找、表页透视、表页显示比例、表页显示风格等。

执行"数据"｜"排序"或"透视"命令,可以对表页进行排序或透视。

执行"编辑"｜"查找"命令,可以将符合条件的表页设为当前表页。

执行"工具"｜"显示比例"或"显示风格"命令,可以设置表页在电脑屏幕中的显示比例或风格,但对打印无影响。

◇ 提示 ◇

表页透视功能可以将多张表页指定的区域同时显示在一个平面上,将不同表页同一单元的内容放在一起进行分析。

如果选定的区域不连续,则区域与区域之间用",",隔开,如"B4：B7,D4：F6"。

⑤图表功能

图表功能可以对已经取得数据的报表进行图形化处理,图文并茂地进行分析,包括圆饼图、直方图和折线图等。

在"格式"状态下,执行"编辑"｜"追加"｜"行"命令,系统弹出"追加行"窗口。

输入追加行"20",单击"确定"按钮。

切换到"数据"状态,选定需要进行图表分析的单元范围,本例选"A3：D11"。

执行"工具"｜"插入图表对象"命令,系统弹出"区域作图"窗口。

数据组:选择"行"。

数据范围:选择"当前表页"。

标识:当选择"当前表页"作图时,标识不能更改。

图表名称:"货币资金分析图"。

图表标题:"货币资金分析"。

X 轴:"时间"。

Y 轴:"金额"。

图表格式:"立体成组直方图"。

单击"确认"按钮,用鼠标拖动图表的边框对图表的大小和位置进行调整。

◇ 提示 ◇

可以双击选定该图表,然后单击鼠标右键重新选择图表格式。

双击其他位置可以对"区域作图"中的元素进行修改或调整。

当单元中的数据发生变动时,图表的内容也会发生相应变动。

2. 利用报表模板生成报表

(1)利用报表模板生成资产负债表

在"格式"状态下,执行"格式"|"报表模板"命令,系统弹出"报表模板"窗口。

行业:"2007 年新会计制度科目"。

财务报表:"资产负债表"。

单击"确认"按钮,系统提示"模板格式将覆盖本表页!是否继续?"

单击"确定"按钮,即打开资产负债表模板。根据实际情况调整报表格式和报表公式并保存调整后的报表模板。

单击"格式/数据"按钮,切换到"数据"状态。

执行"数据"|"关键字"|"录入"命令,系统弹出"录入关键字"窗口。

输入单位名称"灵通电器",年为"2013"、月为"6"、日为"30"。

单击"确认"按钮,系统提示"是否重算第 1 页?"

单击"是"按钮,系统自动按照关键字取 6 月份的数据进行计算。

计算结果出来后,在当前表页的左下角出现"计算完毕"字样。如果数据有误,则切换回"格式"状态进行修改,再切换回"数据"状态进行重算。

执行"文件"|"保存"命令,保存当前表页。

◇ **提示** ◇

　　资产负债表有数据的勾稽关系,即"资产=负债+所有者权益",因此,可以在此设置审核公式。

　　在格式状态下,执行"数据"|"编辑公式"|"审核公式"命令,系统弹出"审核公式"定义窗口。

　　在公式栏中输入"C42≑G42,D42≑H42"。

(2)利用报表模板生成利润表

运用同样的方法生成 2013 年 6 月份的利润表。

此例中将模板中的"资产减值损失"项目名称更改为"汇兑损益"。

(3)利用报表模板生成现金流量表主表

运用同样的方法生成 2013 年 6 月份的现金流量表主表。

本例中用友账务函数名选择"现金流量项目金额(XJLL)",现金流量项目编码按报表项目编码选择,最后应注意"方向"。

◇ **提示** ◇

　　编制现金流量表也可以使用现金流量表系统。

　　在"业务工作"选项卡中,执行"财务会计"|"现金流量表"命令,打开现金流量表系统。

　　现金流量表日期按月设置,如 6 月—6 月,单击"确定"按钮。

　　初始化:双击"模板选择",选择"新会计制度",单击"确定"按钮。

　　基本科目设置:将 100101、100102、100103、100201、100202、100203 从待选科目中选入已选科目,单击"确定"按钮。

　　展开"拆分凭证",双击"凭证准备",系统弹出"完成凭证准备"信息提示框,单击"确定"按钮。

　　双击"自动计算",屏幕中显示"2013 年 6 月现金流量表"。

第6章 薪资管理

6.1 薪资管理系统概述

6.1.1 功能概述

薪资管理是各企事业单位最常使用的功能之一。在用友 ERP-U8 管理系统中,薪资管理不属于财务管理的组成部分,而是人力资源管理的一个子系统。人力资源的核算和管理是企业管理的重要组成部分,其中,对于企业员工的业绩考评和薪酬的确定关系到企业每一名职工的切身利益,对于调动每一名员工的工作积极性、正确处理企业与员工之间的经济关系具有重要意义。薪资管理系统具有明显的自动计算和汇总优势,能够使财务人员的工资核算工作由繁重变得轻松,并且能够避免手工计算过程中可能出现的差错,使薪资管理系统在实践中得到广泛应用。学习时要了解薪资管理系统在人力资源管理系统中的地位,并且要理解薪资管理系统与总账系统的数据关系。

薪资管理系统能根据各个企业的不同需求设计出工资项目和工资计算公式,方便地录入和修改各种工资数据和工资资料。薪资管理系统以职工个人的薪资原始数据为基础,计算应发工资、扣款小计和实发工资等,编制工资结算单;对人员的增减和工资变动进行登记处理,按部门和人员类别进行汇总,进行个人所得税计算;结合工资发放形式进行扣零设置以及向代发工资的银行传输数据;自动计算、汇总工资数据,对形成的工资、福利费用等各项费用进行月末、年末账务处理;提供多种方式的查询、打印薪资发放表、各种汇总表及个人工资条;进行工资的分摊和相关费用的计提,并实现自动转账处理;通过转账的方式向总账系统传输会计凭证,向成本管理系统传输工资费用数据。

综上所述,薪资管理就是能对工资进行发放、核算及综合管理的系统。在使用薪资管理系统之前,需要结合企业的实际情况和特点规划设置部门的规范、人员编码的规则和人员类别的划分形式,整理好工资项目以及核算方法,并且准备好人员档案数据和工资数据等基本信息。

6.1.2 基本功能

1. 工资类别管理

薪资系统提供处理多个工资类别的功能。如果单位按周或按月多次发放薪资,或者单位中有多种不同类别(部门)的人员,薪资发放项目不同,计算公式也不同,但需进行统一薪资核算管理,应选择建立多个工资类别。如果单位中所有人员的工资统一管理,而人员的工资项目、工资计算公式全部相同,则只需要建立单个工资类别,以提高系统的运行效率。

2. 人员档案管理

可以设置人员的基础信息并对人员变动进行调整。系统同时提供了设置人员附加信息的功能，如人员类别设置、部门选择设置、人员档案设置、代发工资的银行名称设置等。

3. 薪资数据管理

根据不同企业的需要设计工资项目和计算公式；管理所有人员的工资数据，并对平时发生的工资变动进行调整；自动计算个人所得税，结合工资发放形式进行扣零处理或向代发的银行传输工资数据；自动计算、汇总工资数据；自动完成工资分摊、计提和转账业务。同时，系统还提供对不同工资类别数据的汇总，从而实现对工资统一核算的功能。

4. 账簿管理

提供按多种条件查询总账、日记账及明细账等，具有总账、明细账和凭证联查功能。

5. 薪资报表管理

工资核算的结果最终要通过报表和凭证体现。薪资管理系统提供了各种工资表、汇总表、明细表、统计表和分析表等，并且提供了凭证查询和自定义报表的查询功能。工资报表形式和简便的资料查询方式实现了对企业多层次、多角度的工资数据查询。

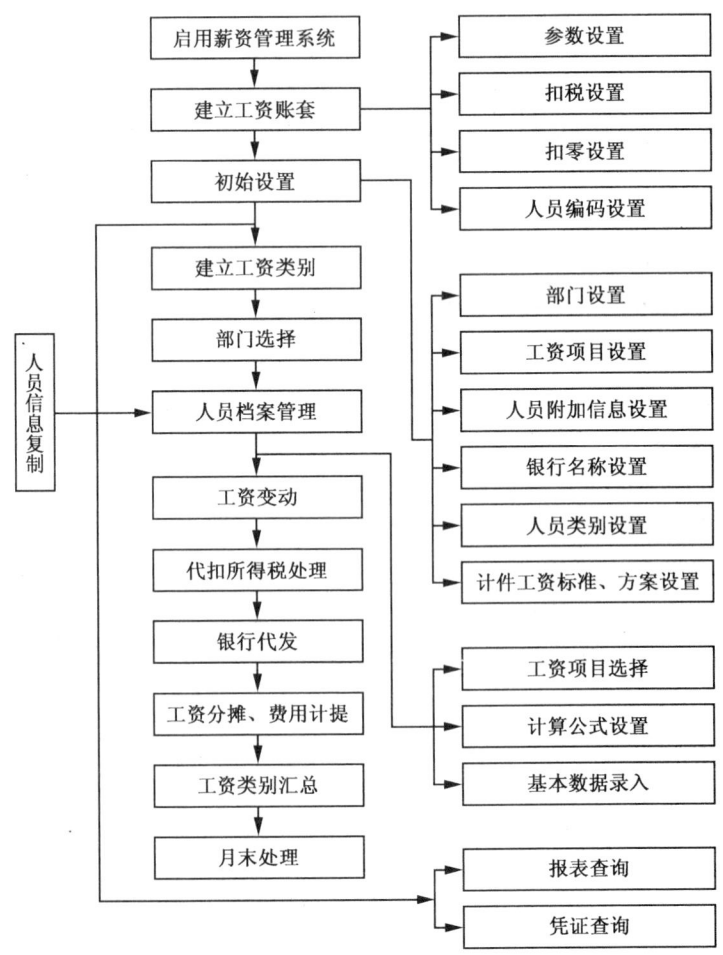

图6—1　多工资类别核算管理企业的操作流程

6.1.3　薪资管理系统与其他系统的主要关系

薪资管理系统与系统管理共享基础数据;薪资管理系统将工资分摊的结果生成转账凭证,传递到总账管理系统;另外,薪资管理系统向成本核算系统传送相关费用的合计数据。

6.2　薪资管理系统初始设置

6.2.1　初始设置

计算机处理工资的程序类似于手工,只不过用户要做一次性初始设置,如部门、人员类别、工资项目、公式、个人工资和个人所得税设置,银行代发设置,各种表样的定义等,每月只需对有变动的地方进行修改,系统自动进行计算,汇总生成各种报表。薪资管理系统初始设置包括建立工资账套和基础信息设置两个部分。

1. 建立工资账套

工资账套与系统管理中的账套是不同的概念,系统管理中的账套是针对整个核算系统,而工资账套是针对薪资子系统。要建立工资账套,前提是在系统管理中建立本单位的核算账套。建立工资账套时可以根据建账向导分 4 步进行:参数设置→扣税设置→扣零设置→人员编码。

2. 基础信息设置

建立工资账套后,要对整个系统运行所需的基础信息进行设置,包括以下几项:

(1)部门设置

员工薪资一般是按部门进行管理的。

(2)人员类别设置

人员类别与工资费用的分配、分摊有关,以便于按人员类别进行工资汇总计算。

(3)人员附加信息设置

此项设置可增加人员信息,丰富人员档案的内容,便于对人员进行更加有效的管理。例如,增加设置人员的性别、民族、婚否等。

(4)工资项目设置

工资项目设置即定义工资项目名称、类型、宽度、小数和增减项。系统中有一些固定项目是工资账中必不可少的,包括“应发合计”“扣款合计”和“实发合计”,这些项目不能删除和重命名。其他项目可根据实际情况定义或参照增加,如基本工资、奖励工资和请假天数等。在此设置的工资项目是对所有工资类别的全部工资项目。

(5)银行名称设置

发放工资的银行可按需要设置多个。这里,银行名称设置是针对所有工资类别。例如,同一工资类别中的人员由于在不同的工作地点,需在不同的银行代发工资,或者不同的工资类别由不同的银行代发工资,均需设置相应的银行名称。

6.2.2　日常处理

1. 工资类别管理

薪资管理系统是按工资类别进行管理的。每个工资类别下有职工档案、工资变动、工资数据、报税处理和银行代发等。对工资类别的维护包括建立工资类别、打开工资类别、删除工资类别、关闭工资类别和汇总工资类别。

（1）人员档案

人员档案的设置用于登记工资发放人员的姓名、职工编号、所在部门和人员类别等信息；此外，员工的增减变动也必须在本功能中处理。人员档案的操作是针对某个工资类别的，即应先打开相应的工资类别。人员档案管理包括增加、修改、删除人员档案，人员调离与停发处理，查找人员等。

（2）设置工资项目和计算公式

在系统初始设置中的工资项目包括本单位各种工资类别所需要的全部工资项目。由于工资类别不同，工资发放项目不同，计算公式也不同，因此，应对某个指定工资类别所需的工资项目进行设置，并定义此工资类别的工资数据计算公式。

①选择建立本工资类别的工资项目

这里只能选择系统初始设置中的工资项目，不可自行输入。工资项目的类型、长度、小数位数和增减项等不可更改。

②设置计算公式

定义某些工资项目的计算公式及工资项目之间的运算关系。例如，缺勤扣款＝基本工资÷月工作天数×缺勤天数。运用公式可直接表达工资项目的实际运算过程，灵活地进行工资计算处理。定义公式可通过选择工资项目、运算符、关系符和函数等组合完成。

系统固定的工资项目如"应发合计""扣款合计"和"实发合计"等的计算公式，系统根据工资项目设置的"增减项"自动给出，用户只能增加、修改和删除其他工资项目的计算公式。

定义工资项目计算公式要符合逻辑，系统将对公式进行合法性检查；不符合逻辑的，系统将给出错误提示。定义公式时要注意先后顺序，先得到的数据应先设置公式。应发合计、扣款合计和实发合计公式应是公式定义框的最后 3 个公式，并且实发合计的公式要在应发合计和扣款合计公式之后。可通过单击公式框的"▲""▼"箭头按钮调整计算公式顺序。若出现计算公式超长，可将所用到的工资项目名称缩短（减少字符数），或设置过渡项目。定义公式时可使用函数公式向导参照输入。

2. 工资数据管理

第一次使用薪资管理系统必须将所有人员的基本工资数据录入计算机，平时发生的工资数据变动也在此进行调整。为了快速、准确地录入工资数据，系统提供以下功能：

（1）筛选和定位

如果对部分人员的工资数据进行修改，最好采用数据过滤的方法，先将所要修改的人员过滤出来，然后进行工资数据修改。修改完毕后进行"重新计算"和"汇总"。

（2）页编辑

在工资变动窗口提供了"编辑"按钮，可以对选定的个人进行快速录入。单击"上一人""下一人"按钮可变更人员,录入或修改其他人员的工资数据。

(3)替换

将符合条件的人员的某个工资项目的数据统一替换成某个数据,如管理人员的奖金上调100 元。

(4)过滤器

如果只对工资项目中的某一个或几个项目进行修改,可将要修改的项目过滤出来,如只对事假天数和病假天数两个工资项目的数据进行修改。对于常用的过滤项目,可以在项目过滤选择后输入一个名称进行保存,以后可通过过滤项目名称调用,不用时也可以删除。

3. 工资分钱清单

工资分钱清单是按单位计算的工资发放分钱票面额清单,会计人员根据此表从银行取款并发给各部门。系统提供了票面额设置的功能,用户可根据单位需要自由设置,系统根据实发工资项目分别自动计算按部门、按人员、按企业的各种面额张数。

4. 个人所得税的计算与申报

鉴于许多企事业单位计算职工工资薪金所得税工作量较大,本系统提供个人所得税自动计算功能,用户只需自定义所得税税率,系统就会自动计算个人所得税。

5. 银行代发

目前,许多单位发放工资时采用职工凭工资卡去银行取款的方式。银行代发业务处理是指每月末单位应向银行提供银行给定文件格式的软盘,这样做既减轻了财务部门发放工资的繁重工作,又有效地避免了财务去银行提取大笔款项所承担的风险,同时提高了对员工个人工资的保密程度。

6. 工资分摊

工资是费用中人工费最主要的部分,需要对工资费用进行工资总额的计提计算、分配及各种经费的计提,并编制转账会计凭证,供登账处理之用。

7. 工资数据查询统计

工资数据处理结果最终通过工资报表的形式反映。薪资管理系统提供了主要的工资报表,报表的格式由系统提供,如果对报表提供的固定格式不满意,可以通过"修改表"和"新建表"功能自行设计。

(1)工资表

工资表包括工资发放签名表、工资发放条、工资卡、部门工资汇总表、人员类别工资汇总表、条件汇总表、条件统计表、条件明细表、工资变动明细表、工资变动汇总表等由系统提供的原始表,主要用于本月工资发放和统计。工资表可以进行修改和重建。

(2)工资分析表

工资分析表是以工资数据为基础,对部门、人员类别的工资数据进行分析和比较,产生各种分析表,供决策人员使用。

6.2.3　期末处理

1. 月末结转

月末处理是将当月数据经过处理后结转至下月。每月工资数据处理完毕后均可进行月末结转。由于在工资项目中,有的项目是变动的,即每月的数据均不相同,在每月工资处理时需将其数据清零,而后输入当月的数据,此类项目即为清零项目。因月末处理功能只有主管人员才能执行,所以,应以主管人员的身份登录系统。月末结转只有在会计年度的1月至11月进行,且只有在当月工资数据处理完毕后才可进行。若为处理多个工资类别,则应打开工资类别,分别进行月末结转。若本月工资数据未汇总,系统将不允许进行月末结转。进行期末处理后,当月数据将不允许变动。

2. 年末结转

年末结转是将工资数据经过处理后结转至下年。进行年末结转后,新年度账将自动建立。处理完所有工资类别的工资数据后,对多工资类别应关闭所有工资类别,然后在系统管理中选择"年度账"菜单,进行上年数据结转。其他操作与月末处理类似。

年末结转只有在当月工资数据处理完毕后才能进行。若当月工资数据未汇总,系统将不允许进行年末结转。进行年末结转后,本年各月数据将不允许变动。若用户跨月进行年末结转,系统将给予提示。年末处理功能只有主管人员才能执行。

实验四　薪资管理

【实验目的】

(1)系统学习薪资系统初始化、日常业务处理的主要内容和操作方法。

(2)掌握建立工资账套、工资类别、人员类别、工资项目和计算公式的方法。

(3)了解工资账套与企业账套的区别。

(4)掌握工资数据和个人所得税的计算方法。

(5)掌握工资分摊和生成转账凭证的方法。

(6)熟悉查询有关账表资料并进行统计分析的方法。

【实验内容】

(1)薪资管理系统初始设置:建立工资账套、基础设置、工资类别管理和设置计算公式等。

(2)薪资管理系统日常业务处理:工资变动和代扣个人所得税等。

(3)工资分摊设置与凭证处理。

(4)月末处理。

(5)薪资管理系统账表查询与分析。

【实验要求】

(1)引入"实验一"账套数据,以账套主管"Lt001"的身份注册进入企业应用平台,启用"薪资管理"系统。

(2)由"Lt002 孙闯"进行薪资管理系统的具体业务操作。

【实验案例】

1. 薪资管理系统初始设置

(1)"123"账套薪资管理系统的参数

工资类别个数为多个,工资核算本位币为人民币(RMB),不核算计件工资,自动代扣个人所得税,进行扣零设置且扣零到元。工资类别分为"在职人员"和"退休人员",并且在职人员分布在各个部门,而退休人员只属于人事部门。

(2)人员附加信息

增加人员附加信息"性别"和"学历"。

(3)工资项目(如表 6—1 所示)

表 6—1   工资项目情况

工资项目名称	类　型	长　度	小　数	增减项
基本工资	数字	8	2	增项
职务补贴	数字	8	2	增项
福利补贴	数字	8	2	增项
交通补贴	数字	8	2	增项
奖金	数字	8	2	增项
缺勤扣款	数字	8	2	减项
住房公积金	数字	8	2	减项
缺勤天数	数字	8	2	其他

(4)银行名称

银行名称为"中国工商银行"。账号长度为 11 位,录入时自动带出的账号长度为 8 位。

(5)工资类别及工资项目

在职人员工资类别:所有工资项目。

退休人员工资类别:只有基本工资和住房公积金两个项目。

(6)在职人员档案(如表 6—2 所示)

表 6—2   在职人员档案

职员编号	人员姓名	性别	学历	所属部门	人员类别	银行代发账号
10101	赵亮	男	本科	总经理室	行政管理人员	60070080001
10201	周启发	男	本科	行政部	行政管理人员	60070080002
10301	李达仁	男	本科	人力资源部	行政管理人员	60070080003
10401	孙闯	男	研究生	财务部	行政管理人员	60070080004
10402	王芳芳	女	本科	财务部	行政管理人员	60070080005
10403	刘璐	女	本科	财务部	行政管理人员	60070080006
10404	谢冰	男	专科	财务部	行政管理人员	60070080007
20101	马弘扬	男	专科	销售部	经营人员	60070080008
20102	陈静	女	研究生	销售部	经营人员	60070080009

职员编号	人员姓名	性别	学历	所属部门	人员类别	银行代发账号
20201	张佳琪	女	本科	采购部	经营人员	60070080010
20202	梁国仁	男	专科	采购部	经营人员	60070080011
20301	王小红	女	本科	库存部	经营人员	60070080012
30101	董衡	男	专科	车间主任室	车间管理人员	60070080013
30201	张青	男	本科	生产车间	生产人员	60070080014
40001	刘楠	男	本科	工程部	基建人员	60070080015

(7)计算公式

$$缺勤扣款＝基本工资÷22×缺勤天数$$

行政管理人员和经营人员的交通补助为200元,其他人员的交通补助为60元。

$$住房公积金＝(基本工资＋职务补贴＋福利补贴＋交通补贴＋奖金)×0.08$$

$$交通补贴＝iff(人员类别＝"行政管理人员"or 人员类别＝"经营人员",200,6)$$

2. 薪资管理系统业务处理

将系统日期修改为"2013-06-30",以"Lt002 孙闯"的身份注册进入薪资管理系统。

(1)个人收入所得税应在"实发工资"扣除3 500元后计税。

(2)有关工资数据如表6-3所示。

表6-3   2013年6月有关工资数据

职员编号	人员姓名	基本工资	职务补贴	福利补贴	奖　金	缺勤天数
10101	赵　亮	4 000	3 000	200	800	
10201	周启发	3 300	2 500	200	800	
10301	李达仁	2 800	2 000	200	800	3
10401	孙　闯	3 300	2 000	200	800	
10402	王芳芳	2 500	1 800	200	1 000	
10403	刘　璐	2 500	1 500	200	900	
10404	谢　冰	2 500	1 500	200	1 000	1
20101	马弘扬	3 300	2 000	200	800	
20102	陈　静	2 300	1 800	200	900	2
20201	张佳琪	2 500	1 600	200	1 000	
20202	梁国仁	2 000	1 500	200	800	
20301	王小红	2 200	1 600	200	900	
30101	董　衡	3 300	2 000	200	1 000	
30201	张　青	2 500	1 500	200	1 200	2
40001	刘　楠	3 300	2 000	200	1 000	

（3）工资分摊的类型及计提标准

工资分摊的类型包括"应付工资"和"应付福利费"。

按工资总额的14％计提福利费。

（4）分摊构成设置如表6-4所示。

表6-4　　分摊构成设置

计提类型名称	部门名称	人员类别	项目	借方科目	贷方科目
应付工资	总经理室、行政部、人力资源部、财务部	行政管理人员		管理费用/工资(660206)	应付职工薪酬/应付工资(221101)
	销售部、采购部、库存部	经营人员		销售费用(660104)	
	车间主任室	车间管理人员		制造费用(510102)	
	生产车间	生产人员	平板电视	生产成本(50010102)	
	工程部	基建人员		在建工程(1604)	
应付福利费	总经理室、行政部、人力资源部、财务部	行政管理人员		管理费用/工资(660206)	应付职工薪酬/应付福利费(221102)
	销售部、采购部、库存部	经营人员		销售费用(660104)	
	车间主任室	车间管理人员		制造费用(510102)	
	生产车间	生产人员	平板电视	生产成本(50010102)	
	工程部	基建人员		在建工程(1604)	

【实验指导】

1. 初始设置

（1）启用薪资管理系统

①执行"开始"｜"用友 ERP-U8"｜"企业应用平台"命令，打开"登录"对话框。

②输入操作员"Lt001"，输入密码"001"，在"账套"下拉列表中选择"长春市灵通电器有限公司"，更改操作日期为"2013-06-01"，单击"确定"按钮进入企业应用平台。

③执行"基础设置"｜"基本信息"｜"系统启用"命令，打开"系统启用"对话框，选中"WA薪资管理"复选框，弹出"日历"对话框，选择薪资管理系统启用日期"2013-06-01"，单击"确定"按钮，系统弹出"确实要启用当前系统吗?"信息提示对话框，单击"是"按钮返回。

（2）建立工资账套

工资账套与企业核算账套是不同的概念。企业核算账套在系统管理中建立，是针对整个用友 ERP 系统而言的，而工资账套只针对用友 ERP 系统中的薪资管理子系统。工资账套是企业核算账套的一个组成部分。建立工资账套的前提是建立本单位的核算账套。建立工资账套可以根据建账向导分4步进行:参数设置→扣税设置→扣零设置→人员编码。

①进入企业应用平台，打开"业务工作"选项卡，选择"人力资源"中的"薪资管理"选项，打开"建立工资账套"对话框。

②选择本账套所需处理的工资类别个数为"多个"。

③单击"下一步"按钮,打开"建立工资套——扣税设置"对话框,选中"是否从工资中代扣个人所得税"复选框,单击"下一步"按钮,打开"建立工资账套——扣零设置"对话框。

④单击选中"扣零"前的复选框,再选择"扣零至元"。

⑤单击"下一步"按钮。

⑥单击"完成"按钮,完成建立工资套的操作。

◇ 提示 ◇

　　如果单位按周或按月多次发放薪资,或者单位中有多种不同类别(部门)的人员,工资发放项目不尽相同,计算公式也不相同,但需要进行统一工资核算管理,应选择"多个"工资类别;反之,如果单位中所有人员工资按统一标准进行管理,而且人员的工资项目、工资计算公式全部相同,则选择"单个"工资类别。本例中对在职人员和退休人员分别进行核算,所以,工资类别应选择"多个"。

　　系统默认的币别是"人民币",如果要选择其他币别,则需要在工资类别参数维护中设置其他币别和人民币汇率。

　　选择代扣个人所得税后,系统将自动生成工资项目"代扣税",并自动进行代扣税金的计算。

　　扣零处理通常是在发放现金工资时使用,每次发放工资时将零头扣下,积累取整,在下次发放工资时补上,系统在计算工资时将依据扣零类型(扣零至元、扣零至角、扣零至分)进行扣零计算。一旦选择了"扣零处理",系统将自动在固定工资项目中增加"本月扣零"和"上月扣零"两个项目,扣零的计算公式将由系统自动定义,不用设置。

　　建账完成后,部分建账参数可以在"设置"|"选项"中进行修改。

(3)设置人员附加信息

此项设置可增加人员信息,丰富人员档案的内容,便于对人员进行更加有效的管理,如增加设置人员的性别、学历等。

①执行"设置"|"人员附加信息设置"命令,打开"人员附加信息设置"对话框。

②单击"增加"按钮,单击"栏目参照"栏的下三角按钮,选择"性别";同理,增加"学历"。

◇ 提示 ◇

　　如果工资管理系统提供的有关人员的基本信息不能满足实际需要,则可以根据需要进行人员附加信息的设置。

　　已使用过的人员附加信息可以修改,但不能删除。

　　不能对人员的附加信息进行数据加工,如公式设置等。

(4)设置工资项目

工资项目设置即定义工资项目的名称、类型、宽度、小数位数和增减项。系统中有一些固定项目是工资账中必不可少的,包括"应发合计""扣款合计"和"实发合计",这些项目不能删除和重命名。其他项目可以根据实际情况定义或参照增加,如基本工资、奖励工资、请假天数等。在此设置的工资项目是针对所有工资类别的全部工资项目。

①执行"设置"|"工资项目设置"命令,打开"工资项目设置"对话框。

②单击"增加"按钮,在工资项目列表中增加一空行,从"名称参照"下拉列表中选择"基本工资",默认类型为"数字",长度采用系统默认值"8",小数位数为"2",增减项为"增项"。用此方法继续增加其他的工资项目。

◇ **提示** ◇

系统提供若干常用工资项目供参考,可选择输入。对于参照中未提供的工资项目,可以双击"工资项目名称"一栏直接输入,或先从"名称参照"中选择一个项目,然后单击"重命名"按钮修改为需要的项目。

如果在建立账套时选择"是否核算计件工资"选项,则系统将提供"计件工资"工资项目;如果在建立账套时选择"代扣个人所得税"选项,则系统将提供"代扣税"工资项目;如果在建立账套时选择"扣零"处理,则系统将提供"本月扣零"和"上月扣零"两个工资项目。

工资项目的长度和小数用于设置数据的最大容量。如果选择数字型数据,还需要制定小数位数;如果选择字符型数据,则"小数"一栏不可选,"增减项"自动选择为"其他"。

确定工资项目的计算属性时,如果设置为"增项",则该工资项目自动成为应发合计的组成项目;如果设置为"减项",则该工资项目自动成为扣款合计的组成项目;如果设置为"其他",则该工资项目的数据既不会被计入"应发合计",也不会被计入"扣款合计"。

③单击"确定"按钮,系统弹出"工资项目已经改变,请确认各工资类别的公式是否正确,否则计算结果可能不正确"信息提示框。

④单击"确定"按钮。

◇ **提示** ◇

此处所设置的工资项目是针对所有工资类别所需要使用的全部工资项目。

系统提供的固定工资项目不能修改或删除。

（5）设置银行名称

发放工资的银行可按需要设置多个。这里,银行名称的设置针对所有工资类别。系统预置了 16 个银行名称,如果不能满足需要,则可以在此基础上删除或增加新的银行名称。例如,同一工资类别中的人员由于在不同的工作地点,需在不同的银行代发工资,或者不同的工资类别由不同的银行代发工资,均需设置相应的银行名称。

①在企业应用平台"基础设置"选项卡中,执行"基础档案"｜"收付结算"｜"银行档案"命令,打开"银行档案"对话框。

②选择"中国工商银行(01)",单击"修改"按钮,个人账号"定长",账号长度为 11 位,自动带出个人账号长度为 8 位。

③单击"退出"按钮返回。

◇ **提示** ◇

系统预置了 16 个银行名称,如果不能满足需要,则可以在此基础上删除或增加新的银行名称。

如果修改账号长度,则必须按键盘上的回车键确认。

（6）建立工资类别

薪资管理系统是按工资类别进行管理的。工资类别是指在同一工资账套中,根据不同情况而建立的工资数据管理类别。每个工资类别下有职工档案、工资变动、工资数据、报税处理和银行代发等。对工资类别的维护包括建立工资类别、打开工资类别、删除工资类别、关闭工资类别和汇总工资类别。

①在薪资管理系统中,执行"工资类别"｜"新建工资类别"命令,打开"新建工资类别"对话框。

②输入工资类别名称:"在职人员"。

③单击"下一步"按钮,打开"新建工资类别——请选择部门"对话框。

④分别单击选中各部门,也可单击"选定全部部门"按钮。

⑤单击"完成"按钮,系统提示"是否以 2013—06—01 为当前工资类别的启用日期?"

⑥单击"是"按钮返回。

⑦执行"工资类别"│"关闭工资类别"命令,关闭"在职人员"工资类别。

⑧同理,执行"工资类别"│"新建工资类别"命令,建立"退休人员"工资类别。

◇ 提示 ◇

同一个部门可以被多个工资类别选择,已经被使用的部门不能取消选择,在选择树形结构的末级部门时,应该先选择上级部门。

工资类别的启用日期确定之后将不能进行修改,所以在建立工资类别前,应该提示其业务日期。

只有主管才能删除工资类别。工资类别在删除之后,数据将不可恢复。

(7)设置在职人员工资类别的人员档案

人员档案的设置用于登记工资发放人员的姓名、职工编号、所在部门和人员类别等信息;此外,员工的增减变动也必须在本功能中处理。人员档案的操作是针对某个工资类别的,即应该先打开相应的工资类别。人员档案管理包括增加、修改、删除人员档案,人员调离与停发工资处理,查找人员等。

①执行"工资类别"│"打开工资类别"命令,打开"打开工资类别"对话框。

②选择"在职人员"工资类别,单击"确定"按钮。

③执行"设置"│"人员档案"命令,进入"人员档案"窗口。

④单击"增加"按钮,打开"人员档案明细"对话框。

⑤在"基本信息"选项卡中,单击"人员姓名"栏参照按钮,选择"赵亮",带出其他相关信息,在"银行名称"栏中选择"中国工商银行",在"银行账号"栏录入"60070080001"。

⑥单击"附加信息"选项卡,在"性别"栏录入"男",在"学历"栏录入"本科"。

⑦单击"确定"按钮。

⑧继续录入其他人员档案。

⑨单击"退出"按钮,退出"人员档案"对话框。

◇ 提示 ◇

薪资管理系统中各工资类别中的人员档案一定是来自企业应用平台基础档案中设置的人员档案。企业应用平台中设置的人员档案是企业全部职工信息,薪资管理系统中的人员档案是需要进行工资发放和管理的人员,它们之间是包含管理。

在"人员档案"对话框中,单击"批增"功能,可以按人员类别批量增加人员档案,然后进行修改。

"计税"选项是根据个人所得税税法,对外方人员在我国境内工作所获薪金的个人所得税的某些规定,以及某些单位个人所得税扣缴的特殊情况而设置的,如选择"计税"复选框,则系统将自动对该员工进行个人所得税扣缴、申报。

"中方人员"选项主要是为实行个人所得税扣缴且有外方人员的单位设置的,中外员工个人所得税的计算方法不同,扣税金额也不同。

选择"核算计件工资"复选框,表示对该员工进行计件工资管理。只有选择该复选框,才能在"计件工资统计表"中输入该员工的计件数量和单价。

如果在银行名称设置中设置了"银行账号定长",则在输入人员档案的银行账号时,输入一个人员档案的银行账号后,在输入第二个人的银行账号时,系统会自动带出已设置的银行账号定长的账号,只需要输入剩余的账号即可。

如果账号长度不符合要求,则不能保存。

在增加人员档案时,"停发工资""调出"和"数据档案"不可选,在修改状态下才能编辑。已做了调出标志的人员,所有档案信息不可修改,其编号可以再次被使用。调出人员在当月末结算前,可以取消调出标志,其编号如果已经被他人使用,则不能取消。有停发工资标志的人员不再进行工资发放,但是可以保留档案,以便今后恢复发放工资。标志为"停发工资"或"调出"的人员,将不再参与工资的发放和汇总。

在人员档案对话框中,可以直接录入薪资数据。如果个别人员档案的内容需要修改,可以在人员档案对话框中直接修改。如果一批人员的某个薪资项目同时需要修改,可以利用数据替换功能将符合条件人员的某个薪资项目的内容统一替换为某个数据。若进行替换的薪资项目已设置了计算公式,则在重新计算时以计算公式为准。

（8）设置在职人员工资类别的工资项目

在系统初始化中设置的工资项目包括本单位各种工资类别所需要的全部工资项目。由于不同工资类别的工资发放项目不同,计算公式也不同,因此,应对某个指定工资类别所需的工资项目进行设置,并定义此工资类别的工资数据计算公式。

①执行"设置"｜"工资项目设置"命令,打开"工资项目设置"对话框。

②单击"增加"按钮,在工资项目列表中增加一空行,再单击"名称参照"栏的下三角按钮,选择"基本工资",工资项目名称、类型、长度、小数和增减项都自动带出,不能修改。用此方法再增加其他的工资项目。

③单击选中"基本工资",单击"上移"按钮,将基本工资移动到工资项目栏的第一行。继续移动其他的工资项目到相应的位置。

◇ 提示 ◇

在未打开任何工资类别前可以设置所有的工资项目。如果所需要的工资项目不存在,则要关闭本工资类别,然后新增工资项目,再打开此工资类别进行选择。当打开某一工资类别后,只能选择系统初始化中设置的工资项目,不可自行输入,工资项目的类型、长度、小数位数和增减项等不可更改,可以根据本工资类别的需要对已经设置的工资项目进行选择,并将工资项目移动到合适的位置。

工资项目不能重复选择,一旦选择即可进行公式定义。

没有选择的工资项目不允许在计算公式中出现,不能删除已输入数据的工资项目和已设置计算公式的工资项目。

（9）设置"缺勤扣款"和"住房公积金"的计算公式

定义某些工资项目的计算公式及工资项目之间的运算关系。例如,缺勤扣款＝基本工资÷月工作日×缺勤天数。运用公式可以直观表达工资项目的实际运算过程,灵活地进行工资计算处理。定义公式可通过选择工资项目、运算符、关系符和函数等组合完成。系统固定的工资项目,如"应发合计""扣款合计""实发合计"等的计算公式,系统根据工资项目设置的"增减项"自动给出,用户在此只能增加、修改或删除其他工资项目的计算公式。

定义工资项目计算公式要符合逻辑,系统将对公式进行合法性检查,不符合逻辑的,系统将给出错误提示。定义公式时要提示先后顺序,先得到数据的应先设置公式。"应发合计""扣款合计"和"实发合计"公式应是公式定义框的最后 3 个公式,并且"实发合计"的公式要在"应发合计"和"扣款合计"公式之后。可通过单击公式框的"▲""▼"按钮调整计算公式顺序。若出现计算公式超长,则可将所用到的工资项目名称缩短(减少字符数),或设置过渡项目。定义公式时可使用函数公式向导参照输入。

①在工资项目设置对话框中,单击"公式设置"选项卡,打开"工资项目设置——公式设置"对话框。

②单击"增加"按钮,在工资项目列表中增加一空行,从下拉列表中选择"缺勤扣款"工资项目。

③单击"缺勤扣款公式定义"区域,在下方的工资项目列表中单击选中"基本工资",单击选中"运算符"区域中的"/",在"缺勤扣款公式定义"区域中录入"22",单击选中"运算符"区域中的"＊",再单击选中"工资项目"列表中的"缺勤天数"。

④单击"公式确认"按钮。

用此方法设置"住房公积金"的计算公式。

(10)设置"交通补贴"的计算公式

①在"工资项目设置——公式设置"界面中,单击"增加"按钮,从下拉列表中选择"交通补贴"。

②单击"函数公式向导录入"按钮,打开"函数向导——步骤之 1"对话框。

③单击选中"函数名"列表中的"iff"。

④单击"下一步"按钮,打开"函数向导——步骤之 2"对话框。

⑤单击"逻辑表达式"栏的参照按钮,打开"参照"对话框。

⑥单击"参照列表"栏的下三角按钮,选择"人员类别",再单击选中"企业管理人员"。

⑦单击"确定"按钮,返回"函数向导——步骤之 2"对话框。

⑧在"算术表达式 1"文本框中录入"200"。

⑨单击"完成"按钮,返回"公式设置"对话框。将光标放置到"200"之后,单击"函数公式向导输入"按钮,按如前所述的操作选择"经营人员",在"算术表达式 1"中输入"200",在"算数表达式 2"中输入"60"。

⑩单击"完成"按钮返回公式设置界面。

⑪单击"公式确认"按钮,单击"确定"按钮。

◇ 提示 ◇

在定义公式时,可以使用函数公式向导输入、函数参照输入、工资项目参照、部门参照和人员参照编辑输入该工资项目的计算公式。其中,函数公式向导只支持系统提供的函数。

定义公式时要提示先后顺序,工资中没有的项目不允许在公式中出现。

公式中可以引用已设置公式的项目,相同的工资项目可以重复定义公式,多次计算以最后的运行结果为准。

如果将交通补贴计算公式设置为"iff(人员类别＝"行政管理人员"or 人员类别＝"经管人员",200,60)",也可以达到同样的目的。

当工资计算公式超长时,可以设置过渡科目。例如,工资项目中涉及交通补贴、住房补贴、餐饮补贴和医疗补贴等补贴项目,计算属性均为"增项",造成计算公式过长。解决的办法是新增一个工资项目,名称为"补贴合计",计算属性为"增项",然后将交通补贴、住房补贴、餐饮补贴和医疗补贴等补贴项目的计算属性改为"其他"。设置"补贴合计"的计算公式为以上各补贴项目之和。

2. 业务处理

(1)设置个人收入所得税的计提基数

"个人所得税扣缴申报表"是个人纳税情况的记录,系统提供对表中栏目的设置功能。个人所得税申报表栏目只能选择系统提供的项目,不提供由用户自定义的项目。税率表的初始值为国家颁布的工资、薪金所得适用的九级超额累进税率,税率为 5%～45%。2008 年 3 月 1 日之前个人所得税的计提基数设置是 800 元,附加费用为 4 000 元。用户可根据需要调整费用基数、附加费用以及税率,可以增加级数,也可以删除级数。个人所得税扣缴应在"工资变动"后进行,本例中的计提基数是 3 500 元,所以应先核对个人所得税计提基数后再进行工资变动处理。如果先进行工资变动处理再修改个人所得税的计提基数,就应该在修改了个人所得税的计提基数后再进行一次工资变动处理,否则工资数据将不正确。

①在用友 ERP-U8 企业应用平台中,选择"人力资源"中的"薪资管理",打开"打开工资类别"对话框。

②选择"在职人员"工资类别,单击"确定"按钮。

③执行"业务处理"|"扣缴所得税"命令,系统弹出"本月未进行'工资变动'功能或数据有变化,请先进入'工资变动'重新计算数据,否则数据可能不正确"信息提示框。

④单击"确定"按钮,进入"个人所得税扣缴申报表"窗口。

⑤单击"税率"按钮,打开"个人所得税申报表——税率表"对话框。

⑥查看"基数"栏是否为"3 500",如果不是则执行"设置"|"选项"命令,打开"选项"窗口,选择"扣税设置"选项卡,单击"编辑"按钮,打开"个人所得税申报表——税率表"窗口,进行修改后单击"确定"按钮返回。

⑦单击"确定"按钮,返回"个人所得税扣缴申报表"窗口。

⑧单击"退出"按钮退出。

◇ **提示** ◇

系统按操作员编号识别操作员。如果操作员编号所对应的操作员姓名不同,则提示"制单人名与当前操作员名不一致,将使用当前操作员"。如果认可,则单击"确定"按钮确定。

如果单位的扣除费用及税率与国家规定的不一致,可以在个人所得税扣缴申报表中单击"税率"按钮进行修改,修改确认后系统自动重新计算,并将此设置保存到下次修改确认之后。

在"工资变动"中,系统默认以"实发合计"作为扣税基数,所以在执行完个人所得税计算后,需要到"工资变动"中执行"计算"和"汇总"功能,以保证"代扣税"这个工资项目正确地反映单位实际代扣个人所得税的金额。

(2)录入并计算工资数据

第一次使用工资系统必须将所有人员的基本工资数据录入系统。工资数据可以在录入人员档案时直接录入,需要计算的内容再在此功能中进行计算,平时如每月发生的工资数据变动也在此进行调整。

①执行"业务处理"|"工资变动"命令,进入"工资变动"窗口。

②全选后单击"替换"按钮,打开"工资项数据替换"对话框,选择将工资项目"福利补贴"替换成"200"。单击"确定"按钮返回。系统弹出"数据替换后将不可恢复,是否继续?"提示框。单击"是"按钮,系统继续提示"9条记录被替换,是否重新计算?"提示框。单击"是"按钮返回。

③分别录入其他工资项目内容。

④单击"计算"按钮,计算工资数据;单击"汇总"按钮,汇总工资数据,计算全部工资项目内容。

⑤单击"退出"按钮,退出"工资变动"窗口。

◇ 提示 ◇

如果工资数据的变化具有规律性,则可以使用"替换"功能进行成批数据替换。用户输入的替换内容,系统默认为字符型,此处不需要加双引号。

这里只需输入没有进行公式设定的项目,如基本工资、职务补贴和缺勤天数等,其余各项由系统根据计算公式自动计算生成。在修改了某些数据、重新设置了计算公式、进行了数据替换或在个人所得税中执行了自动扣税等操作后,必须调用"计算"和"汇总"功能对个人工资数据重新计算,以保证数据正确。

如果对工资数据只进行了"计算"操作,而未进行"汇总"操作,则退出时系统提示"数据发生变动后尚未进行汇总,是否进行汇总?"如果需要汇总,则单击"是"按钮;否则,单击"否"按钮。

(3)扣缴所得税

系统提供个人所得税自动计算功能,用户只需输入工资数据,并根据职工个人收入的来源构成在系统中定义好计税基数,系统会自动计算出个人所得税并生成个人所得税申报表。当个人所得税的计税方法发生改变或税率调整时,只需要调整系统中个人所得税的计税设置,使其符合实际的计税要求。

①执行"业务处理"|"扣缴所得税"命令,打开"个人所得税申报模板"对话框。

②选择"个人所得税年度申报表",单击"打开"按钮,进入"所得税申报"窗口。

◇ 提示 ◇

系统默认以"实发合计"作为扣税基数。如果用户对"个人所得税扣缴申报表"中的"基数"和"税率"进行了调整,则在调整后必须重新计算个人所得税,否则系统将因保留用户修改个人所得税前的数据状态而出现错误。在执行完个人所得税的计算之后,在"工资变动"界面选择"计算""汇总"选项,以保证"代扣税"这个工资项目能够正确地反映实际代扣个人所得税的金额。

如果要以其他工资项目作为扣税标准,则须在定义工资项目时单独为应税所得设置一个工资项目。例如,增加一个为"扣税基数"的工资项目,该工资项目的"增减项"为"其他",并定义其计算公式。在选择申报表栏目中选择"扣税基数"工资项目为扣缴所得税的"对应工资项目"。

(4)查看银行代发一览表

目前在实际工作中,工资的发放有"现金发放"和"银行代发"两种方式。采用"现金发放"的用户,工资管理系统设置了"工资分钱清单"功能,帮助用户筹划现金提取的票面组合。银行代发业务是指每月末单位向银行提供银行给定文件格式的数据,职工凭工资卡去银行取款。这样做既减轻了财务部门发放工资的繁重工作,又有效地避免了财务去银行提取大笔款项所承担的风险,同时提高了对员工个人工资的保密程度。

①执行"业务处理"|"银行代发"命令,打开"银行文件格式设置"对话框。

②单击"确定"按钮,系统弹出"确认设置的银行文件格式?"信息提示框。

③单击"是"按钮,进入"银行代发一览表"窗口。

3. 工资分摊设置及生成凭证

(1)工资分摊设置

工资是费用中人工费最主要的部分,需要对工资费用进行工资总额的计算、分配及各种经费的计提,并编制转账会计凭证,供登账处理之用。

①执行"业务处理"|"工资分摊"命令,打开"工资分摊"对话框。

②单击"工资分摊设置"按钮,打开"分摊类型设置"对话框。

③单击"增加"按钮,打开"分摊计提比例设置"对话框。

④在"计提类型名称"栏录入"应付工资"。

⑤单击"下一步"按钮,打开"分摊构成设置"对话框。在"分摊构成设置"对话框中,分别选择分摊构成的各个项目内容。

⑥单击"完成"按钮,返回"分摊类型设置"对话框。

⑦单击"增加"按钮,在"计提类型名称"栏录入"应付福利费",在"分摊计提比例"栏录入"14％"。

⑧单击"下一步"按钮,打开"分摊构成设置"对话框,在"分摊构成设置"对话框中分别选择分摊构成的各个项目内容。

⑨单击"完成"按钮,返回"分摊类型设置"对话框。

⑩单击"取消"按钮,暂时不进行分摊的操作。

◇ 提示 ◇

　所有与工资相关的费用及基金均需建立相应的分摊类型名称及分类比例。

　不同部门、相同人员类别可以设置不同的分摊科目。

　不同部门、相同人员类别在设置时,可以一次选择多个部门。

(2)工资分摊并生成转账凭证

工资核算的结果以转账凭证的形式传输到总账系统,在总账系统中可以进行查询、审核、记账等操作,但不能修改或删除;可以通过工资管理系统的凭证查询进行修改、删除和冲销等操作。

①执行"业务处理"|"工资分摊"命令,打开"工资分摊"对话框。

②分别选中"应付工资"及"应付福利费"前的复选框,并单击选中各个部门,选中"明细到工资项目"复选框。

③单击"确定"按钮,进入"应付工资一览表"窗口。

④选中"合并科目相同、辅助项相同的分录"前的复选框。

⑤单击"制单"按钮,选择凭证类别为"转账凭证",单击"保存"按钮。

⑥单击"退出"按钮,返回"应付工资一览表"。

⑦单击"类型"栏的下三角按钮,选择"应付福利费",生成应付福利费分摊转账凭证。

◇ 提示 ◇

工资分摊应按分摊类型依次进行。

在进行工资分摊时,如果不选择"合并科目相同、辅助项相同的分录",则在生成凭证时将每一条分录都对应一个贷方科目;如果单击"批制"按钮,可以一次全部生成所有本次参与分摊的"分摊类型"所对应的凭证。

4. 月末处理

月末处理是将当月数据经过处理后结转至下月。每月工资数据处理完毕后均可进行月末结转。在工资项目中,有的项目是变动的,即每月的数据均不相同,在每月工资处理时,均需将其数据清零,而后输入当月的数据,此类项目即为清零项目。

(1)执行"业务处理"|"月末处理"命令,打开"月末处理"对话框。

(2)单击"确定"按钮,系统提示"月末处理之后,本月工资将不许变动!继续月末处理吗?"

(3)单击"是"按钮,系统提示"是否选择清零项?"

(4)单击"否"按钮,系统提示"月末处理完毕!"

(5)单击"确定"按钮。

◇ 提示 ◇

月末处理只有在会计年度的1~11月进行,且只有在当月工资数据处理完毕后才可进行。如果本月工资数据未汇总,系统将不允许进行月末处理。进行月末处理后,当月数据不允许再变动。

月末处理功能只有账套主管才能执行。

如果处理多个工资类别,则应分别打开工资类别,分别进行月末处理。

在进行月末处理后,如果发现还有一些业务或其他事项要在已进行月末处理的月份进行账务处理,则可以由账套主管以下月日期登录,使用反结账功能,取消已结账标记。

有下列情况之一的,不允许反结账:总账系统已结账;汇总工资类别的会计月份与反结账的会计月份相同,并且包括反结账的工资类别。

本月工资分摊、计提凭证传输到总账系统,如果总账系统已审核并记账,则需做红字冲销后才能反结账;如果总账系统未做任何操作,则只需删除此凭证即可。如果凭证已由出纳或主管签字,应在取消出纳签字或主管签字并删除该张凭证后才能反结账。

5. 账表查询与分析

(1)查看薪资发放条

系统提供的工资报表主要包括"工资发放签名表""工资发放条""部门工资汇总表""人员类别汇总表""部门条件汇总表""条件统计表""条件明细表"及"工资变动明细表"等,主要用于本月工资的发放和统计。工资表可以进行修改和重建。工资发放条是发放工资时交给职工的工资项目清单。

①执行"统计分析"|"账表"|"工资表"命令,打开"工资表"对话框。

②单击选中"工资发放条"。

③单击"查看"按钮,打开"工资发放条"对话框。

④单击选中各个部门,并单击"选定下级部门"前的复选框。

⑤单击"确定"按钮,进入"工资发放条"窗口。

⑥单击"退出"按钮退出。

◇ 提示 ◇

　　工资业务处理完毕后,相关工资报表数据同时生成,系统提供了多种形式的报表反映工资核算的结果。如果对报表的格式不满意,还可以进行修改。

　　系统提供了自定义工资发放打印信息和工资项目打印位置格式的功能,提供固化表头和打印区域范围的"工资套打"格式。

　　(2)查看部门工资汇总表

　　在完成工资业务的处理之后,相关工资报表数据同时生成。用友 ERP-U8 提供了各种形式的报表反映工资核算的结果,报表格式是工资项目按照一定格式由系统设定的。工资汇总表是以工资数据为基础,对部门、人员类别的工资数据进行分析和比较,产生各种分析表,供决策人员使用。

　　①执行"统计分析"|"账表"|"工资表"命令,打开"工资表"对话框。

　　②单击选中"部门工资汇总表",单击"查看"按钮,打开"部门工资汇总表——选择部门范围"对话框。

　　③单击选中各个部门,并单击"选定下级部门"前的复选框。单击"确定"按钮,继续选择。

　　④单击"确定"按钮,进入"部门工资汇总表"窗口。

　　⑤单击"退出"按钮退出。

◇ 提示 ◇

　　部门工资汇总表提供按单位(或各部门)进行工资汇总的查询。

　　可以选择部门级次,可以查询当月部门工资汇总表,也可以查询其他各月的部门工资汇总表。

　　(3)对财务部进行工资项目构成分析

　　①执行"统计分析"|"工资分析表"命令,打开"工资分析表"对话框。

　　②单击"确定"按钮,打开"选择分析部门"对话框。

　　③在"选择分析部门"对话框中,单击选中各个部门。

　　④单击"确定"按钮,打开"分析表选项"对话框。

　　⑤在"分析表选项"对话框中,单击"》"按钮,选中所有薪资项目内容。

　　⑥单击"确定"按钮,进入"工资项目分析表(按部门)"窗口。

　　⑦单击"部门"栏的下三角按钮,选择"财务部",可以查看财务部工资项目的构成情况。

　　⑧单击"退出"按钮退出。

◇ 提示 ◇

　　对于工资项目分析,系统仅提供单一部门的分析表。用户可以在分析界面单击"部门"栏的下三角按钮,查看该部门的工资项目构成分析。

　　(4)查询 6 月份计提"应付福利费"的记账凭证

　　①执行"统计分析"|"凭证查询"命令,打开"凭证查询"对话框。

　　②在"凭证查询"对话框中,单击选中"应付福利费"所在行。

　　③单击"凭证"按钮,打开计提应付福利费的转账凭证。

④单击"退出"按钮退出。

◇ 提示 ◇

　　薪资管理系统中的凭证查询功能可以对薪资管理系统生成的转账凭证进行查询、删除或冲销。在总账系统中,对薪资管理系统中传递过来的转账凭证只能进行查询、审核或记账等操作,而不能进行修改或删除。

　　在凭证查询功能中单击"单据"按钮,可以查看该张凭证所对应的单据。

　　如果要进行工资数据的上报或采集或者进行不同工资类别之间的人员变动,应在"工资数据维护"功能中完成。

　　在"工资数据维护"功能中还可以进行"人员信息复制"及"工资类别汇总"的操作。

第7章 固定资产管理

7.1 固定资产管理系统概述

7.1.1 功能概述

固定资产系统主要完成企业固定资产日常业务的核算和管理,生成固定资产卡片。固定资产卡片还可以关联图片,进行固定资产查询管理,固定资产的各种业务处理(如固定资产购进、折旧、报废等),输出相应的增减变动明细账,按月自动计提折旧,生成折旧分配凭证,输出有关的报表和账簿。其中,资产管理主要包括原始设备的管理、新增资产的管理、资产减少的处理、资产变动的管理等,并提供资产评估及计提固定资产减值准备功能,支持折旧方法的变更。固定资产核算系统可以用于固定资产总值和累计折旧数据的动态管理,协助设备管理部门做好固定资产实体各项指标的管理和分析工作。

固定资产管理系统中资产的增加(录入新卡片)、资产的减少、卡片修改(涉及原值或累计折旧时)、资产评估(涉及原值或累计折旧变化时)、原值变动、累计折旧的调整、计提减值准备调整、转回减值准备调整、折旧分配等,都要将有关数据通过记账凭证的形式传输到总账管理系统,同时通过对账保持固定资产账目与总账的平衡,并可以修改、删除以及查询凭证。固定资产管理系统可以为成本核算系统提供计提折旧有关费用的数据,可以向项目管理系统传递项目的折旧数据,向设备管理系统提供卡片信息,还可以向设备管理导入卡片信息;另外,UFO报表系统也可以通过相应的取数函数从固定资产管理系统中提取分析数据。

7.1.2 固定资产管理系统业务处理流程

固定资产管理系统的基本功能结构如图7-1所示。

1. 初始设置

这是根据用户单位的具体情况,建立一个适合的固定资产子账套的过程,包括固定资产系统参数初始化设置、部门设置、类别设置、使用状况定义、折旧方法定义、卡片项目定义和卡片样式定义等。

2. 卡片管理

固定资产管理在企业中分为两个部分:一是固定资产卡片台账管理,负责登记固定资产增加、减少、折旧、使用部门、是否在用等所有有关固定资产的信息;二是固定资产的会计处理,包括确定固定资产的折旧方法和使用年限、每月计提固定资产折旧、固定资产清理等。系统提供了卡片管理功能,主要从卡片、变动单及资产评估三个方面来实现卡片管理。固定资产卡片是

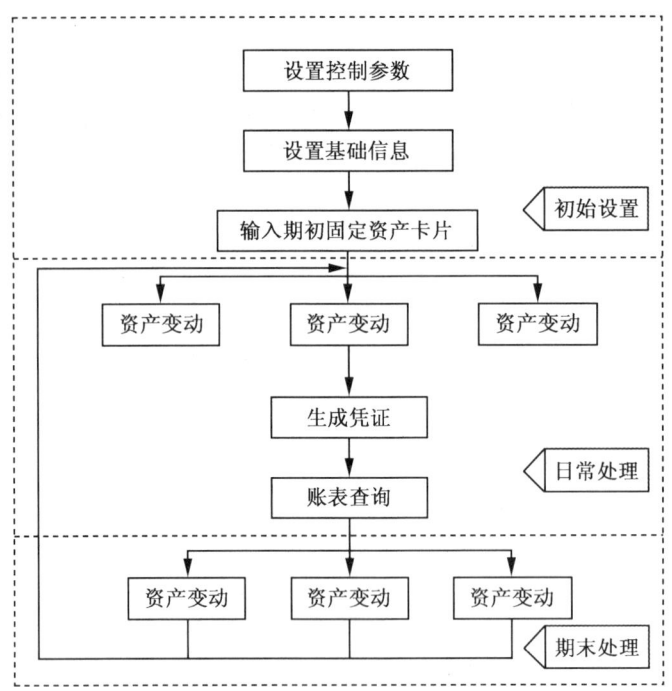

图 7—1   固定资产管理系统的基本功能结构

固定资产核算和管理的基础依据,主要包括卡片录入、卡片修改、卡片删除、资产增加及资产减少等功能。

3. 折旧管理

自动计提折旧形成折旧清单和折旧分配表,按分配表自动制作记账凭证,并传递到总账系统。在对折旧进行分配时,可以在单位和部门之间进行分配。

4. 月末对账结账

月末按照系统初始设置的账务系统接口,自动与账务系统进行对账,并根据对账结果和初始设置决定是否结账。

5. 账表查询

通过"我的账表"对系统所能提供的全部账表进行管理。资产管理部门可以随时查询分析表、统计表、账簿和折旧表,提高资产管理效率;另外,还可以提供固定资产的多种自定义功能。

7.1.3   固定资产管理系统与其他系统的数据关联

固定资产管理系统与系统管理共享基础数据。固定资产管理系统中的资产增加(录入新卡片)、资产减少、卡片修改(涉及原值或累计折旧时)、资产评估(涉及原值或累计折旧变化时)、原值变动、累计折旧调整、计提减值准备调整、转回减值准备调整和折旧分配等都要将有关数据通过记账凭证的形式传输到总账系统,并通过对账保持固定资产账目的平衡。固定资产管理系统可以提供批量制单和汇总制单功能;可以自动生成凭证,在系统内可以对已生成凭证进行修改和删除;可以对已经传输到账务系统的凭证进行查询;可以与总账系统进行对账。固定资产管理系统为成本管理系统和 UFO 提供数据支持,向项目管理系统传递项目的折旧数据,向设备管理系统提供卡片信息,还可以向设备管理导入卡片信息。固定资产管理系统与其他系统之间的接口关系如图7—2所示。

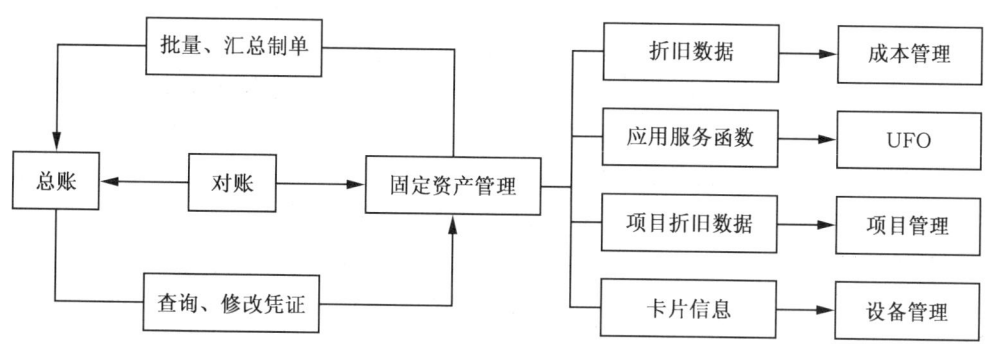

图7—2　固定资产管理系统与其他系统之间的接口关系

7.2　固定资产管理系统初始设置

7.2.1　初始设置

固定资产管理系统初始设置是根据用户单位的具体情况,建立一个适合的固定资产子账套的过程,包括设置控制参数、设置基础数据和输入期初固定资产卡片。

1. 设置控制参数

控制参数包括约定与说明、启用月份、折旧信息、编码方式,以及财务接口等。这些参数在初次启动固定资产管理系统时设置,其他参数可以在"选项"中补充。

2. 设置基础数据

(1)资产类别设置

固定资产的种类繁多、规格不一,要强化固定资产管理,及时、准确地做好固定资产核算,必须科学地设置固定资产的分类,为核算和统计管理提供依据。

(2)部门设置

在部门设置中,可对单位的各部门进行设置,以便确定资产的归属。在企业应用平台的基础设置中,部门设置是共享的。

(3)部门对应折旧科目设置

对应折旧科目是指折旧费用的入账科目。资产计提折旧后必须把折旧归入成本或费用,根据不同企业的具体情况,有按部门归集的,也有按类别归集的。部门对应折旧科目的设置就是给每个部门选择一个折旧科目,这样在输入卡片时,该科目自动添入卡片中,不必一个一个输入。如果对某一上级部门设置了对应的折旧科目,下级部门则继承上级部门的设置。

(4)增减方式设置

增减方式包括增加方式和减少方式两类。系统内置的增加方式有直接购买、投资者投入、捐赠、盘盈、在建工程转入和融资租入。系统内置的减少方式有出售、盘亏、投资转出、捐赠转出、报废、毁损和融资租出。用友软件系统将固定资产的增减方式设置为两级,也可以根据需要自行增加。

(5)折旧方法设置

折旧方法设置是系统自动计算折旧的基础。系统提供了常用的6种折旧方法,即不提折旧、工作量法、年数总和法、双倍余额递减法和两种平均年限法,并列出了它们的折旧计算公式。这几种方法是系统默认的折旧方法,只能选用,不能删除和修改。另外,可能由于各种原因,这几种方法不能满足需要,系统提供了折旧方法的自定义功能。

3. 输入期初固定资产卡片

固定资产卡片是固定资产核算和管理的基础依据,为保持历史资料的连续性,必须将建账日期之前的数据输入系统。原始卡片的输入不限制必须在第一个期间结账前,任何时候都可以输入。

7.2.2 日常处理

日常处理主要包括资产增减、资产变动、资产评估、资产盘点、生成凭证和账簿管理。

1. 资产增减

资产增加是指购进或通过其他方式增加企业资产。资产增加需要输入一张新的固定资产卡片,与固定资产期初输入相对应。资产减少是指资产在使用过程中由于各种原因,如毁损、出售、盘亏等退出企业,此时要做资产减少处理。资产减少需要输入资产减少卡片并说明减少的原因。

只有当账套开始计提折旧后,才可以使用资产减少功能,否则减少资产只有通过删除卡片来完成。对于误减少的资产,可以使用系统提供的纠错功能恢复。只有当月减少的资产才可以恢复。如果资产减少操作已制作凭证,则必须删除凭证后才能恢复。只要卡片未被删除,就可以通过卡片管理中的"已减少资产"来查看减少的资产。

2. 资产变动

资产的变动包括原值变动、部门转移、使用状况变动、使用年限调整、折旧方法调整、净残值(率)调整、工作总量调整、累计折旧调整、资产类别调整和变动单管理。其他项目的修改,如名称、编号、自定义项目等的变动等可直接在卡片上进行。资产变动要求输入相应的"变动单"来记录资产调整结果。

(1)原值变动

资产在使用过程中,其原值增减有5种情况:根据国家规定对固定资产重新估价,增加补充设备或改良设备,将固定资产的一部分拆除,根据实际价值调整原来的暂估价值,原记录固定资产价值有误。原值变动包括原值增加和原值减少两个部分。

(2)部门转移

资产在使用过程中,因内部调配而发生的部门变动应及时处理,否则将影响部门的折旧计算。

(3)使用状况调整

资产使用状况分为在用、未使用、不需用、停用和封存5种。资产在使用过程中,可能会因为某种原因使资产的使用状况发生变化,这种变化会影响设备折旧的计算,应及时调整。

（4）使用年限调整

在使用过程中,资产的使用年限可能会由于资产的重估、大修等原因而调整。进行使用年限调整的资产在调整的当月就按调整后的使用年限计提折旧。

（5）折旧方法调整

一般来说,资产折旧方法一年之内很少改变,但如有特殊情况需改变的可以调整。

（6）变动单管理

变动单管理可以对系统制作的变动单进行查询、修改、制单和删除等处理。

在用友 ERP-U8 软件固定资产管理系统中,本月录入的卡片和本月增加的资产不允许进行变动处理,而只能在下月进行。

3. 资产评估

用友 ERP-U8 管理系统提供对固定资产评估作业的管理,主要包括如下步骤:将评估机构的评估数据手工录入或定义公式录入系统,根据国家要求手工录入评估结果或根据定义的评估公式生成评估结果。

4. 资产盘点

用友 ERP-U8 管理系统提供对固定资产盘点的管理,主要包括如下步骤:在卡片管理中打印输出固定资产盘点单;在资产盘点中选择按部门或按类别等对固定资产进行盘点,录入盘点数据,与账面记录的盘点单相核对,查核资产的完整性;对盘点单的管理。

5. 生成凭证

固定资产管理系统和总账管理系统之间存在着数据的自动传输,这种传输是由固定资产管理系统通过记账凭证向总账管理系统传递有关数据如资产增加、减少、累计折旧调整以及折旧分配等记账凭证。制作记账凭证可以采取"立即制单"或"批量制单"的方法实现。

6. 账簿管理

可以通过系统提供的账表管理功能,及时掌握资产的统计、汇总和其他各方面的信息。账表包括账簿、折旧表、统计表和分析表 4 类。如果所提供的报表种类不能满足需要,系统还提供了自定义报表功能,可以根据实际要求进行设置。

（1）账簿

系统自动生成的账簿有(单个)固定资产明细账、(部门、类别)固定资产明细账、固定资产登记簿和固定资产总账。这些账簿以不同方式序时地反映了资产变化情况,在查询过程中可联查某时期(部门、类别)明细及相应原始凭证,从而获得所需财务信息。

（2）折旧表

系统提供了 4 种折旧表:(部门)折旧计提汇总表、固定资产折旧计算明细表以及两种固定资产及累计折旧表。通过该类表可以掌握本企业所有资产本期、本年乃至某部门计提折旧及其明细情况。

（3）统计表

统计表是出于管理资产的需要,按管理目的统计数据。系统提供了 7 种统计表,即固定资产原值一览表、固定资产统计表、评估汇总表、评估变动表、盘盈盘亏报告表、逾龄资产统计表和役龄资产统计表。

（4）分析表

分析表主要通过对固定资产的综合分析，为管理者提供管理和决策依据。系统提供了 4 种分析表，即价值结构分析表、固定资产使用状况分析表、部门构成分析表和类别构成分析表。管理者可以通过这些表了解本企业资产计提折旧的程度和剩余价值的大小。

7.3　固定资产管理系统期末处理

固定资产管理系统的期末处理工作主要包括计提减值准备、计提折旧、对账和月末结账等。

7.3.1　计提减值准备

企业应当在期末或至少在每年年度终了，对固定资产逐项进行检查，如果由于市价持续下跌或技术陈旧等原因导致其可回收金额低于账面价值的，应当将可回收金额低于账面价值的差额作为固定资产减值准备。固定资产减值准备必须按单项资产计提。若已计提的固定资产价值又得以恢复的，应在原计提的减值准备范围内转回。

7.3.2　计提折旧

自动计提折旧是固定资产管理系统的主要功能之一。可以根据录入系统的资料，利用系统提供的"折旧计提"功能，对各项资产每期计提一次折旧，并自动生成折旧分配表，然后制作记账凭证，将本期的折旧费用自动登账。

当开始计提折旧时，系统将自动计提所有资产的当期折旧额，并将当期折旧额自动累加到累计折旧项目中。计提工作完成后，需要进行折旧分配，形成折旧费用，系统除了自动生成折旧清单外，还生成折旧分配表，从而完成本期折旧费用的登账工作。

系统提供的折旧清单显示了所有应计提折旧所计提的折旧数额。

折旧分配表是制作记账凭证，把计提折旧额分配到有关成本和费用的依据。折旧分配表有两种类型：类别折旧分配表和部门折旧分配表。生成折旧分配表由"折旧汇总分配周期"决定，因此，制作记账凭证要在生成折旧分配表后进行。

计提折旧应遵循以下原则：

第一，在一个期间内可以多次计提折旧，每次计提折旧后，只是将计提的折旧累加到月初的累计折旧上，不会重复累计。

第二，若上次计提折旧已制单并传递到总账管理系统，则必须删除该凭证才能重新计提折旧。

第三，计提折旧后又对账套进行了影响折旧计算或分配的操作的，必须重新计提折旧，否则系统不允许结账。

第四，若自定义折旧方法下月折旧率或月折扣率出现负数，系统将自动中止计提。

第五，资产的使用部门和资产折旧要汇总的部门可能不同，为了加强资产管理，使用部门必须是明细部门，而折旧分配部门不一定要分配到明细部门，不同单位的处理可能不同，因此要在计提折旧后分配折旧费用时做出选择。

7.3.3 对账

只有初次启动固定资产的参数设置或选项中的参数设置选择了"与账务系统对账"参数，才可使用本系统的对账功能。

为保证固定资产管理系统的资产价值与总账管理系统中"固定资产"科目的数值相等，可随时使用对账功能对两个系统进行审查。系统在执行月末结账时自动对账一次，并给出对账结果。

7.3.4 月末结账

当固定资产管理系统完成了本月全部制单业务后，可以进行月末结账。月末结账每月进行一次，结账后当期数据不能修改。若有错必须修改，可通过系统提供的"恢复月末结账前状态"功能反结账，再进行相应修改。

由于成本系统每月从本系统提取折旧费数据，因此，一旦成本系统提取了某期的数据，该期就不能反结账。

本期不结账将不能处理下期的数据。结账前一定要进行数据备份，否则数据一旦丢失将造成无法挽回的后果。

实验五　固定资产管理系统

【实验目的】

(1)系统学习固定资产系统初始化、日常业务处理的主要内容和操作方法。

(2)掌握输入固定资产卡片的方法；掌握固定资产增加、减少、变动的操作方法和要求。

(3)掌握固定资产折旧的处理过程及操作方法。

(4)了解固定资产账套的内容及作用，熟悉固定资产月末结账及对账的操作方法。

(5)了解固定资产管理系统与其他系统的主要关系。

【实验内容】

(1)固定资产管理系统初始设置：建立固定资产子账套、固定资产管理系统参数设置、录入固定资产原始卡片等。

(2)修改固定资产卡片、增加固定资产。

(3)折旧处理。

(4)生成增加固定资产的记账凭证。

(5)对账与结账。

(6)账表管理：将系统日期修改为"2013/07/01"，由"Lt002 孙闯"注册进入"固定资产"系统。

(7)计提折旧。

(8)固定资产减少。

(9)固定资产变动。

(10)批量制单。

【实验要求】

(1)修改系统日期为"2013/06/01"。引入"实验一"账套数据,由"Lt001 赵亮"注册进入企业应用平台,启用固定资产系统。

(2)由"Lt002 孙闯"进行固定资产管理系统的具体业务操作。

【实验案例】

1. 固定资产管理系统初始设置

(1)"123"账套固定资产系统的参数

固定资产账套的启用时间为"2013/06/01",固定资产采用"平均年限法(一)"计提折旧,折旧总分配周期为 1 个月;当月初已计提月份=可使用月份-1 时,将剩余折旧提足。固定资产编码方式为"2-1-1-2";固定资产采用自动编码方式,即"类别编码+序号",序号长度为"5"。要求固定资产系统与总账进行对账,固定资产对账科目为"1601 固定资产",累计折旧对账科目为"1602 累计折旧",在对账不平衡的情况下不允许固定资产月末结账。

(2)固定资产选项设置

设置与财务系统的接口:固定资产缺省入账科目为 1601,累计折旧缺省入账科目为 1602。

(3)部门对应折旧科目(如表 7-1 所示)

表 7-1   部门对应折旧科目

部门名称	折旧科目
行政管理部门	管理费用——折旧费(660207)
总经理室	管理费用——折旧费(660207)
行政部	管理费用——折旧费(660207)
人力资源部	管理费用——折旧费(660207)
财务部	管理费用——折旧费(660207)
业务经营部门	销售费用——折旧费(660105)
销售部	销售费用——折旧费(660105)
采购部	销售费用——折旧费(660105)
库存部	制造费用——折旧费(660207)
生产部门	制造费用——折旧费(510101)
车间主任室	制造费用——折旧费(510101)
生产车间	制造费用——折旧费(510101)

(4)固定资产类别(如表 7-2 所示)

表 7-2   固定资产类别

类别编码	类别名称	使用年限	净残值率	计提属性	折旧方法	卡片样式
01	房屋及建筑物	30	2%	正常计提	平均年限法(一)	通用样式
011	办公楼	30	2%	正常计提	平均年限法(一)	通用样式

续表

类别编码	类别名称	使用年限	净残值率	计提属性	折旧方法	卡片样式
012	厂房	30	2%	正常计提	平均年限法（一）	通用样式
02	机器设备				平均年限法（一）	通用样式
021	生产线	10	3%	正常计提	平均年限法（一）	通用样式
022	办公设备	5	3%	正常计提	平均年限法（一）	通用样式

（5）固定资产增减方式（如表 7-3 所示）

表 7-3　　　　　　　　　　　　　固定资产增减方式

增加方式	对应入账科目	减少方式	对应入账科目
直接购入	银行存款——工行存款（100201）	出售	固定资产清理（1606）
盘盈	待处理财产损溢——待处理固定资产损溢（190102）	盘亏	待处理财产损溢——待处理固定资产损溢（190102）
投资者投入	实收资本（4001）	投资转出	长期股权投资——其他股权投资（151102）
捐赠	营业外收入（6301）	捐赠转出	固定资产清理（1606）
在建工程转入	在建工程（1604）	报废	固定资产清理（1606）

（6）固定资产原始卡片（如表 7-4 所示）

表 7-4　　　　　　　　　　　　　固定资产原始卡片

卡片编号	00001	00002	00003	00004	00005
固定资产编号	01100001	01200001	02100001	02100002	02200001
固定资产名称	1 号楼	2 号楼	A 生产线	B 生产线	计算机
类别编号	011	012	021	021	022
类别名称	办公楼	厂房	生产线	生产线	办公设备
使用部门	人力资源部	生产车间	生产车间	生产车间	财务部
增加方式	在建工程转入	在建工程转入	在建工程转入	在建工程转入	直接购入
使用状况	在用	在用	在用	在用	在用
使用年限	30 年	30 年	10 年	10 年	5 年
折旧方法	平均年限法（一）	平均年限法（一）	平均年限法（一）	平均年限法（一）	平均年限法（一）
开始使用日期	2009/05/18	2010/07/01	2010/08/20	2010/07/14	2012/06/01
币种	人民币	人民币	人民币	人民币	人民币
原值	2 528 000	2 550 000	1 452 900.99	1 250 000	20 000
净残值率	2%	2%	3%	3%	3%
净残值	50 560	51 000	43 587.03	37 500	600

续表

累计折旧	130 325.2	126 600	128 260	137 589.92	3 880
月折旧率	0.002 7	0.002 7	0.008 1	0.008 1	0.016 2
月折旧额	6 825.6	6 885	11 768.5	10 125	324
净值	2 397 674.8	2 423 400	1 324 640.99	1 112 410.08	16 120
对应折旧科目	管理费用——折旧费	制造费用——折旧费	制造费用——折旧费	制造费用——折旧费	管理费用——折旧费

2. 固定资产管理系统业务处理

(1)修改固定资产卡片

2013 年 6 月 15 日,将卡片编号为"00003"的固定资产(A 生产线)的使用状况由"在用"修改为"大修理停用"。

(2)新增固定资产

2013 年 6 月 15 日,直接购入并交付销售部使用一台计算机,预计使用年限为 5 年,原值为10 000元,净残值为 3%,采用"年数总和法"计提折旧。

(3)减少固定资产

2013 年 7 月 20 日,将财务部使用的计算机"00005"号固定资产捐赠给希望工程。

(4)固定资产变动

2013 年 7 月 28 日,根据企业需要,将卡片号码为"00004"号的固定资产(B 生产线)的折旧方法由"平均年限法(一)"更改为"工作量法",工作总量为60 000小时,累计工作量为10 000小时。

【实验指导】

1. 初始设置

(1)启用固定资产管理系统

①执行"开始"|"用友 ERP-U8"|"企业应用平台"命令,打开"登录"对话框。

②输入操作员"Lt001",输入密码"001",在"账套"下拉列表中选择"长春市灵通电器有限公司",更改操作日期为"2013/06/01",单击"确定"按钮进入企业应用平台。

③执行"基础设置"|"基本信息"|"系统启用"命令,打开"系统启用"对话框,选中"FA固定资产"复选框,弹出"日历"对话框,选择薪资管理系统启用日期"2013/06/01",单击"确定"按钮,系统弹出"确实要启用当前系统吗?"信息提示对话框,单击"是"按钮,打开固定资产"初始化账套向导"对话框。

(2)建立固定资产账套

①在用友 ERP-U8 企业应用平台中,选择"财务会计"中的"固定资产",系统弹出"这是第一次打开此账套,还未进行过初始化,是否进行初始化?"信息提示对话框。

②单击"是"按钮,打开"固定资产初始化向导——约定及说明"对话框。

③选中"我同意"单选按钮,单击"下一步"按钮,打开"固定资产初始化向导——启用月份"对话框。

④单击"下一步"按钮,打开"固定资产初始化向导——折旧信息"对话框。

⑤选择主要折旧方法为"平均年限法(一)",单击"下一步"按钮,打开"固定资产初始化向导——编码方式"对话框,选择固定资产编码方式为"自动编码"和"类别编码＋序号",序号长度为"5"。

⑥单击"下一步"按钮,打开"固定资产初始化向导——财务接口"对话框。

⑦在"固定资产对账科目"栏录入"1601",在"累计折旧对账科目"栏录入"1602"。

⑧单击"下一步"按钮,打开"固定资产初始化向导——完成"对话框。

⑨单击"完成"按钮,系统弹出"已经完成了新账套的所有设置工作,是否确定所设置的信息完全正确并保存对新账套的所有设置?"信息提示对话框。

⑩单击"是"按钮,系统提示"已成功初始化本固定资产账套!"单击"确定"按钮,固定资产建账完成。

◇ **提 示** ◇

在"固定资产初始化向导——启用月份"中所列示的启用月份只能查看,不能修改。启用日期确定后,在该日期前的所有固定资产都将作为期初数据,从启用月份开始计提折旧。

在"固定资产初始化向导——折旧信息"中,当月初已计提月份＝可使用月份－1时,将剩余折旧全部提足是指除工作量法外,只要上述条件满足,则该月折旧额＝净值－净残值,并且不能手工修改;如果不选该项,则该月不提足折旧,并且可手工修改;但如果以后各月按照公式计算的月折旧率或折旧额是负数时,认为公式无效,令月折旧率＝0,月折旧额＝净值－净残值。

固定资产编码方式包括"手工输入"和"自动编码"两种方式。自动编码方式包括"类别编号＋序号""部门编号＋序号""类别编号＋部门编号＋序号""部门编号＋类别编号＋序号"。类别编号中的序号长度可自由设定为1～5位。

资产类别编码方式设定后,一旦某一级设置类别,则该级的长度不能修改,未使用过的各级长度可以修改。每一个账套的自动编码方式只能选择一种,一旦设定则该自动编码方式不得修改。

固定资产对账科目和累计折旧对账科目应与账务系统内对应科目一致。

对账不平不允许结账是指存在对应的账务账套的情况下,本系统在月末结账前自动执行一次对账,给出对账结果;如果不平,说明两系统出现偏差,应予以调整。

固定资产初始化设置完成后,需要对账套中的某些参数进行修改时,可以在固定资产管理系统下的"选项"使用"编辑"功能进行修改。如果要对某些必须修改的错误设置进行改正,则只能通过执行固定资产管理系统的"工具"|"重新初始化账套功能"命令实现,该操作将清空对该子账套所做的一切工作。

(3)设置选项

①执行"设置"|"选项"命令,打开"选项"对话框。

②单击"编辑"按钮,单击"与财务系统接口"选项卡,设置固定资产默认入账科目为"1601",累计折旧默认入账科目为"1602"。

③单击"确定"按钮返回。

(4)设置部门对应折旧科目

固定资产管理系统中的部门和在企业应用平台的基础设置中的部门设置是共享的。在部门设置中可以对单位的各部门进行设置,以便确定资产的归属。对应折旧科目是指折旧费用的入账科目。资产计提折旧后必须把折旧归入成本或费用,根据不同企业的具体情况,有按部门归集的,也有按类别归集的。部门对应折旧科目设置的目的:一是为了在录入固定资产原始卡片时,由系统直接生成对应折旧科目的内容自动填入卡片中,减少手工录入的工作量;二是为了在生成部门折旧分配表时由系统自动按照部门折旧科目汇总,从而生成记账凭证。

①执行"设置"|"部门对应折旧科目"命令,进入"部门编码表——列表视图"窗口。

②选择"人事部"所在行,单击"修改"按钮,打开"部门编码表——单张视图"窗口(也可以直接选中部门编码目录中的人事部,单击"单张视图"选项卡,再单击"修改"按钮)。

③在"折旧科目"栏录入或选择"660207"。

④单击"保存"按钮。

用此方法继续录入其他部门对应的折旧科目。

◇ 提示 ◇

　　系统录入卡片时,只能选择明细部门,所以设置折旧科目也只有给细级设置才有意义。如果某一上级部门设置了对应的折旧科目,则下级部门继承上级部门的设置。

　　当为销售部设置对应的折旧科目为"6601 销售费用"时,系统会提示"是否将销售部的所有下级部门的折旧科目替换为'销售费用'? 如果选择"是",请在成功保存后单击'刷新'按钮查看"。单击"是"按钮,将销售部的两个下级部门的折旧科目一并设置完成。

　　设置部门对应的折旧科目时,必须选择末级会计科目。设置上级部门的折旧科目,则下级部门可以自动继承,也可以选择不同的科目,即上下级部门的折旧科目可以相同,也可以不同。

(5)设置固定资产类别

固定资产类别设置是指在系统中定义固定资产的分类编码和相应的分类名称。固定资产的种类繁多、规格不一,要强化固定资产管理,及时、准确地做好固定资产核算,必须科学地设置固定资产分类,为核算和统计管理提供依据。

①执行"设置"|"资产类别"命令,打开"类别编码——列表视图"窗口。

②单击"增加"按钮,打开"类别编码——单张视图"窗口。

③在"类别名称"栏录入"房屋及建筑物",在"使用年限"栏录入"30",在"净残值率"栏录入"2"。

④单击"保存"按钮,继续录入 02 号资产的类别名称"机器设备",单击"保存"按钮。

⑤单击"放弃"按钮,系统提示"是否取消本次操作",单击"是"按钮返回"类别编码——列表视图"窗口。

⑥单击选中"固定资产分类编码表"中的"01 房屋及建筑物"分类,再单击"增加"按钮,在"类别名称"栏录入"办公楼"。

⑦单击"保存"按钮。

用此方法继续录入其他固定资产分类。

◇ 提示 ◇

　　应先建立上级固定资产类别后再建立下级类别。由于在建立上级类别"房屋与建筑物"时就设置了使用年限、净残值率,其下级类别如果与上级类别设置相同,则自动继承不用修改;如果下级类别与上级类别设置不同,则可以修改。

　　资产类别编码不能重复,同一级的类别名称不能相同,类别编码、名称、计提属性及卡片样式不能为空。

　　非明细类别编码不能修改或删除,明细类别编码修改时只能修改本级的编码。

　　使用过的类别的计提属性不能修改。

　　系统已使用的类别不允许增加下级或删除。

　　(6)设置固定资产的增减方式

　　增减方式对应入账科目是指在发生固定资产增减变化时,在会计分录中与固定资产科目相对应的入账科目。增减方式包括增加方式和减少方式两类。系统内置的增加方式有直接购入、投资者投入、捐赠、盘盈、在建工程转入和融资租入 6 种。系统内置的减少方式有出售、盘亏、投资转出、报废、毁损和融资租出 6 种。用友软件系统固定资产的增减方式可以设置两级,也可以根据需要自行增加。

　　①执行"设置"│"增加方式"命令,打开"增减方式——列表视图"窗口。

　　②单击选中"直接购入"所在行,再单击"修改"按钮,打开"增减方式——单张视图"窗口,在"对应入账科目"栏录入"100201"。

　　③单击"保存"按钮。

　　用此方法继续设置其他增减方式对应的入账科目。

　　◇ 提示 ◇

　　在资产增减方式中设置的对应入账科目是生成凭证时默认的。

　　因为本系统提供的报表中有固定资产盘盈盘亏表,所以增减方式中"盘盈、盘亏、毁损"不能修改或删除。

　　非明细增减方式不能删除,已使用的增减方式不能删除。

　　生成凭证时,如果入账科目发生了变化,可以即时修改。

　　(7)录入固定资产原始卡片

　　固定资产卡片是固定资产核算和管理的基础依据,主要包括卡片录入、卡片修改、卡片删除、资产增加及资产减少等功能。为保持历史资料的连续性,必须将建账日期之前的原始卡片输入系统中。原始卡片不限制必须在第一个期间结账前输入,任何时间都可以输入。

　　①执行"卡片"│"录入原始卡片"命令,打开"固定资产类别档案"对话框。

　　②选择"011 办公楼"前的复选框,回车后进入"固定资产卡片【录入原始卡片:00001 号卡片】"窗口。

　　③在"固定资产名称"栏录入"1 号楼",单击部门名称栏,再单击"部门名称"按钮,打开"固定资产——本资产部门使用方式"对话框。

　　④单击"确定"按钮,打开"部门参照"窗口。

　　⑤选择"人事部",双击确认。

　　⑥单击"增加方式"栏,再单击"增加方式"按钮,打开"固定资产增减方式"对话框,选择"105 在建工程转入",双击确认。

　　⑦单击"使用状况"栏,再单击"使用状况"按钮,打开"使用状况参照"对话框,默认"在用",单击"确定"按钮。

⑧在"开始使用日期"栏录入"2009－05－18"，在"原值"栏录入"528000"，在"累计折旧"栏录入"48443"。

⑨单击"保存"按钮，系统提示"数据成功保存！"

⑩单击"确定"按钮。

用此方法继续录入其他固定资产卡片。

◇ 提示 ◇

　　卡片编号由系统根据初始化时定义的编码方案自动设定，不能修改。当删除一张卡片而又不是最后一张卡片时，系统将保留空号。与计算折旧有关的项目输入后，系统会按照输入的内容将本月应提的折旧额显示在"月折旧额"项目内，可将该值与手工计算的值相比较，核对是否有错误。

　　系统将根据开始使用日期自动算出已计提月份，但可以修改，将使用期间停用等不计提折旧的月份扣除。

　　在固定资产卡片界面中，除"固定资产"主卡片外，还有若干附属选项卡。附属选项卡上的信息只供参考，不参与计算，也不回溯。

　　在执行原始卡片录入或资产增加功能时，可以为一个资产选择多个使用部门。

　　当资产为多部门使用时，原值、累计折旧等数据可以在多部门间按设置的比例分摊。

　　单个资产对应多个使用部门时，卡片上的对应折旧科目处不能输入，默认为选择使用部门时设置的折旧科目。其中，"开始使用日期"必须采用 YYYY－MM－DD 的形式输入，只有"年"和"月"对折旧的计提有影响，"日"不会影响折旧的计提，但也必须输入。

2．日常业务处理

（1）修改固定资产卡片

①执行"卡片"｜"卡片管理"命令，进入"卡片管理"窗口。

②单击选中"00003"所在行，再单击"修改"按钮进入"固定资产卡片【编辑卡片：0003 号卡片】"窗口。

③单击"使用状况"栏，再单击"使用状况"按钮，打开"使用状况参照"对话框。

④单击选中"1004 大修理停用"，单击"确定"按钮。

⑤单击"保存"按钮，系统提示"数据成功保存！"

⑥单击"确定"按钮返回卡片管理窗口。

◇ 提示 ◇

　　当发现卡片有录入错误，或在资产使用过程中有必要修改卡片的一些内容时，可以通过卡片修改功能实现，这种修改为无痕迹修改。

　　原始卡片的原值、使用部门、工作总量、使用状况、累计折旧、净残值（率）、折旧方法、使用年限和资产类别在没有做变动单或评估单的情况下，在录入当月可以无痕迹修改；如果做过变动单，只有删除变动单才能无痕迹修改；若各项目做过一次月末结账，则只能通过变动单或评估单调整，不能通过卡片修改功能改变。

　　通过资产增加录入系统的卡片，在没有制作凭证和变动单、评估单的情况下，录入当月可以无痕迹修改；如果做过变动单，只有删除变动单才能无痕迹修改；如果已制作凭证，要修改原值或累计折旧，必须删除凭证后才能无痕迹修改。卡片上的其他项目，任何时候均可以无痕迹修改。

　　非本月录入的卡片，不能删除。

固定资产系统采用严格的序时管理,序时到日,也就是当以某个日期进行编辑后,以后的编辑必须在此日期之前;删除则相反,必须删除后序工作才能删除前一步工作。

卡片做过一次月末结账后不能删除,做过变动单或评估单的卡片删除时会提示先删除相关变动单或评估单。

（2）增加固定资产

资产增加是指购进或通过其他方式增加企业资产。资产增加需要输入一张新的固定资产卡片再进行凭证处理,与固定资产期初的原始卡片输入相对应。增加资产是通过"录入原始卡片"的方式录入还是通过"资产增加"的方式录入,取决于所增加的资产在本企业开始使用的日期。只有在资产开始使用期间录入的期间相等时,资产才能通过"资产增加"方式录入。

①执行"卡片"|"资产增加"命令,打开"资产类别参照"对话框。

②双击"022 办公设备"进入"固定资产卡片【新增资产:00006 号卡片】"窗口。

③在"固定资产名称"栏录入"计算机",选择使用部门为"销售部"、增加方式为"直接购入"、使用状况为"在用"、折旧方法为"年数总和法",在原值栏录入"10000"。

④单击"保存"按钮,系统提示"数据成功保存!"

⑤单击"确定"按钮,单击"退出"按钮退出。

◇ 提示 ◇

原值录入的必须是卡片录入月初的价值,否则将会出现计算错误。

新卡片录入的第一个月不提折旧,折旧额为空或为零。

如果录入的累计折旧、累计工作量大于零,说明是旧资产,该累计折旧或累计工作量是进入本单位前的值。

已计提月份必须严格按照该资产在其他单位已经计提或估计已计提的月份数,不包括使用期间停用等不计提折旧的月份,否则将不能正确计算折旧。

只有当资产开始计提旧后才可以使用资产减少功能;否则,减少资产只有通过删除卡片来完成。

只有在固定资产系统下选择"设置"|"选项"|"业务发生后立即制单"选项,系统才会在新增固定资产卡片之后自动弹出"填制凭证"对话框;否则,必须在固定资产系统下选择"处理"|"批量制单"选项进行凭证处理。单击"保存"按钮即可保存新增的资产。

（3）计提固定资产折旧

在固定资产系统中,折旧核算是由系统自动计算、自动进行折旧分配、自动生成记账凭证的。可以根据录入系统的资料,利用系统提供的"计提折旧"功能,对各项资产每期计提一次折旧,并自动生成折旧分配表,然后制作记账凭证,将本期的折旧费用自动登账。影响折旧计提的因素包括原值、减值准备、累计折旧、净产值（率）、折旧方法、使用年限和使用状况。

当开始计提折旧时,系统将自动计提所有资产当期的折旧额,并将当期的折旧额自动累加到累计折旧项目中。计提工作完成后,需要进行折旧分配,形成折旧费用。系统除了自动生成折旧清单外,同时生成折旧分配表,从而完成本期折旧费用的登账工作。系统提供的折旧清单显示了所有应计提折旧资产所计提的折旧数额。

①执行"处理"|"计提本月折旧"命令,系统弹出"是否要查看折旧清单?"信息提示框。

②单击"是"按钮,系统提示"本操作将计提本月折旧,并花费一定时间,是否继续?"

③单击"是"按钮,打开"折旧清单"窗口。

④单击"退出"按钮,打开"折旧分配表"窗口。

⑤单击"凭证"按钮,生成一张记账凭证。

⑥修改凭证类别为"转账凭证"。

⑦单击"保存"按钮,凭证左上角出现"已生成"字样,表示凭证已传递到总账。

⑧单击"退出"按钮退出。

◇ 提示 ◇

计提折旧功能对各项资产每期计提一次折旧,并自动生成折旧分配表,然后制作记账凭证,将本期的折旧费用自动登账。

部门转移和类别调整的资产当月计提的折旧分配到变动后的部门和类别。

在一个期间内可以多次计提折旧,每次计提折旧后,只是将计提的折旧累加到月初的累计折旧,不会重复累计。

若上次计提折旧已制单并已传递到总账系统,则必须删除该凭证才能重新计提折旧。

若自定义的折旧方法月折旧率或月折旧额出现负数,系统将自动中止计提。

若计提折旧后又对账套进行影响折旧计算或分配的操作,则必须重新计提折旧,否则系统不允许结账。

资产的使用部门和资产折旧要汇总的部门可能不同,为了加强资产管理,使用部门必须是明细部门,而折旧分配部门不一定分配到明细部门,不同单位的处理可以不同,因此要在计提折旧后分配折旧费用时做出选择。

在"折旧费用分配表"界面,可以单击"制单"按钮制单,也可以后利用"批量制单"功能进行制单。

折旧分配表是制作记账凭证,把计提折旧额分配到有关成本和费用的依据。折旧分配表有两种类型:类别折旧分配表和部门折旧分配表。生成折旧分配表由"折旧汇总分配周期"决定,因此,制作记账凭证要在生成折旧分配表后进行。

(4)生成增加固定资产的记账凭证

固定资产管理系统和总账管理系统之间存在着数据的自动传输,这种传输是由固定资产管理系统通过记账凭证向总账管理系统传递有关数据的,如资产增加、减少、累计折旧调整以及折旧分配等记账凭证。制作记账凭证可以采取"立即制单"或"批量制单"的方法实现。

①执行"处理"│"批量制单"命令,打开"批量制单——制单选择"对话框。

②单击"全选"按钮或双击"选择"栏,选中要制单的业务。

③单击"制单设置"选项卡,查看制单科目设置。

④单击"制单"按钮,修改凭证类别为"付款凭证",分别在第一行和第二行摘要栏录入"购入电脑"。

⑤单击"保存"按钮。

⑥单击"退出"按钮退出。

◇ **提示** ◇

批量制单功能可以同时将一批需要制单的业务连续制作凭证传递到总账系统。凡是业务发生时没有制单的，该业务自动排列到批量制单表中，表中列示应制单而没有制单的业务发生日期、类型、原始单据编号、默认的借贷方科目和金额以及制单选择标志。

如果选择"业务发生时立即制单"，则摘要根据业务情况自动输入；如果使用批量制单方式，则摘要为空，需要手工输入。

修改凭证时，能修改的内容仅限于摘要、用户自行增加的凭证分录、系统默认的分录的折旧科目，而系统默认的分录的金额与原始单据金额不能修改。

（5）对账

为保证固定资产管理系统的资产价值与总账管理系统中固定资产科目的数值相等，可随时使用对账功能对两个系统进行审查（对账的操作不受时间限制）。系统在执行月末结账时自动对账一次，并给出对账结果。

①执行"处理"|"对账"命令，打开"与账务对账结果"对话框。

②单击"确定"按钮。

◇ **提示** ◇

只有初次启动固定资产的参数设置，或选项中的参数设置选择了"与账务系统进行对账"参数，才能使用本系统的对账功能。

如果对账不平，需要根据初始化是否选中"在对账不平情况下允许固定资产月末结账"来判断是否可以进行结账处理。

本期增加一台电脑，原值为 10 000 元，已经在固定资产系统填制了记账凭证并传递到了总账系统，但是总账系统尚未记账，所以出现相差 10 000 元原值的结果。

在固定资产系统中已经计提了折旧，但尚未在总账系统中记账，因此出现了折旧的差额，应在总账系统中将固定资产系统生成的凭证审核并记账完毕后再次对账。

（6）将固定资产系统所生成的记账凭证审核并记账

①由 Lt004 号操作员进入总账系统，对固定资产系统生成的凭证进行出纳签字。

②由 Lt001 号操作员进入总账系统，审核增加原值和计提折旧的记账凭证，并进行记账处理。

（7）重新进行对账

①由 Lt002 号操作员在固定资产系统中执行"处理"|"对账"命令，出现"与账务对账结果"对话框。

②单击"确定"按钮。

◇ **提示** ◇

只有取消选中"凭证审核控制到操作员"复选框，才能赋予总账会计 Lt002 审核凭证的权利。

3. 期末结账

结账是在完成当期业务核算的基础上进行的，所以在固定资产完成所有业务核算工作后就可进行结账。结账后，当期的数据不能再进行修改。

执行"处理"|"月末结账"命令，打开"月末结账"对话框。

单击"开始结账"按钮，出现"与总账对账结果"对话框。

单击"确定"按钮,出现系统提示。

单击"确定"按钮。

◇ 提示 ◇

在固定资产系统完成了本月全部制单业务后,可以进行月末结账。月末结账每月进行一次,结账后当期数据不能修改。

本期不结账,将不能处理下期数据;结账前一定要进行数据备份,否则数据一旦丢失,将造成无法挽回的后果。

本会计期间做完月末结账工作后,所有数据资料将不能修改。如果结账后发现有未处理业务或者需要修改的事项,可以通过系统提供的"恢复月末结账前状态"功能进行反结账,再进行修改。只有在总账管理系统未进行月末结账时,才可以使用恢复结账前状态功能;另外,不能跨年度恢复数据,即本系统年末结转后,不能利用本功能恢复年末结转。

恢复到某个月月末结账前状态后,本账套对该结账后所做的所有工作都可以无痕迹删除。

4. 账表查询与分析

(1)查询固定资产原值一览表

统计表是出于管理资产的需要,按管理目的统计数据。在固定资产系统中提供了 9 种统计表,包括"固定资产原值一览表""固定资产变动情况表""固定资产到期提示表""固定资产统计表""评估汇总表""评估变动表""盘盈盘亏报告表""逾龄资产统计表"和"役龄资产统计表"。这些表从不同的侧面对固定资产进行统计分析,使管理者可以全面、细致地了解企业对资产的管理、分布情况,为及时掌握资产的价值、数量以及新旧程度等指标提供依据。

①执行"账表"|"我的账表"命令,进入"固定资产——报表"窗口。

②执行"账簿"中的"统计表"命令。

③双击"固定资产原值一览表",打开"固定资产原值一览表"对话框。

④单击"确定"按钮,进入"固定资产原值一览表"窗口。

⑤单击"退出"按钮退出。

(2)查询价值结构分析表

在固定资产系统中,分析表主要通过对固定资产的综合分析,为管理者提供管理和决策依据。系统提供了 4 种分析表,即"部门构成分析表""价值结构分析表""类别构成分析表"及"使用状况分析表"。管理者可以通过这些表,了解本企业资产计提折旧的程度和剩余价值的大小;此外,还有减值准备表、账簿和折旧表。管理者可以通过这些表,了解本企业固定资产减值准备情况、固定资产总括和明细记录、折旧的提取情况。

①执行"账表"|"我的账表"命令,进入"固定资产——报表"窗口。

②单击"分析表"。双击"价值结构分析表",打开"价值结构分析表"对话框。

③单击"确定"按钮,打开"价值结构分析表"。

④单击"退出"按钮退出。

5. 下月业务处理

(1)计提固定资产折旧

参照前述操作步骤计提 7 月份固定资产折旧并生成相关凭证。

(2)减少固定资产

　　固定资产在使用过程中不可避免地会由于毁损、出售、盘亏、转出和租出等原因而发生减少,此时要做资产减少处理。资产减少需输入资产减少卡片并说明减少原因。由于固定资产在减少当月仍需要计提折旧,因此,只有当账套开始计提折旧后才可以使用资产减少功能。减少资产通过删除卡片来完成,然后进行凭证处理。

　　①执行"卡片"|"资产减少"命令,打开"资产减少"对话框。

　　②在"卡片编号"栏录入"00005",或单击卡片编号栏对照按钮,选择"00005"。

　　③单击"增加"按钮,双击"减少方式"栏,再单击"减少方式"栏参照按钮,选择"204 捐赠转出"。

　　④单击"确定"按钮,系统提示"所选卡片已经减少成功"。

　　⑤单击"确定"按钮。

◇ 提示 ◇

　　如果要减少的资产较少或没有共同点,则通过输入资产编号或卡片号,单击"增加"按钮,将资产添加到资产减少表中。如果要减少的资产较多并且有共同点,则通过单击"条件"按钮,输入一些查询条件,将符合该条件的资产挑出来进行批量减少操作。

　　对于误减少的资产,可以使用系统提供的纠错功能来恢复。只有当月减少的资产才可以恢复。如果资产减少操作已制作凭证,则必须删除凭证后才能恢复。只要卡片未被删除,就可以通过卡片管理中的"已减少资产"来查看减少的资产。

　　(3)固定资产其他变动核算

　　固定资产的其他变动是指除固定资产增减变动外的原值变动、部门转移、使用状况变动、使用年限调整、折旧方法调整、净残值(率)调整、工作总量调整、累计折旧调整、资产类别调整及变动单管理等与计提和分配固定资产折旧等相关的业务变动情况。其他项目的修改,如名称、编号、自定义项目等的变动,可以直接在卡片上进行。本月录入的卡片和本月增加的资产不允许进行变动处理,只能在下月进行。系统对已做出变动的资产,要求输入相应的变动单来记录资产调整结果。

　　①执行"卡片"|"变动单"|"折旧方法调整"命令,打开"固定资产变动单【新建变动单:00001 号变动单】"对话框。

　　②在"卡片编号"栏录入"00004",或单击"卡片编号"栏,选择"00004"。

　　③单击"变动后折旧方法"栏,再单击"变动后折旧方法"按钮,选择"工作量法"。

　　④单击"确定"按钮,打开"工作量输入"对话框。

　　⑤在"工作量输入"对话框中,在"工作总量"栏输入"60000",在"累计工作量"栏输入"10000",在"工作量单位"栏输入"小时",单击"确定"按钮。

　　⑥在"变动原因"栏输入"工作需要"。

　　⑦单击"退出"按钮,系统提示"数据成功保存!"

　　⑧单击"确定"按钮。

◇ 提示 ◇

卡片上相应的项目,如"原值""净残值"和"净残值率"根据变动单而改变(变动单保存之后不能修改,只能在当月删除后重新填制,所以,请仔细检查后再保存)。如果选择了"业务发生后立即制单"选项,则可以制作记账凭证。

必须保证变动后的净值大于变动后的净残值。

用友 ERP-U8 系统遵循严格的序时管理,所以,删除变动单必须从该资产制作的编号最大的变动单开始。

(4)批量制单

在完成任何一笔需制单的业务的同时,可以通过双击【选择】列制作记账凭证传输到账务系统,也可以当时不制单(选项中制单时间的设置必须为不立即制单),而在某一时间(比如月底)利用本系统提供的另一功能——批量制单,完成制单工作。凡是业务发生当时没有制单的,该业务自动排列在批量制单表中,表中列示应制单而没有制单的业务发生的日期、类型、原始单据号,默认的借、贷方科目和金额以及选择标志。

①执行"处理"|"批量制单"命令,打开"批量制单——制单选择"窗口。

②单击"全选"按钮,或双击制单栏,选中要制单的业务。

③单击"制单设置"选项卡,单击"制单"按钮,生成一张记账凭证。

④修改凭证类别为"转账凭证",分别在第一行、第二行和第三行摘要栏录入"将电脑捐赠给希望工程"。

⑤单击"保存"按钮。

⑥单击"退出"按钮退出。

第8章 应收应付款管理

8.1 应收应付款管理系统概述

在实际经营过程中,企业与其他单位或个人发生业务往来,会频繁产生应收账款和应付账款。应收账款的工作处理量比较大,拖欠货款的事情也时有发生;应付账款的付款业务需要按时进行处理。因而这些往来业务的处理是较为复杂的会计业务处理工作。

用友 ERP-U8 软件将往来业务的处理分为应收款管理系统和应付款管理系统两个子系统模块。其中,应收款管理系统主要用于核算和管理客户往来款项,管理企业日常经营过程中所产生的各种应收款数据信息,并及时收回欠款,或做坏账处理。应付款管理系统主要用于核算和管理供应商往来款项,管理企业日常经营过程中所产生的各种应付款数据信息,支付采购货款。

在应收款系统中,以销售发票、费用单和其他应收单等为依据,记录销售业务及其他业务形成的往来款项,处理应收款项的收回、坏账和转账等情况,提供应收票据处理功能。在应付款系统中,以采购发票、运费单和其他应付单等为依据,记录采购业务及其他业务形成的往来款项,处理应付款项的支付、预付等情况,提供应付票据处理功能。由于应收应付业务处理流程上的相似性,在用友 ERP-U8 软件中,应收应付款管理系统的初始设置、系统功能、系统应用方案和业务处理流程都极为相似,因此,本章主要介绍应收款管理的详细业务处理,对于应付款管理系统则仅做了简单介绍,需要读者依据应收款业务的描述自行关联。

8.1.1 应收款管理系统的两种应用方案

应收款的核算与管理可以深入各种产品、各个地区、企业的各个部门和各类业务员的层面,可以从不同角度对应收款进行分析、决策。通过应收款管理系统的业务操作,可以及时、准确地提供给客户往来账款余额资料,提供各种分析报表,帮助用户合理地进行资金的调配,提高资金的利用效率;可以提供各种预警、控制功能,信用额度控制功能等,尽可能防止发生坏账,提供应收票据的跟踪功能。

在用友 ERP-U8 系列软件中,系统根据使用软件模块及客户往来款项核算和管理程度的不同,提供了如下两种应用方案:

1. 在应收款管理系统中核算客户往来业务

(1)详细核算应用方案——启用应收款管理系统

如果企业的应收款核算管理内容比较复杂,需要追踪每一笔业务的应收款、收款等情况,或者需要将应收款核算深入产品一级,那么,可以选择该方案。在该方案中,所有客户往来凭

证全部由应收款管理系统生成,其他系统不再生成这类凭证。应收款管理系统的主要功能如下:

①根据输入的单据或由销售系统传递过来的单据记录应收款项的形成,包括商品交易和非商品交易所形成的相关应收项目。

②应收款项目收款及转账处理,自动生成转账凭证并传递给总账系统。

③对应收票据进行相应记录及管理。

④对应收交易过程中产生的外币业务及汇兑损益进行处理,并向总账系统进行数据传递。

⑤ 根据所提供的条件进行各种查询及分析。

(2)简单核算应用方案——启用销售管理系统、应收款管理系统

①在销售管理系统中生成销售发票。

②在应收款管理系统中进行销售发票的接收、审核、制单处理,自动生成转账凭证并传递给总账系统。

③ 在应收款管理系统中,可针对多种条件的各种信息进行查询与分析。在应收款管理系统参数设置中,可以进行详细核算方案与简单核算方案的选择。

2. 在总账管理系统中核算客户往来业务

如果企业的应收款业务比较简单,或者现销业务很多,则可以选择在总账管理系统通过辅助核算完成客户往来核算。

(1)在总账管理系统的参数设置中的"凭证"参数下,允许总账系统使用应收应付受控科目。

(2)在总账管理系统中对客户往来业务进行处理,生成凭证、审核和记账。

(3)应收款系统可以查询总账产生的关于客户往来款项的凭证。

本章采用在应收款系统中核算客户往来业务——详细核算应用方案,阐述应收款管理系统的各种功能应用。

8.1.2 应收款管理系统的主要功能

应收款管理系统适合各行各业进行应收款的核算和管理工作。该系统可以单独使用,也可以与其他业务系统集成使用。该系统的主要功能包括初始化设置、日常业务处理、信息查询和期末处理等。

1. 初始化设置

系统初始化设置工作主要包括参数设置、基础设置、应收期初余额输入。

2. 单据处理

应收单据处理主要包括销售发票和应收单据的录入与审核。此操作是确认应收账款的主要依据。

收款单据处理主要包括收款单的录入、审核和核销。此操作是解决收回客户款项、核销该回款客户应收款的处理,能够建立收款与应收款的核销记录,监督应收款核销是否及时,从而加强往来款项的管理。

3. 票据管理

应收票据管理主要涉及的是商业承兑汇票和银行承兑汇票的管理。该操作能够提供票据

登记簿,记录票据的利息、贴现、转出、背书和结算等具体信息。

4. 转账处理

转账处理功能主要包括应收冲应付、应收冲应收、预收冲应收、红票对冲的业务处理,并生成相应凭证。

5. 坏账处理

坏账处理功能主要是进行计提应收坏账准备、坏账发生后的处理和坏账收回后的处理等。该操作能够自动计提应收款的坏账准备,当坏账发生时可进行坏账自动核销;当核销后的坏账可以收回时,进行相应反核销和坏账收回处理。

6. 账表管理

应收款系统的信息查询主要包括单据及凭证查询、业务账表查询等。各单据的查询可在单据处理中查看,凭证具备单独的查询功能。业务账表的查询包括业务总账查询、业务明细账查询和对账单查询等。业务账表分析包括欠款分析、账龄分析和综合分析等。

7. 期末处理

应收账款的月末结账是对用户在月末进行的结算汇兑损益以及对月末结账工作进行管理。当应收款业务中出现外币往来时,在月末需要计算外币单据的汇兑损益并对其进行相应的处理。当月业务处理完毕后进行月末结账处理,月末结账后可以开始进行下月的工作。

应收款管理系统的基本功能结构如图 8—1 所示。

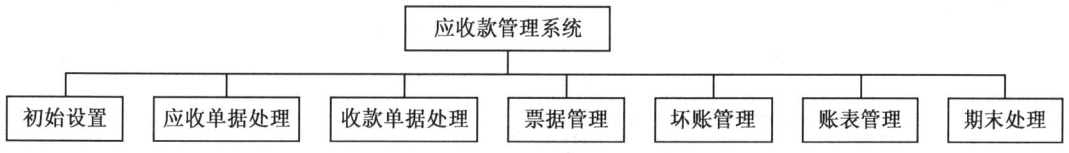

图 8—1　应收款管理系统的基本功能结构

8.1.3　应收款管理系统的操作流程

应收款系统的操作流程如图 8—2 所示。

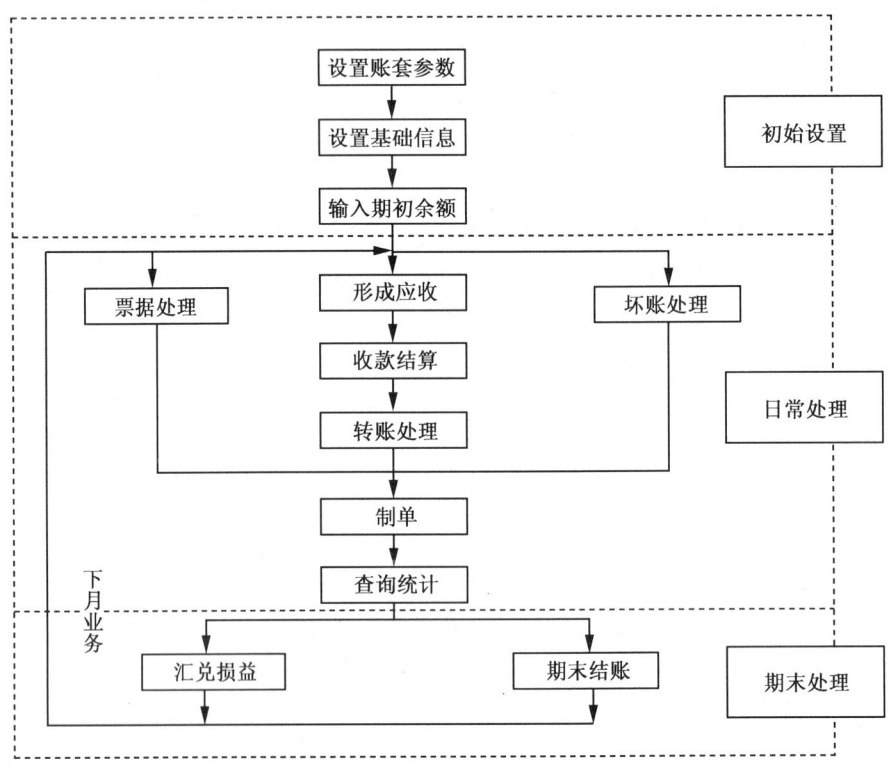

图 8—2 应收款管理系统操作流程

应收款管理系统应与其他系统配合使用,具体如图 8—3 所示。

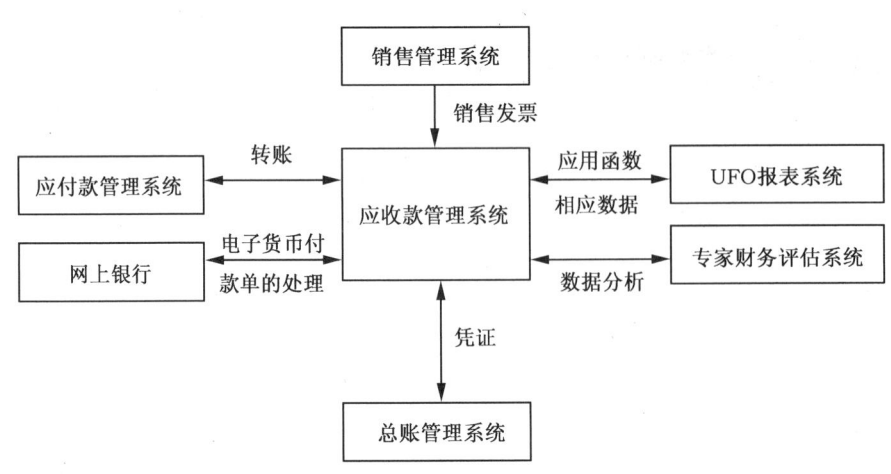

图 8—3 应收款管理系统与其他系统的主要关系

1. 与销售管理系统的关系

在启用销售管理系统时,发票在销售管理系统中填制,并向应收款管理系统传递销售发票、销售调拨单以及代垫费用单,在应收款系统中对发票进行审核并进行收款结算处理,生成凭证。应收款管理为销售系统提供各种单据的收款结算情况以及代垫费用的核销情况。

2. 与应付款管理系统的关系

在发生应收冲应付或应付冲应收业务时,会在应收款系统和应付款系统之间进行转账处理。在直运直销业务中也涉及销售发票和采购发票的转换处理。

3. 与总账管理系统的关系

应收业务发生后产生的业务凭证将传递给总账,由总账进行凭证的审核、记账,并能够查询相应凭证。应收业务凭证在总账中记账后才能在应收款系统中与总账系统数据对账,一般来说,对账平衡后应收款管理系统才能月末结账。

4. 与系统管理的关系

应收款系统与系统管理共享基础数据,包括用户权限、客户/供应商档案、部门档案和职员档案等。

5. 与专家财务评估系统的关系

应收款系统向专家财务评估系统提供各种分析数据,以供财务评估系统指标分析、对比分析等使用。

6. 与 UFO 报表系统的关系

应收款系统向 UFO 提供应用函数和所需数据。

7. 与网上银行系统的关系

应收款系统与网上银行进行付款单的导入和导出,支持电子货币产生的收付款单的业务处理。

8.2　应收款管理系统初始设置

系统初始化设置是对应收应付启用期间、用户及其他相关信息、系统参数、系统初始数据等重要信息的设置过程。通过应收款管理系统的初始设置,可以把核算单位的应收款核算规则、核算方法、应用环境以及基础数据录入计算机,保证业务处理过程的高效、准确和完整。

8.2.1　选项参数设置

在运行应收款管理系统前,应在此设置运行所需要的账套参数,必须对系统参数做出选择,以适应企业自身核算和控制的特点及要求。应收款管理系统的控制参数分为 4 个页签,即常规、凭证、权限与预警、核销设置,各项目说明如下:

1. 常规页签参数

(1)单据审核日期

应收单据进行审核时,可以选择按照单据录入时所填单据日期或所填业务日期确定审核日期,默认项为以单据日期作为单据审核日期。

(2)汇兑损益方式

系统提供了两种计算汇兑损益的方式,即外币余额结清时计算和月末处理时计算,默认项为月末处理时计算。

外币余额结清时计算是指只有当某种外币余额结清时才计算汇兑损益,否则不计算汇兑损益。在计算汇兑损益时,可以显示外币余额为零且本币余额不为零的外币单据。

月末处理时计算是指在每个月末计算汇兑损益。在计算汇兑损益时,可以显示所有外币余额不为零或者本币余额不为零的外币单据。

(3)坏账处理方式

系统提供了两种坏账处理方式,即备抵法和直接转销法。

在选择直接转销法时,对应在应收款系统初始设置中需要设置直接转销的会计科目。由于直接转销法不符合会计的权责发生制及收入与费用相配比原则,因此,容易造成会计信息的失真,不建议选择此坏账处理方法。

在选择备抵法时,需要从应收余额百分比法、销售收入百分比法和账龄分析法中进行选择,对应在应收款系统初始设置中需要设置坏账准备科目、对应科目、提取比率、账龄区间及逾龄区间的信息。

在使用过程中,如果当年已经计提过坏账准备,则此参数不可以修改,只能下一年度修改。

(4)代垫运费类型

根据初始设置中的“单据类型设置”,应收单的类型若分为多种,在此选择核算代垫费用单的单据类型;若应收单不分类,则默认系统给定的“其他应收单”代垫运费类型。

(5)应收账款核算模型

“详细核算”和“简单核算”是利用应收款系统进行往来业务操作的两种方案,在参数中选择“详细核算”可以随时调整为“简单核算”,但是选择“简单核算”在本年度结束前不可调整为“详细核算”,需在下一年度再做调整。

(6)自动计算现金折扣

企业为了鼓励客户在信用期间内提前付款,往往会采用现金折扣政策。选择此项,系统将会在“单据结算”中显示“可享受折扣”和“本次折扣”,并计算可享受的折扣。如果不进行选择,系统将不计算也不显示现金折扣的相关信息。

(7)应收票据直接生成收款单

选择此项,在发生应收票据业务时,系统将自动产生一张收款单,该收款单不可以修改。

2. 凭证页签参数

(1)受控科目制单方式

系统提供了两种受控科目的制单方式,即明细到客户、明细到单据。

明细到客户是指将一个客户的多笔业务合并生成一张凭证,如果核算多个业务的控制科目相同,系统将自动生成一条分录,金额合并。这种方式的目的是能够在总账系统中查看每一个客户的详细业务信息。

明细到单据是指将一个客户的多笔业务合并成一张凭证时,系统会将每一笔业务形成一条分录。这种方式的目的是能在总账系统中查看每个客户每笔业务的详细情况。

(2)非控科目制单方式

系统提供了三种非控科目制单方式,即明细到客户、明细到单据和汇总方式。

明细到客户是指将一个客户的多笔业务合并生成一张凭证时,如果核算多个业务的非控制科目相同,系统将自动生成一条分录,金额合并。

明细到单据是指将一个客户的多笔业务合并成一张凭证时,系统会将每一笔业务中相同的非控制科目形成一条分录。

汇总方式是指将多个客户的多笔业务合并生成一张凭证时,如果非控科目相同,系统自动将其合并为一条分录,可以做到精简数据。

(3)控制科目选择依据

控制科目是指在系统中所有带有客户往来辅助核算的科目。系统提供了 6 种选择控制科目的依据,即按客户分类、按客户、按地区分类、按销售类型、按存货、按存货分类。

按照客户分类设置是指根据一定的属性将企业的往来客户分成若干类别,针对不同的客户分类设置不同的应收科目和预收科目。例如,可以根据客户与企业的往来业务形态分为批发商、零售商、委托商等,也可以根据客户的信用情况分为顶级客户、一级客户、二级客户等。

按照客户设置是指可以为每个客户设置不同的应收科目和预收科目。采用这种方式可以适合特殊客户的需要。

按照地区分类设置是指当客户涉及多个地区时,可以按照地区分类设置,即针对不同的地区分类设置不同的应收科目和预收科目。例如,可以将客户分为东北区、西北区、华北区等地区,对不同地区设置相应科目。

按照销售类型设置是指按照销售的不同类型设置不同的应收科目和预收科目,如可以按照批发、零售的销售类型进行科目设置。

按照存货设置是指当存货类型不多时,直接利用不同存货设置不同应收科目和预收科目。

按照存货分类设置是指根据存货的属性对存货所划分的大类设置相应的存货销售科目。例如,将存货分类为原材料、半成品、产成品等大类,然后根据该分类设置不同的应收科目和预收科目。

(4)销售科目选择依据

系统提供了 5 种销售科目选择依据,即按存货分类、按存货、按客户、按客户分类、按销售类型。

按照存货分类设置是指根据存货的属性对存货所划分的大类设置相应的存货销售科目。例如,将存货分类为原材料、半成品、产成品等大类,然后根据该分类设置不同的销售科目。

按照存货设置是指当存货类型不多时直接利用不同存货设置相应销售科目。

(5)月结前全部生成凭证

该参数是指在月末结账前需要将本月业务都生成凭证,一般为默认。

(6)核销是否生成凭证

该参数是指核销业务处理时是否生成核销凭证,一般不选,以免发生应收账款的重复处理。

(7)预收冲应收生成凭证

该参数是指在发生预收冲应收业务时,生成预收冲应收凭证。一般认为当企业存在预收处理时,应选择此项。

(8)红票对冲生成凭证

该参数是指当发生红字发票业务时,红字发票需要对冲蓝字发票,此时需要生成对冲的凭证,一般不选,以免发生应收账款的重复处理。

（9）凭证可编辑

该参数是指选择后在业务凭证生成时，可以对凭证进行手工调整后保存。不选择该参数，业务凭证的生成取决于单据上的信息，如出现错误，应相应修改单据内容。

（10）单据审核后立即制单

该参数是指应收单据审核后可以自动弹出制单界面，利用单据内容生成凭证内容。如果不选择该参数，则可以在独立的凭证处理功能中进行凭证的生成。

3. 权限与预警页签参数

此页签参数是企业对客户进行信用管理的控制界面，可以通过客户授权和部门授权的方式控制超信用额度的报警和提前设置相应单据报警天数。

4. 核销设置页签参数

（1）应收款核销方式设置

系统提供了两种应收款核销方式，即按单据和按产品。

按单据进行核销是指系统将满足条件的未结算单据全部列出，由用户选择要结算的单据，根据所选单据进行核销。

按产品进行核销是指系统将满足条件的未结算单据按照产品存货的形态列出，由用户选择要结算的单据，根据所选单据进行核销。

（2）核销规则设置

系统提供了 7 个核销规则，即客户、部门、业务员、合同、订单、项目和发货单（销货单）。以上规则中，客户规则是默认选择的，因为应收科目均为进行客户核算的科目。其他规则根据企业实际往来业务处理核销的情况进行选择，可多选。

（3）收付款单审核后核销

该参数是指收付款单据审核完毕时将自动弹出核销界面。在核销界面，收付款单的信息自动出现，直接通过过滤条件选择单据进行核销即可。

8.2.2　应收款管理系统的基础档案设置

与应收款系统处理有关的基础档案可以分为公共基础资料和应收基础信息两部分。公共基础资料包括在基础设置中的客户分类、客户档案、地区分类、存货分类、存货档案、计量单位设置、部门档案、职员档案、外币及汇率设置、结算方式、付款条件和单据设计等，这部分已经在系统管理和总账管理初始设置中有所讲授。应收基础信息包括在应收款管理系统中的相应信息设置，如设置应收基本科目、设置坏账准备、设置账龄区间、设置报警级别、设置单据类型和设计单据格式等。此内容为本节讲解的内容。

1. 设置科目

如果企业应收业务类型较固定，生成的凭证类型也较固定，则为了简化凭证生成操作，可在此处将各业务类型凭证中的常用科目预先设置好，具体的科目设置包括基本科目设置、控制科目设置、产品科目设置和结算方式科目设置。

（1）基本科目设置

基本科目是指在核算应收款项时经常用到的科目，可以作为常用科目设置，而且科目必须为末级科目。核算应收款项时经常用到的科目包括应收账款、预收账款、主营业务收入、应交税金——应交增值税——销项税额、销售退回等基本科目。除上述基本科目外,银行承兑科目、商业承兑科目、出口销售收入科目、运费科目、保险费科目、代垫运费科目、合同收入科目、现金折扣科目、票据利息科目、票据费用科目等,都可以作为企业核算应收类业务的基本科目。

(2)控制科目设置

在核算客户的赊销欠款时,针对不同的客户分别设置不同的应收账款科目和预收账款科目。如果某个客户的应收账款或预收账款科目与常用科目设置中的一样,则不用再进行此处设置,否则应进行设置。科目必须是有客户往来辅助核算的末级科目。

(3)产品科目设置

如果针对不同的存货(存货分类)分别设置不同的销售收入科目、应交税金——应交增值税——销项税额和销售退回科目,则应先在账套参数中选择设置的依据,即选择针对不同的存货设置不同的科目,或针对不同存货分类设置。如果某个存货(存货分类)的科目与常用科目设置中的一样,则不用再进行此处设置,否则应进行设置。

(4)结算方式科目设置

不仅可以设置常用的科目,还可以为每种结算方式设置默认的科目,以便在应收账款核销时,直接按照不同的结算方式生成相应的账务处理所对应的会计科目。

2. 坏账准备设置

应收款管理系统可以根据发生的应收业务情况,提供自动计提坏账准备的功能。计提坏账的处理方式包括应收余额百分比法、销售余额百分比法和账龄分析法等。选择不同的方法需要在此处输入不同的内容。以应收余额百分比法为例,坏账准备设置此处将对坏账期初余额、坏账准备科目、对方科目以及提取比率进行设置。

在第一次使用系统时,应直接输入坏账准备的期初余额。在以后年度使用系统时,坏账准备的期初余额由系统自动生成且不能进行修改。坏账提取比率可分别按照销售收入百分比法和应收账款余额百分比法直接输入计提的百分比。

3. 账龄区间设置

账龄区间设置包括账期内账龄区间设置和逾期账龄区间设置两种。为了对应收账款进行账龄分析,评估客户信誉,并按一定的比例估计坏账损失,应首先在此设置账龄区间。在进行账龄区间设置时,账龄区间总天数和起始天数直接录入,系统根据输入的总天数自动生成相应区间。

4. 报警级别设置

通过对报警级别的设置,将客户按照客户欠款余额与其授信额度的比例分为不同的类型,以便掌握各个客户的信用情况。

如果企业要对应收账款的还款期限做出相应的规定,则可以使用超期报警功能。在运行此功能时,系统将自动列出到当天为止超出规定期限的应收账款清单,使企业可以及时催款,避免不必要的经济损失。

在进行报警级别设置时,直接输入级别名称和各区间的比率。其中,级别名称可以采用编号或其他形式,但名称要上下对应。

5. 单据类型设置

系统提供了发票和应收单两类单据。

　　如果同时使用销售管理系统,则发票的类型包括增值税专用发票、普通发票、销售调拨单和销售日报。如果单独使用应收款管理系统,则发票的类型不包括后两种。发票的类型不能修改和删除。

　　应收单记录销售业务之外的应收款情况。本功能可以增加应收单。应收单可划分为不同的类型,以区分应收货款之外的其他应收款。例如,应收代垫费用、应收利息款、应收罚款和其他应收款等。应收单的对应科目由自己定义。

　　只能增加应收单的类型,而发票的类型是固定的,不能修改或删除。应收单中的"其他应收单"为系统默认类型,不能删除或修改,不能删除已经使用过的单据类型。

8.2.3　期初余额录入

　　初次使用本系统时,将要启用应收款管理系统时未处理完的所有客户的应收账款、预收账款和应收票据等数据输入本系统,以便于顺利完成以后的核销处理。只有当往来业务期初数据准确录入后,才能正确地进行往来账的各种统计与分析。当进入第二年度处理时,系统自动将上年度未处理完的单据转为下一年度的期初余额。在下一年度的第一个会计期间,可以进行期初余额的调整。

　　在应收系统中,往来款余额是按照单据形式录入的。例如,应收账款余额通过期初发票的形式录入,预收账款余额通过期初收款单的形式录入等。输入完毕之后要与总账系统中的应收账款、预收账款和应收票据等科目余额进行对账,以检查输入的往来未达账与相应往来科目的余额是否相等。

　　输入应收款管理系统的期初数据时,应注意以下问题:

　　第一,发票和应收单的方向包括正向和负向,类型包括系统预置的类型和用户定义的类型。如果是预收款和应收单据,则不用选择方向,系统默认预收款方向为贷、应收票据方向为借。

　　第二,单据日期必须小于该账套启用期间(第一年使用),或者该年度会计期初(以后年度使用)。如果在初始设置的基本科目设置中设置了承兑汇票的入账科目,则可以输入该科目下的期初应收票据,否则不能输入期初应收票据。单据中的科目栏目用于输入该笔业务的入账科目,该科目可以为空。建议在输入期初单据时输入栏目信息,这样不仅可以执行与总账对账功能,而且可以查询正确的科目明细账和总账。

8.3　应收款管理系统日常业务处理

　　在结束应收款管理系统的初始设置后,应该在系统下进行应收款日常业务的处理,主要业务内容包括应收单据处理、收款单据处理、核销处理、票据管理、转账处理、坏账处理、制单处理、单据及账表查询等操作。

8.3.1　应收单据处理

　　应收单据处理是指用户进行单据录入和单据管理的工作。应收单据处理是应收款系统处理的起点。在应收单据处理中可以输入销售业务中的各类发票以及销售业务之外的应收单据。通过应收单据的录入，单据管理可以查阅各种应收业务单据，完成应收业务的日常管理。应收单据处理的具体功能包括应收单据录入和应收单据审核。应收单据处理的基本操作流程是：应收单据录入→应收单据审核→应收单据制单（即生成凭证）→应收单据查询。

1. 应收单据录入

销售发票与应收单是应收款管理日常核算的原始单据。销售发票是指销售业务中的各类普通发票和专用发票。应收单是指销售业务之外的应收单据（如代垫费用等）。

如果同时使用应收款管理系统和销售管理系统，则销售发票和代垫费用产生的单据由销售系统录入、审核，自动传递到应收款管理系统。在本系统可以对这些单据进行查询、核销、制单。在应收款管理系统需要录入的单据仅限于应收单。如果没有使用销售管理系统，则各类发票和应收单均应在应收款管理系统录入。此处以在应收管理系统参数中设置为详细方案，即以未启用销售系统的情况为例进行阐述。

应收单据录入时先要用代码输入客户名称，与客户相关的内容均可自动由系统显示出来，然后根据具体交易的存货名称、数量、金额等内容录入。在录入前要注意确定单据的名称、类型及方向，然后根据业务进行相应输入。

2. 应收单据审核

单据审核是在单据保存后对单据正确性的进一步审核与确认。对于应收单据的审核，本系统提供手工审核、自动批审核的功能。应收单据审核窗口中显示的单据包括全部已审核、未审核的应收单据，也包括从销售管理系统传入的单据。进行过后续处理，如核销、制单、转账等处理的单据在应收单据审核中不能显示。对这些单据的查询，可以在"单据查询"中进行。

3. 单据制单

单据制单是指在应收管理系统参数中选择了"单据审核后立即制单"的参数情况下，在单据审核完毕之后，系统将自动依据单据中的信息编制凭证。如果没有选择该参数，则可以在单独的凭证处理功能中进行集中处理。在应收款管理系统中生成的凭证将由系统传递给总账系统，由相关人员进行凭证的审核、记账等工作。

4. 单据查询

在单据审核界面，可以进行单据的相应查询。通过"单据查询"功能可以查看全部单据。

8.3.2　收款单据处理

收款单据处理是对已收到款项的单据进行录入并进一步核销的过程。收款单据处理可以对结算单据（收款单、付款单即红字收款单）进行管理，包括收款单、付款单的录入、审核以及单张结算单的核销。在单据结算功能中，输入收款单、付款单，并对发票及应收单进行核销，形成预收款并核销预收款，处理代付款。

1. 收款单据录入

收款单据录入是将已收到的客户款项或退回客户的款项录入应收款管理系统，包括收款单与付款单（即红字收款单）的录入。收款单用来记录企业所收到的客户款项，款项性质包括应收款、预收款和其他费用等。其中，应收款、预收款性质的收款单将与发票、应收单进行核销勾对。付款单用来记录发生销售退货时，企业开具的退付给客户的款项。该付款单可与应收、预收性质的收款单、红字应收单、红字发票进行核销。

在根据已收到的应收款项的单据进行输入时,必须先输入客户名称。在进行相应操作时,系统会自动显示相关客户的信息。之后必须输入结算科目、金额和相关部门及业务员名称等内容。单据输入完毕后,由系统自动生成相关内容。

2. 收款单据审核

对于收款单据审核,系统提供手工审核和自动批审核功能。结算单列表窗口中显示的单据包括全部已审核、未审核的收(付)款单,可以进行结算单的增加、修改、删除等操作。

8.3.3 核销处理

核销处理是指日常进行的收款核销应收款的工作,是对往来已达账项做删除处理的过程,是在确定收款单与原始发票之间的对应关系后进行机内自动冲销的过程。单据核销的目的是解决收回客商款项,核销该客商应收款的处理,建立收款与应收款的核销记录,监督应收款及时核销,加强往来款项的管理。明确核销关系后,可以进行精确的账龄分析,更好地管理应收账款。

系统提供单张核销(收款单界面核销)、自动核销和手工核销 3 种核销方式。对应收单据和收款单据进行核销时,分为以下几种核销规则,每种情况又分为同币种核销和异币种核销。

1. 收款单与原有单据完全核销

如果收款单的数额等于收款单据的数额,则收款单与原有单据完全核销。

2. 在核销时使用预收款

如果客户事先预付了一部分款项,在业务完成后又付清了剩余款项,并且要求这两笔款项同时结算,则在核销时需要使用预收款。如果预收款的币种与需要核销的应收单的币种不一致,则需要将预收款的金额折算成中间币种后进行核销。

3. 单据仅得到部分核销

如果收到的款项小于原有单据的数额,那么,单据仅能得到部分核销,未核销的余款留待下次核销。

4. 预收款余额退回

如果预收往来单位款项大于实际结算的货款,则可以将余款退付给往来单位,处理方法为:按余额输入付款单,与原收款单核销。

计算机采用建立往来辅助账的方式进行往来业务的管理,为了避免辅助账过于庞大而影响计算及运行速度,对已核销的业务应进行删除,删除工作通常在年底结账时完成。会计人员准备核销往来账时,应在确认往来已达账后才能进行核销处理,删除已达项。为了防止操作不当而造成的误删,财务软件中一般会设计放弃核销或核销前做两清标记的功能,删除后留有放弃核销功能,或取消核销操作的功能,以便恢复被删除的数据。

8.3.4 票据管理

票据管理主要是对商业承兑汇票和银行承兑汇票进行日常业务处理,所有涉及的内容包括票据的收入、结算、贴现、背书、转出、计息等处理功能。如果要进行票据登记簿管理,必须将应收票据科目设置为带有客户往来辅助核算的科目。

当用户收到银行承兑汇票或商业承兑汇票时,应将该汇票在应收款系统的票据管理中录入。系统会自动根据票据生成一张收款单,用户可以对收款单进行查询,并可以与应收单据进行核销勾对,冲减客户应收账款。

8.3.5 转账处理

在日常处理中,转账处理一般包括以下 4 种情况:

1. 预收冲应收

预收冲应收是指处理客户的预收款(红字预收)与该客户应收欠款(红字应收)之间的核算业务,即某一个客户有预收款时,可用该客户的一笔预收款冲其存在的应收款。

2. 应收冲应付

应收冲应付是指某客户的应收账款冲抵某供应商的应付款项,系统通过应收冲应付的功能将应收款业务在客户和供应商之间进行转账,实现应收业务的调整,解决应收债权与应付债务的冲抵。

3. 红票对冲

红票对冲可实现客户的红字应收单据与其蓝字应收单据、收款单与付款单之间进行冲抵的操作。例如,当发生退票业务时用红字发票对冲蓝字发票。系统提供两种红票对冲处理方式:自动冲销和手工冲销。自动冲销可同时对多个客户依据红票对冲规则进行红票对冲,提高红票对冲的效率。手工冲销对一个客户进行红票对冲,可以自行选择红票对冲的单据,提高红票对冲的灵活性。

4. 应收冲应收

应收冲应收是指处理客户之间应收款项的转移,即用于当一个客户为另一个客户代付款时,通过应收冲应收功能将收账款在客商之间进行转入、转出,实现应收业务的调整,解决应收款业务在不同客商之间入错户或合并户的问题。

8.3.6 坏账处理

所谓坏账,是指购货方因某种原因不能付款,造成货款不能收回的信用风险。坏账处理包括计提坏账准备、坏账发生、坏账收回和坏账查询。

1. 计提坏账准备

系统提供的计提坏账的方法主要有销售收入百分比法、应收账款百分比法和账龄分析法。不管采用什么方法计提坏账,初次计提时,如果没有进行预先的设置,则应在初始设置进行设置。

应收账款的余额默认为本会计年度最后一天所有未结算完的发票和应收单余额之和减去预收款数额,可以根据实际情况进行修改。账龄分析法各区间余额由系统生成(本会计年度最后一天的所有未结算完的发票和应收单余额之和减去预收款数额),可以根据情况进行修改。

计提比率只能在应收款系统的初始设置中改变,一旦发生计提坏账准备的业务,则比率不可修改。

2. 坏账发生

发生坏账损失业务时,一般需要输入以下内容:客户名称、日期(坏账发生日期,该日期应大于已经记账的日期,小于当前业务日期)、业务员(业务员编号或名称)、部门(部门编号或名称)等。

3. 坏账收回

处理坏账收回业务时,一般需要输入以下内容:客户名称、收回坏账的日期、收回金额、业务员(业务员编号或名称)、部门(部门编号或名称)、币种、结算单号(系统将调出该客户所有未经过处理、仅仅是保存下来的,并且金额等于收回金额的收款单,可选择该次收回业务所形成的收款单)。

4. 坏账查询

在坏账查询界面查看坏账处理信息,联查坏账处理账表及凭证。

8.3.7　制单处理

使用制单处理功能进行批处理制单,可以快速成批地生成凭证。系统提供的制单处理方式包括立即制单和批量制单。立即制单是在单据处理、转账处理、票据处理及坏账准备等功能操作中,有许多地方系统询问是否立即制单,可以点击"是"按钮,便立即生成凭证。批量制单是在所有业务发生完成后,使用制单功能进行批处理制单。

制单处理功能中的具体制单类型包括应收单据制单、结算单制单、坏账制单、转账制单和汇兑损益制单等。企业可根据实际业务内容选取需要制单的类型。

8.3.8　单据及账表查询

应收款管理系统的一般查询包括单据查询、凭证查询和账表查询等。用户在各种查询结果的基础上可以进行各项统计分析。统计分析包括欠款分析、账龄分析、综合分析和收款预测分析等。通过统计分析可以按照用户定义的账龄区间进行应收账款账龄分析、收款账龄分析和往来账龄分析,了解各个客户应收款的周转天数和周转率,了解各个账龄区间内应收款、收款及往来情况,及时发现问题,加强对往来款项的动态管理。

1. 单据查询

应收款系统提供对发票、应收单、结算单和凭证等的查询。可以查询已经审核的各类型应收单据的收款和结余情况,也可以查询结算单的使用情况,还可以查询本系统所生成的凭证并对其进行修改、删除、冲销等。

在查询列表中,系统提供自定义显示栏目、排序等功能。在进行单据查询,若启用客户、部门数据权限控制时,则在查询单据时只能查询有限的单据。

2. 业务账表查询

业务账表查询可以进行业务总账、业务明细账、业务余额表和对账单等账表的查询,并可以实现总账、明细账和单据之间的联查。

通过业务账表查询,可以及时了解一定期间内期初应收款的结存汇总情况,应收款发生、收款发生的汇总、累计情况及期末应收款结存汇总情况;还可以了解各个客户期初应收款结存明细情况,应收款发生、收款发生的明细、累计情况及期末应收款结存明细情况,及时发现问题,加强对往来款项的监督管理。

3. 业务账表分析

通过统计分析,可以按用户定义的账龄区间进行一定期间内应收款账龄分析、收款账龄分析和往来账龄分析,了解各个客户的应收款周转天数和周转率,了解各个账龄区间内应收款、收款及往来情况,以便及时发现问题,加强对往来款项动态的监督管理。统计分析包括应收账龄分析、收款账龄分析、欠款分析和收款预测。

(1)应收账款的账龄分析

应收账款的账龄分析主要是分析客户、存货、业务员、部门或单据的应收账款余额的账龄区间分布,计算各种账龄应收账款占总应收账款的比例,以帮助财务人员了解应收账款的资金占用情况,便于企业及时催款;同时,还可以设置不同的账龄区间进行分析,既可以进行应收款的账龄分析,也可以进行预收款的账龄分析。

(2)收款账龄分析

收款账龄分析主要包括分析客户、产品、单据的收款账龄。

(3)欠款分析

欠款分析提供多对象分析,可以分析截至某一日期客户、部门或业务员的欠款构成,欠款数额,信用额度的使用情况,报警级别和最后业务信息。

(4)收款预测

收款预测可以预测将来某一段日期范围内客户、部门或业务员等对象的收款情况,并且提供比较全面的预测对象和显示格式。

4. 科目账表查询

科目账表查询包括科目明细账、科目余额表的查询,并可以通过"总账/明细"的切换键进行联查,实现总账、明细账和凭证的联查。

8.4　应收款管理系统期末处理

应收款管理系统期末处理工作主要包括汇兑损益和月末结账两项业务。

8.4.1　汇兑损益

如果客户往来有外币核算,且在应收款系统中核算客户往来款项(即在总账账簿参数中选择客户往来在应收系统中核算),则在月末需要计算外币单据的汇兑损益并进行相应处理。在计算汇兑损益之前,应在系统初始设置中选择汇兑损益的处理方法,一般系统会提供两种汇兑损益方法:月末计算汇兑损益和单据结清时计算汇兑损益。

8.4.2　月末结账

如果当月业务已全部处理完毕,就需要执行"月末结账"功能。只有当月结账后,才可以开始下月工作。结账后本月不能再进行单据、票据和转账等任何业务的增加、删除或修改等处理。另外,进行月末处理时,一次只能选择一个月进行结账;前一个月没有结账,则本月不能结账。结账时注意本月的单据(发票和应收单)在结账前必须全部审核;结算单还有未审核的,不能结账。如果选择"单据日期为审核日期"选项,则应收单据在结账前应该全部审核;如果选择"月末全部制单"选项,则月末处理前应该把所有业务生成凭证。年度末结账时,应对所有核销、坏账、转账等处理全部制单。

如果用户觉得某月的月末结账有错误,可取消月末结账。但取消结账的操作只有在该月总账业务没有结账时才能进行。如果启用了销售系统,销售系统结账后,应收款系统才能结账。

如果结账期间为本年度最后一个期间,则本年度进行的所有核销、坏账和转账等处理必须制单,否则不能向下一年度结转;而且,对本年度外币余额为零的单据,必须将本币余额结转为零,即必须执行汇兑损益的计算。

实验六　应收应付款管理系统

【实验目的】

(1)掌握用友 ERP-U8 管理软件中应收款管理系统的相关理论与概念。

(2)掌握应收款管理系统初始设置的内容。

(3)掌握应收款管理系统日常业务处理的各种操作,如单据处理、结算单处理、凭证管理、坏账管理和账簿管理的具体操作方法。

(4)掌握应收款管理系统期末处理的各种操作方法。

(5)理解应收款管理在总账核算与在应收款管理系统核算上的区别。

【实验内容】

(1)应收应付款管理系统控制参数设置、基础信息设置。

(2)应收应付款管理系统期初余额录入。

(3)应收应付款管理系统的日常业务:形成应收应付款项、收款付款结算、转账处理、应收坏账处理、制单、查询统计。

(4)期末处理:汇兑损益、月末结账。

【实验要求】

(1)引入"实验一"账套数据。

(2)以"王芳芳"的身份进行应收应付款业务的操作。

(3)以"刘璐"的身份在总账中对应收应付产生的收付款凭证进行出纳签字。

(4)以"赵亮"的身份进行应收应付系统初始设置,并在总账中对应收应付产生的凭证进行审核、记账操作。

【实验案例】

1. 应收款初始设置

(1)参数设置(见表 8-1)

表 8-1　　　　　　　　　　　　　　　　　参数设置

控制参数	参数设置
坏账处理方式	应收余额百分比
登记支票	√

续表

控制参数	参数设置
是否自动计算现金折扣	√
应收款核销方式	按单据
其他	默认

（2）科目设置（见表 8—2）

表 8—2　　　　　　　　　　　　　　科目设置

科目类别	设置方式
基本科目设置	应收科目:1122
	预收科目:2203
	销售收入科目:6001
	税金科目:22210102

（3）结算方式科目设置（见表 8—3）

表 8—3　　　　　　　　　　　　结算方式科目设置

结算方式	币　种	账　号	科　目
现金结算	人民币		100101
现金支票	人民币	123456789098	100201
转账支票	人民币	123456789098	100201
商业承兑汇票	人民币	123456789098	100201
银行承兑汇票	人民币	123456789098	100201
其他	人民币	123456789098	100201

（4）坏账准备（见表 8—4）

表 8—4　　　　　　　　　　　　　　坏账准备

控制参数	参数设置
提取比例	0.5%
坏账准备期初余额	0
坏账准备科目	1231
对方科目	660208

（5）账龄区间设置（见表 8—5）

表 8—5　　　　　　　　　　　　　　账龄区间

序　号	起止天数	总天数
1	0～30	30

续表

序 号	起止天数	总天数
2	31～60	60
3	61～90	90
4	91 以上	

（6）报警级别设置（见表 8—6）

表 8—6 报警级别

起止比率	总比率	级别名称
0～10%	10	A
10%～30%	30	B
30%～50%	50	C
50%～100%	100	D
100%以上		E

2. 应付款初始设置

（1）参数设置（见表 8—7）

表 8—7 参数设置

控制参数	参数设置
登记支票	√
是否自动计算现金折扣	√
其他	默认

（2）科目设置（见表 8—8）

表 8—8 科目设置

科目类别	设置方式
基本科目设置	应付科目:2202
	预付科目:1123
	采购科目:1401
	税金科目:22210101
产品科目设置	主板:14030101
	扬声器:14030102
	液晶屏:14030103
	电源板:14030104

（3）结算方式科目设置（见表 8—9）

表 8—9　　　　　　　　　　　　　　　　结算方式科目设置

结算方式	币　种	科　目
现金结算	人民币	100101
现金支票	人民币	100201
转账支票	人民币	100201
商业承兑汇票	人民币	100201
银行承兑汇票	人民币	100201
其他	人民币	100201

（4）账龄区间设置（见表 8—10）

表 8—10　　　　　　　　　　　　　　　　账龄区间

序　号	起止天数	总天数
1	0～30	30
2	31～60	60
3	61～90	90
4		91 以上

（5）报警级别设置（见表 8—11）

表 8—11　　　　　　　　　　　　　　　　报警级别

起止比率	总比率	级别名称
0～10%	10	A
10%～30%	30	B
30%～50%	50	C
50%～100%	100	D
100%以上		E

3. 期初余额（见表 8—12 和表 8—13）

表 8—12　　　　　应收账款会计科目期初余额明细（部门客户往来核算）　　余额:借 155 924.01 元

单据日期	发票类型	部门	客户	摘要	方向	金额
2013—04—23	销售专用发票	销售部	迅捷贸易	赊销冰箱	借	88 540.00
2013—05—10	销售专用发票	销售部	香水湾	赊销电视	借	67 384.01

表 8—13　　　　　应付账款会计科目期初余额明细（部门供应商往来核算）　　余额:贷 173 983.89 元

单据日期	发票类型	部门	供应商	摘要	方向	金额
2013—04—15	采购专用发票	采购部	大兴电器	赊购原材料	贷	68 750.00
2013—05—07	采购专用发票	采购部	远通电子	赊购原材料	贷	105 233.89

4. 应收款系统经济业务

(1)6月1日,收到迅捷贸易公司交来的转账支票一张,金额为 88 540 元,支票号为 YZ001,用以归还前欠货款。

(2)6月4日,销售部马弘扬向海商集团售出 LED 背光电视 150 台,单价为 6 000 元/台;双门冰箱 120 台,单价为 2 000 元/台,开出增值税专用发票。货已发出,同时代垫运费 1 000 元。

(3)6月6日,销售部陈静向好兆头公司售出等离子电视 100 台,单价为 1 000 元/台,开出增值税专用发票。商品自提,同时收到转账支票一张,支票号为 YZ002。

(4)6月7日,收到香水湾公司交来转账支票一张,金额为 72 000 元,支票号为 YZ003,作为预购单门冰箱的定金。

(5)6月10日,因产品质量问题,海商集团退回 LED 背光电视 20 台,同时收到转账支票一张,金额为 1 200 000 元,支票号为 YZ004,用以偿还前欠货款及代垫剩余款运费,转为预收账款。

(6)6月13日,香水湾公司以预购单门冰箱的定金偿还前欠货款。

(7)6月17日,销售部马弘扬向迅捷贸易公司售出等离子电视 100 台,单价为 1 000 元/台;LED 背光电视 50 台,单价为 1 000 元/台;波轮洗衣机 50 台,单价为 700 元/台;三门冰箱 50 台,单价为 3 000 元/台,开出增值税专用发票,货款以不带息商业汇票方式结算(票号为 0714,期限为 3 个月)。

(8)6月20日,销售部马弘扬向迅捷贸易公司赊销等离子电视 10 台,单价为 1 000 元/台,开出增值税专用发票。

(9)6月23日,迅捷贸易公司发生债务危机,预计 6 月 20 日赊销的账款无法收回,发生坏账 11 700 元。

(10)6月28日,销售部马弘扬向海商集团赊销 LED 背光电视 100 台,单价为 6 000 元/台;滚筒洗衣机 60 台,单价为 500 元/台;双门冰箱 40 台,单价为 2 000 元/台,开出增值税专用发票。

(11)6月29日,迅捷贸易公司债务危机解除,收回坏账 11 700 元。

(12)6月30日,计提坏账准备。

5. 应付款系统经济业务

(1)6月2日,采购员张佳琪从大型电器公司采购主板 30 个,单价为 400 元/个,收到采购专用发票,款未付。

(2)6月5日,采购员梁功仁向莱昂科技公司采购液晶屏 100 个,单价为 720 元/个;电源板 50 个,单价为 300 元/个,收到采购专用发票,货款已付,支票号为 CN001。

(3)6月7日,财务处开出转账支票一张,用以结算向大兴电器购货欠款,金额为 82 790 元,支票号为 CN002。

(4)6月8日,财务处向运通电子开出转账支票一张,票面金额为 100 000 元,支票号为 CN003,用以订购扬声器。

(5)6月15日,采购员张佳琪从汉恩电器公司采购液晶屏 50 个,单价为 700 元/个,收到采购专用发票和 500 元运费发票,开出不带息商业汇票一张(票号为 0526,期限为 3 个月)。

(6)6 月 16 日,因液晶屏质量有问题,向莱昂科技公司退回 5 个,退货款转为预付款。

(7)6 月 20 日,以订购扬声器的款项偿还向远通电子公司赊购原材料的欠款。

(8)6 月 23 日,以应收海商集团的货款冲抵应付运通电子的购货款。

(9)6 月 28 日,采购员梁国仁向远通电子公司采购电源板 100 个,单价为 300 元/个;主板 50 个,单价为 370 元/个。收到采购专用发票,款未付。

(10)6 月 28 日,采购员张佳琪向大兴电器公司采购扬声器 70 个,单价为 120 元/个,收到采购专用发票,款未付。

(11)6 月 30 日,将应付大兴电器公司的货款转给运通电子公司。

【实验指导】

1. 启用应收应付款管理系统

以账套主管"赵亮(Lt001)"的身份登录企业应用平台,执行"基础设置 | 基本信息 | 系统启用"命令,启用"应收款管理"和"应付款管理"系统,启用日期为"2013-06-01"。

◇ 提示 ◇

应收应付系统采用详细方案进行业务核算时,销售系统和采购系统不能启用;否则,在应收应付系统中无法填写采购和销售发票。

系统启用后必须重新注册;否则,启用的系统将不会出现。

2. 应收款管理系统初始设置

(1)参数设置

在企业应用平台中,执行"业务工作"|"财务会计"|"应收款管理"|"设置"|"选项"命令,进入账套参数设置。单击"编辑"按钮,按实验资料设置应收款参数。

◇ 提示 ◇

应收款管理系统的核销方式一经确定,不允许调整。

在详细方案和简单方案的选择中,详细方案可以调整为简单方案,简单方案不可调整为详细方案,所以选择要慎重。

如果本年度已经计提坏账准备,则坏账处理方式不可修改,只能到下一年度调整。

(2)初始设置

在企业应用平台中,执行"业务工作"|"财务会计"|"应收款管理"|"初始设置"命令,进入初始设置。

①点击"基础科目设置",进入基础科目设置页面,按实验资料设置基础科目。

②点击"结算方式科目设置",进入结算方式科目设置页面,按实验资料设置结算方式科目。

③点击"坏账准备设置",进入坏账准备设置页面,按实验资料设置坏账准备。

　　④点击"账期内账龄区间设置",进入账期内账龄区间设置页面,按实验资料设置账期内账龄区间。

　　⑤点击"逾期账龄区间设置",进入逾期账龄区间设置页面,按实验资料设置逾期账龄区间。

　　⑥点击"报警级别设置",进入报警级别设置页面,按实验资料设置报警级别。

3. 应付款管理系统初始设置

（1）参数设置

　　在企业应用平台中,执行"业务工作"|"财务会计"|"应付款管理"|"设置"|"选项"命令,进入账套参数设置。单击"编辑"按钮,按实验资料设置应付款参数。

（2）初始设置

　　在企业应用平台中,执行"业务工作"|"财务会计"|"应付款管理"|"初始设置"命令,进入初始设置。

　　①点击"基础科目设置",进入基础科目设置页面,按实验资料设置基础科目。

　　②点击"产品科目设置",进入产品科目设置页面,按实验资料设置产品科目。

　　③点击"结算方式科目设置",进入结算方式科目设置页面,按实验资料设置结算方式科目。

　　④点击"账期内账龄区间设置",进入账期内账龄区间设置页面,按实验资料设置账期内账龄区间。

　　⑤点击"逾期账龄区间设置",进入逾期账龄区间设置页面,按实验资料设置逾期账龄区间。

　　⑥单击"报警级别设置",进入报警级别设置页面,按实验资料设置报警级别。

4. 期初余额录入

　　（1）在企业应用平台中,执行"业务工作|财务会计|应收款管理|设置|期初余额|期初余额查询"命令,单击"确定"按钮进入"期初余额明细表"窗口。

　　（2）单击"增加"按钮,打开"单据类别——期初销售专用发票",根据资料(辅助明细账数据)的要求录入相关信息并保存。

　　（3）在期初余额明细表界面单击"对账"按钮,进入期初对账窗口,查看应收系统与总账系统的期初余额是否平衡。

◇ 提示 ◇

输入期初发票时要确定科目,以便与总账系统的应收账款对账。

应收系统与总账系统期初余额对账的差额应为零,两个系统的客户往来科目的期初余额应完全一致。

应付系统期初余额录入与应收系统雷同,可参照应收系统初始数据流程处理。

5. 应收款系统日常业务处理

(1)收到前欠货款

①应收款管理│收款单据录入│收款单│根据资料要求录入相关信息│审核制单。

借:银行存款/工行存款(100201)　　　　　　　　　　88 540

　　贷:应收账款(1122)　　　　　　　　　　　　　　　　88 540

②应收款管理│核销处理│手工核销│迅捷贸易│核销(保存)。

◇ 提示 ◇

录入收款单内容时,结算方式、结算科目及金额不能为空,系统自动生成的结算单号不能修改。

收款单录入完毕,需进行审核,如果启用审核后核销的参数,就会出现单张收款单核销界面,通过选择相应的期初发票或本期应收单进行“货款两清”状态下的核销。

已核销的收款单不允许修改和删除。

审核制单时,保存凭证会出现现金流量录入,根据要求录入现金流量项目。总账中需有出纳员签字。

(2)销售商品,代垫运费,货款未收

①应收款管理│应收单据录入│销售专用发票│根据资料要求录入相关信息│审核制单。

借:应收账款(1122)　　　　　　　　　　　　　　1 333 800

　　贷:主营业务收入(6001)　　　　　　　　　　　1 140 000

　　　　应交税费/应交增值税/销项税额(22210102)　　193 800

◇ 提示 ◇

如果应收款系统与销售系统集成使用,则销售发票应在销售系统中录入,在应收系统中进行审核、制单、核销和查询等。

如果不使用销售系统,则在应收系统中录入并审核销售发票,以形成应收款,并对发票进行制单、核销和查询等。

已审核和生成凭证的应收单不能修改或删除,若要修改和删除,必须取消相应的操作。

②应收款管理│应收单据录入│应收单│其他应收单│根据资料要求录入相关信息│审核制单。

借:应收账款(1122)　　　　　　　　　　　　　　1 000

　　贷:银行存款/工行存款(100201)　　　　　　　　1 000

◇ 提示 ◇

应收系统与销售系统集成使用时,需对由销售系统中的代垫费用单所形成的应收单进行审核。

(3)销售商品,收到货款

①应收款管理｜应收单据录入｜销售专用发票｜根据资料要求录入相关信息｜审核制单。

借:应收账款(1122)　　　　　　　　　　　　　　　　　　　　117 000

　　贷:主营业务收入(6001)　　　　　　　　　　　　　　　　100 000

　　　　应交税费/应交增值税/销项税额(22210102)　　　　　17 000

②应收款管理｜收款单据录入｜收款单｜根据资料要求录入相关信息｜审核制单。

借:银行存款/工行存款(100201)　　　　　　　　　　　　　　117 000

　　贷:应收账款(1122)　　　　　　　　　　　　　　　　　　117 000

③应收款管理｜核销处理｜手工核销｜迅捷贸易｜核销(保存)。

(4)收到订货款

应收款管理｜收款单据录入｜收款单｜根据资料要求录入相关信息｜审核制单。

借:银行存款/工行存款(100201)　　　　　　　　　　　　　　72 000

　　贷:预收账款(2203)　　　　　　　　　　　　　　　　　　72 000

◇ 提示 ◇

将表体中的款项类别选项改成预收款。

全部款项形成预收款的收款单可以在"结算单查询"功能中查看。

此单据在之后的"预收冲应收"以及核销等操作中将会使用。

(5)退货业务

①应收款管理｜应收单据录入｜销售专用发票(选择负向)｜根据资料要求录入相关信息｜审核制单。

借:应收账款(1122)　　　　　　　　　　　　　　　　　　　　140 400

　　贷:主营业务收入(6001)　　　　　　　　　　　　　　　　120 000

　　　　应交税费/应交增值税/销项税额(22210102)　　　　　20 400

◇ 提示 ◇

退货需要填写红字销售专用发票。在红字发票中所填写的单价不变,只是数量应该用负数填写。

②应收款管理｜转账｜红票对冲｜手工对冲｜海商集团｜选择金额｜保存。

◇ 提示 ◇

红票对冲时,是否生成凭证与应收系统参数中的设置有关。

③应收款管理｜收款单据录入｜收款单｜根据资料要求录入相关信息｜审核制单。

借:银行存款/工行存款(100201)　　　　　　　　　　　　　　1 200 000

　　贷:应收账款(1122)　　　　　　　　　　　　　　　　　　1 194 400

　　　　预收账款(2203)　　　　　　　　　　　　　　　　　　5 600

◇ 提示 ◇

收款单为1 200 000元,实际货款及代垫运费合计数为1 194 400元,还剩5 600元作为预收款。

④应收款管理｜核销处理｜手工核销｜海商集团｜核销(保存)。

(6)以预收款抵扣前欠货款

应收款管理｜转账｜预收冲应收｜香水湾｜过滤｜在转账总金额处输入金额｜自动转账｜制单。

借：预收账款(2203)　　　　　　　　　　　　　　　　　　　67 384.01

　　贷：应收账款(1122)　　　　　　　　　　　　　　　　　　　　67 384.01

```
◇ 提示 ◇
    每一笔应收款的转账金额不能大于余额。
    应收款的转账金额合计数应等于预收款的转账金额合计数。
    在初始设置时,如果将应收科目和预收科目设置为同一科目,将不允许通过预收冲应收功能生成
凭证。
    此笔预收款也可以不先冲应收款,待收到此笔货款的剩余款项并进行核销,同时使用此笔预收款
时进行核销。
```

(7)销售商品,票据结算

①应收款管理｜应收单据录入｜销售专用发票｜根据资料要求录入相关信息｜审核制单。

借：应收账款(1122)　　　　　　　　　　　　　　　　　　　684 450

　　贷：主营业务收入(6001)　　　　　　　　　　　　　　　　　585 000

　　　　应交税费/应交增值税/销项税额(22210102)　　　　　　99 450

②应收款管理｜票据管理｜过滤｜增加｜根据资料要求录入相关信息｜保存。

```
◇ 提示 ◇
    填写应收票据时,首先要把计算机系统日期格式改成"yyyy ｜ MM ｜ dd",具体修改方法为:开
始｜控制面板｜区域和语言选项｜日期｜日期格式。
    应收票据的保存、背书、贴现、转出和结算等操作均可以在此处理。
    应收票据保存后会在收款单据界面自动生成一张收款单,此收款单不可修改,只可审核;如果发
现错误,需要修改应收票据。
    应收票据产生的收款单可用于核销。
```

③应收款管理｜收款单据审核｜选择单据｜审核。

④应收款管理｜制单处理｜勾选收付款单制单｜选择｜制单。

借：应收票据(1121)　　　　　　　　　　　　　　　　　　　684 450

　　贷：应收账款(1122)　　　　　　　　　　　　　　　　　　　684 450

⑤应收款管理｜核销处理｜手工核销｜迅捷贸易｜核销(保存)。

(8)赊销商品

应收款管理｜应收单据录入｜销售专用发票｜根据资料要求录入相关信息｜审核制单。

借：应收账款(1122)　　　　　　　　　　　　　　　　　　　11 700

　　贷：主营业务收入(6001)　　　　　　　　　　　　　　　　　10 000

　　　　应交税费/应交增值税/销项税额(22210102)　　　　　　1 700

(9)发生坏账

在企业应用平台中,执行"业务工作"|"财务会计"|"应收款管理"|"坏账处理"|"坏账发生"|"迅捷贸易"命令,选择"金额"。单击"确认"按钮进行制单。

借:坏账准备(1231)   11 700
    贷:应收账款(1122)   11 700

◇ **提示** ◇
如果坏账准备已计提成功,则在本年度将不能再次计提坏账准备。

(10)赊销商品

应收款管理|应收单据录入|销售专用发票|根据资料要求录入相关信息|审核制单。

借:应收账款(1122)   824 850
    贷:主营业务收入(6001)   705 000
        应交税费/应交增值税/销项税额(22210102)   119 850

(11)收回坏账

①应收款管理|收款单据录入|收款单|根据资料要求录入相关信息|保存不审核。

◇ **提示** ◇
用于坏账收回调用的收款单只能保持保存状态,不能做其他操作处理。

②应收款管理|坏账处理|坏账收回|迅捷贸易|结算单号|制单。

借:银行存款/工行存款(100201)   117 000
    应收账款(1122)   117 000
    贷:应收账款(1122)   117 000
        坏账准备(1231)   117 000

(12)计提坏账准备

应收款管理|坏账处理|计提坏账准备|确认|制单。

借:管理费用/其他/财务部(660208)   4 073.17
    贷:坏账准备(1231)   4 073.17

(13)制单

立即制单:在单据进行了相应的保存、审核操作后,如果出现"是否立刻制单"的提示框,可以运行立即制单功能。

批量制单:应收款管理|制单处理|发票制单(应收单、收款单据、转账等多种操作制单)|凭证类别选择|制单|保存。

◇ **提示** ◇
执行生成凭证的操作员必须在总账中拥有用户制单的权限。
制单日期应大于等于所选单据的最大日期,但要小于当前业务日期;同时,制单日期应满足总账系统中的制单序时要求。

6. 应付款系统日常业务处理

应付款系统日常业务处理的部分内容可以参照应收款系统日常业务处理的流程来完成。

（1）赊购材料

应付款管理｜应付单据处理｜应付单据录入｜采购专用发票｜根据资料要求录入相关信息｜审核制单。

借：原材料/电视原材料/主板(14030101)	12 000
应交税费/应交增值税/进项税额(22210101)	2 040
贷：应付账款(2202)	14 040

（2）购买材料，货款已付

①应付款管理｜应付单据处理｜应付单据录入｜采购专用发票｜根据资料要求录入相关信息｜审核制单。

借：原材料/电视原材料/液晶屏(14030103)	72 000
原材料/电视原材料/电源板(14030104)	15 000
应交税费/应交增值税/进项税额(22210101)	14 790
贷：应付账款(2202)	101 790

②应付款管理｜付款单据处理｜付款单据录入｜付款单｜根据资料要求录入相关信息｜审核制单。

借：应付账款(2202)	101 790
贷：银行存款/工行存款(100201)	101 790

③应付款管理｜核销处理｜手工核销｜莱昂科技｜核销(保存)。

（3）支付前欠货款

①应付款管理｜付款单据处理｜付款单据录入｜付款单｜根据资料要求录入相关信息｜审核制单。

借：应付账款(2202)	82 790
贷：银行存款/工行存款(100201)	82 790

②应付款管理｜核销处理｜手工核销｜大兴电器｜核销(保存)。

（4）支付订金

应付款管理｜付款单据处理｜付款单据录入｜付款单｜根据资料要求录入相关信息｜审核制单。

借：预付账款(1123)	100 000
贷：银行存款/工行存款(100201)	100 000

◇ 提示 ◇

在表体部分的款项类型处选择"预付款"。

（5）购买材料，支付货款与运费

◇ 提示 ◇

采购材料录入采购专用发票，运费发票用采购普通发票代替。

①应付款管理｜应付单据处理｜应付单据录入｜采购专用发票｜根据资料要求录入相关信息｜审核不制单。

②应付款管理｜应付单据处理｜应付单据录入｜采购普通发票｜根据资料要求录入相关

信息｜审核不制单。

◇ **提示** ◇
运输费要计入购买材料的成本中,所以在填写普通发票时,存货选择液晶屏,不选择运输费。

③应付款管理｜制单处理｜勾选发票制单｜全选｜合并｜制单。

借:原材料/电视原材料/液晶屏(14030103)	35 465
应交税费/应交增值税/进项税额(22210101)	5 985
贷:应付账款(2202)	41 450

④应付款管理｜票据管理｜过滤｜增加｜根据资料要求录入相关信息｜保存。

⑤应付款管理｜付款单据处理｜付款单据审核｜打开自动生成的付款单｜审核制单。

借:应付账款(2202)	41 450
贷:应付票据(2201)	41 450

⑥应付款管理｜核销处理｜手工核销｜韩恩电器｜核销(保存)。

(6)退货业务

①应付款管理｜其他处理｜核销｜莱昂科技｜选择｜确认。

②应付款管理｜付款单据处理｜付款单据审核｜勾选"已审核"｜确定｜选择"2013—06—05"的单据｜弃审。

◇ **提示** ◇
单据已经审核制单,弃审时会提示是否同步删除已生成的凭证,点击"是"按钮即可。

③应付款管理｜应付单据处理｜应付单据录入｜采购专用发票(负向)｜根据资料要求录入相关信息(数量为负数)｜审核制单。

借:原材料/电视原材料/液晶屏(14030103)	3 600
应交税费/应交增值税/进项税额(22210101)	612
贷:应付账款(2202)	4 212

④应付款管理｜转账｜红票对冲｜手工对冲｜莱昂科技｜选择金额｜保存。

⑤应付款管理｜付款单据处理｜付款单据审核｜打开"2013—06—05"的单据｜修改｜在表体部分将金额修改成"97578"｜增行｜在项目类型处选择"预付款"｜保存｜审核制单。

⑥应付款管理｜核销处理｜手工核销｜莱昂科技｜核销(保存)。

(7)预付冲应付

应付款管理｜转账｜预付冲应付｜远通电子｜过滤｜应付款过滤｜选择转账金额｜确定｜制单。

借:预付账款(1123)	100 000
贷:应付账款(2202)	100 000

(8)应收冲应付(应付冲应收)

应付款管理｜转账｜应付冲应收｜应付｜供应商(远通电子)｜过滤｜应收｜客户(海商集团)｜过滤｜输入转账金额｜自动转账｜制单。

借:应付账款(2202)	5 233.89
贷:应收账款(1122)	5 233.89

（9）赊购材料

应付款管理｜应付单据处理｜应付单据录入｜采购专用发票｜根据资料要求录入相关信息｜审核制单。

借：原材料/电视原材料/主板（14030101）　　　　　　　　　　18 500

　　原材料/电视原材料/电源板（14030104）　　　　　　　　　30 000

　　应交税费/应交增值税/进项税额（22210101）　　　　　　　8 245

　　　贷：应付账款（2202）　　　　　　　　　　　　　　　　　　56 745

（10）赊购材料

应付款管理｜应付单据处理｜应付单据录入｜采购专用发票｜根据资料要求录入相关信息｜审核制单。

借：原材料/电视原材料/扬声器（14030102）　　　　　　　　　8 400

　　应交税费/应交增值税/进项税额（22210101）　　　　　　　1 428

　　　贷：应付账款（2202）　　　　　　　　　　　　　　　　　　9 828

（11）应付冲应付

应付款管理｜转账｜应付冲应付｜转出户（大型电器）｜转入户（远通电子）｜过滤｜选择金额｜确定｜制单。

借：应付账款（2202）　　　　　　　　　　　　　　　　　　　9 828

　　　贷：应付账款（2202）　　　　　　　　　　　　　　　　　　9 828

7. 月末结账

①应收款（应付款）系统｜期末处理｜月末结账｜选中结账月标志栏｜按照系统提示操作｜完成｜结账月份出现"已结账"标志。

◇ **提示** ◇

本月单据在结账前应全部审核，本月的结算单在结账前应全部核销。

只有在应收系统结账后，总账系统才能结账。

应收系统与销售系统集成使用时，应在销售系统结账后，应收系统才能结账。

②应收款（应付款）系统｜期末处理｜取消月结｜选中最后一个结账月标志栏｜确定｜取消结账成功｜结账月份"已结账"标志消失。

◇ **提示** ◇

如果当月总账管理系统已经结账，则应收款管理系统不能取消结账。

第9章 供应链管理

9.1 供应链管理系统概述

供应链管理系统是用友 ERP-U8 管理软件的主要组成部分,它突破了会计核算软件单一财务管理的局限,实现了从财务管理到企业财务业务一体化的全面管理,实现了物流管理和资金流管理的统一。

9.1.1 供应链管理系统应用方案

用友 ERP-U8 供应链管理系统是用友 ERP-U8 企业应用套件的重要组成部分,它以企业购、销、存业务环节中的各项活动为对象,记录各项业务的发生并有效跟踪其发展过程,为财务核算、业务分析、管理决策提供依据,并实现财务、业务一体化全面管理,实现物流、资金流和信息流管理的统一。用友 ERP-U8 供应链管理系统包括合同管理、采购管理、销售管理、库存管理、存货管理和质量管理等几个模块,其中的每个模块既可以单独使用,也可以与相关子系统联合使用。

9.1.2 供应链管理系统的功能模块

用友 ERP-U8 供应链管理中的模块众多、功能强大、比较复杂,本章将从实际应用的角度介绍供应链中的采购管理、销售管理、库存管理和存货核算四个模块。

1. 采购管理

采购管理帮助企业对采购业务的全部流程进行管理,提供请购、订货、到货、检验、入库、开票和采购结算的完整采购流程,支持普通采购、受托代销和直运等多种类型的采购业务,支持按询价、比价方式选择供应商,支持以订单为核心的业务模式。企业可以根据实际情况进行采购流程的定制,既可以选择按规范的标准流程操作,又可以按最简约的流程来处理实际业务,方便构建企业自己的采购业务管理平台。

2. 销售管理

销售管理帮助企业对销售业务的全部流程进行管理,提供报价、订货、发货和开票的完整销售流程,支持普通销售、委托代销、分期收款、直运、零售和销售调拨等多种类型的销售业务,支持以订单为核心的业务模式,并可以对销售价格和信用进行实时监控。企业可以根据实际情况进行销售流程的定制,构建自己的销售业务管理平台。

3. 库存管理

库存管理主要是从数量的角度管理存货的出入库业务,满足采购入库、销售出库、产成品入库、材料出库、其他出入库和盘点管理等业务需要,提供多计量单位使用、仓库货位管理、批次管理、保质期管理、出库跟踪、入库管理和可用量管理等全范围的业务应用。通过对存货的收、发、存业务的处理,及时、动态地掌握各种库存存货信息,对库存安全性进行控制,提供各种储备分析,避免库存积压占用资金或材料短缺影响生产。

4. 存货核算

存货核算是从资金的角度管理存货的出入库业务,掌握存货耗用情况,及时、准确地把各类存货成本归集到各成本项目和成本对象上。存货核算主要用于核算企业的入库成本、出库成本和结余成本,反映和监督存货的收发、领退和保管情况,反映和监督存货资金的占用情况,反映存货资金的增减变动,提供存货资金周转和占用分析,以降低库存,减少资金积压。

9.1.3 供应链管理系统的业务处理流程

在企业的日常工作中,采购供应部门、仓库、销售部门和财务部门等涉及购、销、存业务及核算的处理,各个部门的管理内容不同,工作的延续性是通过单据在不同部门之间的传递来完成的。那么,这些工作在软件中是如何体现的?计算机环境下的业务处理流程与手工环境下的业务处理流程存在差异,如果缺乏对供应链管理系统业务流程的了解,就无法实现部门间的协调与配合,就会影响系统的效率。

用友 ERP-U8 供应链管理系统的各个模块提供了对采购、销售等业务环节的控制,以及对库存资金占用的控制,能够完成对存货出入库成本的核算,使企业的管理模式更符合实际情况,可以制定出最佳的企业运营方案,实现管理的高效率、实时性、安全性和科学性。供应链管理系统的业务处理流程如图 9-1 所示。

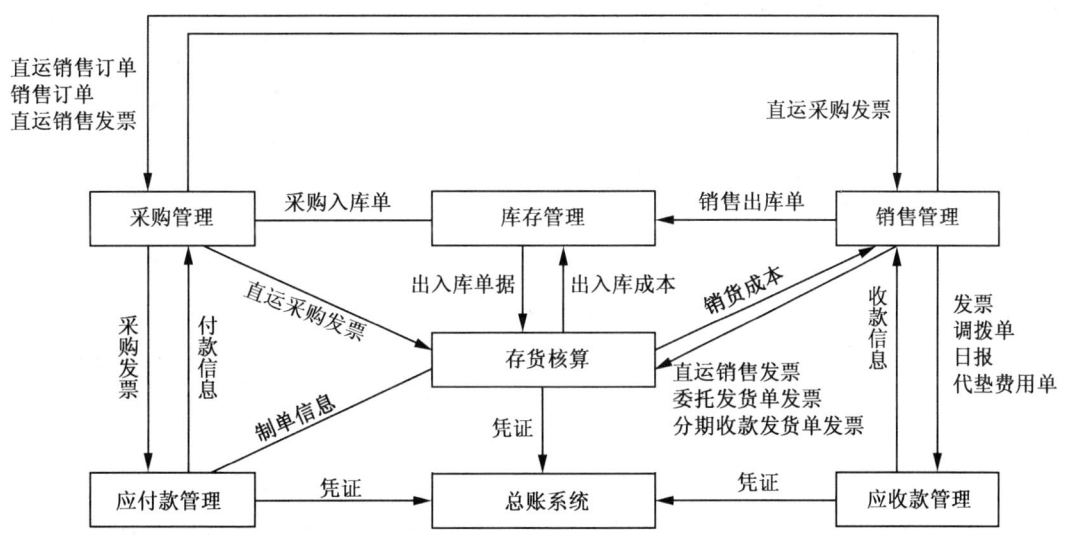

图 9-1 供应链管理系统操作流程

9.2　供应链管理系统初始化

供应链管理系统初始化包括供应链管理系统建账、基础档案设置及期初数据录入等工作。

9.2.1　供应链管理系统建账

企业建账过程在第三章已有描述,这里只需启用相关子系统。与以前的软件版本相比,用友 ERP-U8 供应链管理系统功能更完善、使用更方便、适用面更广、更具开放性,这意味着系统内蕴含了丰富的参数开关、个性化设置细节等,为了能更清晰地了解各项参数与业务之间的关系,参数设置在业务处理时一并介绍。

9.2.2　基础档案设置

本章之前设计的实验中都有基础信息的设置,但基本限于与财务相关的信息,除此以外,供应链管理系统还需要增设与业务处理、查询统计、财务连接相关的基础信息。

1. 基础档案信息

使用供应链管理系统之前,应做好手工基础数据的准备工作,如对存货进行合理分类、准备存货的详细档案、进行存货数据的整理及账面数据的核对等。供应链管理系统需要增设的基础档案信息包括以下几项:

(1)存货分类

如果企业存货较多,则需要按照一定的方式进行分类管理。存货分类是指按照存货固有的特征或属性将存货划分为不同的类别,以便分类核算与统计。例如,工业企业可以将存货划分为原材料、产成品和应税劳务等,商业企业可以将存货划分为商品、应税劳务等。

在企业日常购销业务中,经常会发生一些劳务费用,如运输费、装卸费等,这些费用也是构成企业存货成本的一个组成部分,并且它们可以拥有不同于一般存货的税率。为了能够正确反映和核算这些劳务费用,一般在存货分类中单独设置一类,如"应税劳务"或"劳务费用"。

(2)计量单位

企业的存货种类繁多,不同的存货有不同的计量单位。有些存货的财务计量单位、库存计量单位和销售发货单位一致,如显示器的这三种计量单位均为"台"。同一种存货用于不同的业务,其计量单位可能不同。例如,对某种商品来说,其核算单位可能是"只",也就是说,财务上按"只"计价;而其库存单位可能按"件",1 件=20 只;对客户发货时可能按"箱",1 箱=100 只。因此,在开展企业日常业务之前,需要定义存货的计量单位。

(3)存货档案

在"存货档案"窗口中包括 8 个选项卡:基本、成本、控制、其他、计划、MPS/MRP、图片及附件。

在"基本"选项卡中有 25 个复选框,用于设置存货属性。设置存货属性的目的是在填制单据参照存货时缩小参照范围。

①销售(内销、外销):用于发货单、销售发票、销售出库单等与销售有关的单据参照使用,表示该存货可用于销售。

②外购：用于购货所填制的采购入库单、采购发票等与采购有关的单据参照使用，在采购发票、运费发票上一起开具的采购费用也应设置为外购属性。

③生产耗用：存货可在生产过程中被领用、消耗。生产产品耗用的原材料、辅助材料等在开具材料领料单时参照。

④自制：由企业生产自制的存货，如产成品、半产品等，主要用在开具产成品入库单时参照。

⑤在制：是指尚在加工制造中的存货。

⑥应税劳务：是指在采购发票上开具的运输费、包装费等采购费用及开具在销售发票或发货单上的应税劳务、非应税劳务等。

在"控制"选项卡中有 20 个复选框，其中：

一是是否批次管理——对存货是否按批次进行出入库管理。该项必须在库存管理系统的账套参数中选中"有批次管理"复选框后方可设定。

二是是否保质期管理——有保质期管理的存货必须有批次管理。因此，该项也必须在库存管理系统的账套参数中选中"有批次管理"复选框后方可设定。

三是是否呆滞积压——存货是否呆滞积压完全由用户自行决定。

（4）仓库档案

存货一般是存放在仓库保管的。对存货进行核算管理就必须建立仓库档案。

（5）收发类别

收发类别用来表示存货的出入库类型，便于对存货的出入库情况进行分类汇总统计。

（6）采购类型/销售类型

定义采购类型和销售类型，能够按采购类型、销售类型对采购、销售业务数据进行统计和分析。采购类型和销售类型均不分级次，根据实际需要设立。

（7）产品结构

产品结构用来定义产品的组成，包括组成成分和数量关系，以便用于配比出库、组装拆卸、消耗定额、产品材料成本、采购计划和成本核算等引用。产品结构中引用的物料必须首先在存货档案中定义。

（8）费用项目

销售过程中有很多不同的费用发生，如代垫费用、销售支出等，在系统中将其设置为费用项目，以方便记录和统计。

2. 设置存货系统业务科目

存货核算系统是供应链管理系统与财务系统联系的"桥梁"，各种存货的购进、销售及其他入库业务均在存货核算系统中生成凭证，并传递到总账管理系统。为了快速、准确地完成制单操作，应事先设置凭证上的相关科目。

（1）设置存货科目

设置存货科目是指设置生成凭证所需要的各种存货科目和差异科目。存货科目既可以按仓库，也可以按存货分类分别进行设置。

（2）设置对方科目

设置对方科目是指设置生成凭证所需要的存货对方科目，可以按收发类别设置。

9.2.3 供应链管理系统期初数据

在供应链管理系统中,期初数据录入是一个非常关键的环节,期初数据的录入内容及顺序如表9—1所示。

表9—1 供应链管理系统期初数据

系统名称	操　作	内　容	说　明
采购管理	录入	期初暂估入库 期初在途存货	暂估入库是指货到票未到 在途存货是指票到货未到
	期初记账	采购期初数据	没有期初数据也要执行期初记账,否则不能开始日常业务
销售管理	录入并审核	期初发货单 期初委托代销发货单 期初分期收款发货单	已发货出库,但未开票 已发货未结算的数量(委托代销) 已发货未结算的数量(分期收款)
库存	录入(取数)审核	库存期初余额 不合格品期初数据	库存和存货共用期初数据 未处理的不合格品结存量
存货	录入(取数)记账	存货期初余额 期初分期收款发出商品余额	

9.3　供应链管理系统业务处理

9.3.1 采购管理系统业务

采购业务处理主要包括对请购、订货、到货、入库、采购发票和采购结算等采购业务全过程的管理,可以处理普通采购业务、委托代销业务和直运业务等业务类型。企业根据实际业务情况,对采购业务流程进行配置。采购系统能够提供采购明细表、增值税抵扣明细表和各种统计表等供用户查询,提供采购成本分析、供应商价格对比分析等综合分析。

1. 采购系统与其他系统的关系

采购管理系统可参照销售管理系统的销售订单生成采购订单。在直运业务必有订单模式下,直运采购订单必须参照直运销售订单生成,直运采购过程中的发票必须参照直运采购订单生成;如果直运业务非必有订单,那么,直运采购发票和直运销售发票可相互参照。

库存管理系统可以参照采购管理系统的采购订单、采购到货单生成采购入库单,并将入库情况反馈到采购管理系统。

采购发票在采购管理系统录入后,在应付款管理系统中审核等级应付明细账,进行制单生成凭证。应付款系统进行付款并核销相应应付单据后回写付款核销信息。

直运采购发票在存货核算系统记账,登记存货明细表并制单生成凭证。采购结算单在存货核算系统制单生成凭证,存货核算系统为采购管理系统提供采购成本。采购管理系统与其他管理系统的主要关系如图9—2所示。

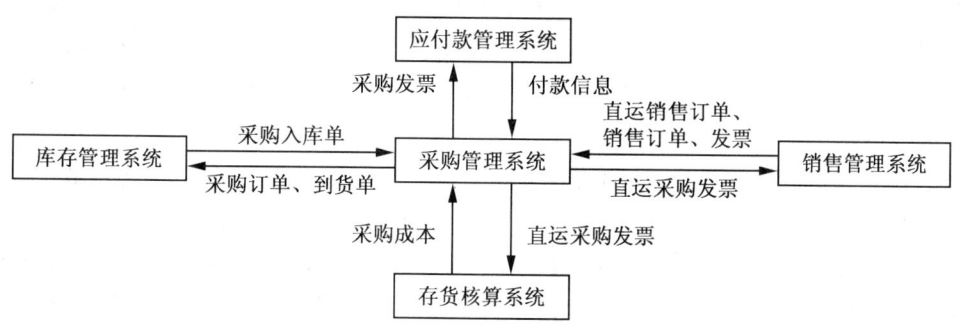

图 9-2　采购管理系统与其他管理系统的主要关系

2. 采购普通业务处理

普通采购业务适合大多数企业的日常采购业务,提供对采购请购、采购订货、采购入库、采购发票、采购成本核算和采购付款全过程的管理。

(1)采购请购

采购请购是指企业内部各部门向采购部门提出采购申请,或采购部门汇总企业内部采购需求,列出采购清单。请购是采购业务的起点,可以依据审核后的采购请购单生成采购订单。在采购业务流程中,请购环节是可省略的。

(2)采购订货

订货是指企业与供应商签订采购合同或采购协议,确定要货需求。供应商根据采购订单组织货源,企业依据采购订单进行验收。在采购业务流程中,订货环节是可选的。

(3)到货处理

到货处理是采购订货和采购入库的中间环节,一般由采购业务员根据供方通知或送货单填写,确定对方所送货物的数量、价格等信息,以到货单的形式传递到仓库作为保管员收货的依据。在采购业务流程中,到货处理是可选的。

(4)入库处理

采购入库是指将供应商提供的物料检验(也可以免检)确定合格后,放入指定仓库的业务。当采购管理系统与库存管理系统集成使用时,入库业务在库存管理系统中进行处理。当采购管理系统不与库存管理系统集成使用时,入库业务在采购管理系统中进行处理。在采购业务流程中,入库处理是必需的。采购入库单是仓库管理员根据采购到货签收的实收数量填制的入库单据。采购入库单既可以直接填制,也可以拷贝采购订单或采购到货单生成。

(5)采购发票

采购发票是供应商开出的销售货物的凭证,系统根据采购发票确定采购成本,并据以登记应付账款。采购发票按业务性质分为蓝字发票和红字发票;按发票类型分为增值税专用发票、普通发票和运费发票。

采购发票既可以直接填制,也可以从采购订单、采购入库单或其他采购发票拷贝生成。

(6)采购结算

采购结算也称采购报账。在手工业务中,采购业务员拿着经主管领导审批过的采购发票和仓库确定的入库单到财务部门,由财务人员确定采购成本。在本系统中,采购结算是针对采购入库单,根据发票确定其采购成本。采购结算的结果是生成采购结算单,它是记载采购入库单与采购发票对应关系的结算对照表。采购结算分为自动结算和手工结算两种方式。

自动结算是由计算机系统自动对相同供货单位相同且数量相等的存货的采购入库单和采购发票进行结算。

使用"手工结算"功能可以进行正数入库单与负数入库单结算、正数发票与负数发票结算、正数入库单与正数发票结算,以及费用发票单独结算。手工结算时可以结算入库单中的部分货物,未结算的货物可以在取得发票后再结算;可以同时对多张入库单和多张发票进行报账结算。手工结算还支持到下级单位采购、付款给其上级主管单位的结算,支持"三角债"结算,即支持用甲单位的发票结算乙单位的货物。

在实际工作中,有时费用发票在货物发票已经结算后才收到,为了将该笔费用计入对应存货的采购成本,需要采用费用发票单独结算的方式。

3. 采购入库业务处理

按货物和发票到达的先后,可以将采购入库业务划分为单货同行、货到票未到(暂估入库)、票到货未到(在途存货)三种类型,不同的业务类型对应的处理方式有所不同。

(1)单货同行

当采购管理、库存管理、存货核算、应付款管理和总账集成使用时,单货同行的采购业务处理流程(省略请购、订货、到货等可选环节)如图9—3所示。

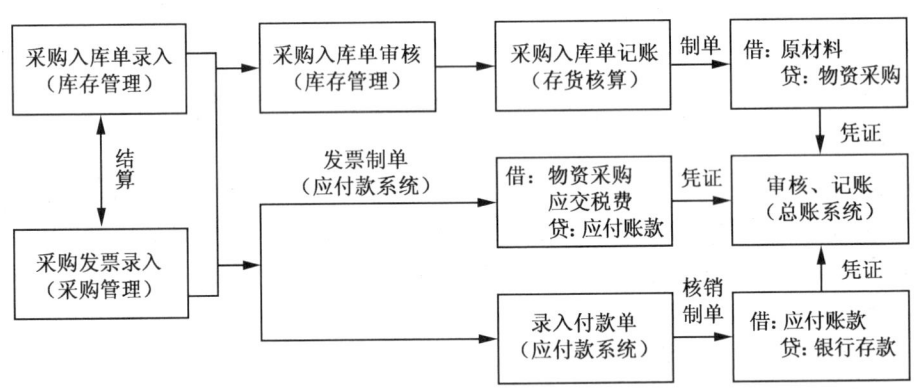

图9—3　单货同行的业务处理流程

(2)货到票未到(暂估入库)

暂估是指本月存货已经入库,但采购发票尚未收到,不能确定存货的入库成本,月底为了正确核算企业的库存成本,需要将这部分存货暂估入账,形成暂估凭证。对暂估业务,系统提供了三种不同的处理方法。

①月初回冲。进入下月后,存货核算系统自动生成与暂估入库单完全相同的红字回冲单,同时登录相应的存货明细账,冲回存货明细账中上月的暂估入库。对红字回冲单进行制单,冲回上月的暂估凭证。

收到采购发票后,录入采购发票,对采购入库单和采购发票做采购结算。结算完毕后,进入存货核算系统,执行"暂估处理"功能。进行暂估处理后,系统根据发票自动生成一张蓝字回冲单,其金额为发票上的报销金额;同时,登记存货明细账,使库存增加。对蓝字回冲单进行制单,生成采购入库凭证。

②单到回冲。下月初不做处理,采购发票收到后,在采购管理中录入并进行采购结算;再到存货核算中进行"暂估处理",系统自动生成红字回冲单、蓝字回冲单,据以登记存货明细账。红字回冲单的入库金额为上月暂估金额,蓝字回冲单的入库金额为发票上的报销金额。在"存货核算——生成凭证"中选择"红字回冲单"和"蓝字回冲单"制单,生成凭证,传递到总账。

③单到补差。下月初不做处理,采购发票收到后,在采购管理中录入并进行采购结算;再到存货核算中进行"暂估处理"。如果报销金额与暂估金额的差额不为零,则产生调整单,一张采购入库单生成一张调整单,用户确定后自动记入存货明细账;如果差额为零,则不生成调整单。最后对调整单制单,生成凭证,传递到总账。

对于暂估业务要注意的是,在月末暂估入库单记账前,要对所有没有结算的入库单填写暂估单价,然后才能记账。

(3)票到货未到(在途存货)业务

如果先收到了供货单位的发票而没有收到供货单位的货物,则可以对发票进行压单处理,待货物到达后一并输入计算机做报账结算处理。但如果需要实时统计在途货物的情况,就必须将发票输入计算机,待货物到达后填制入库单并做采购结算。

4. 采购退货业务

由于材料质量不合格、企业转产等原因,企业可能发生退货业务。针对退货业务发生的不同时机,软件采用了不同的解决方法。

(1)货虽收到,但未办理入库手续

如果尚未录入采购入库单,则只要把货退还给供应商即可,软件中不用做任何处理。

(2)从入库单角度分类

①入库单未记账,即已经录入"采购入库单",但尚未记入存货明细账,此时又分三种情况:

一是未录入"采购发票"。如果是全部退货,可删除"采购入库单";如果是部分退货,可直接修改"采购入库单"。

二是已录入"采购发票"但未结算。如果是全部退货,可删除"采购入库单"和"采购发票";如果是部分退货,可直接修改"采购入库单"和"采购发票"。

三是已经录入"采购发票"并执行了采购结算。若结算后的发票没有付款,此时可取消采购结算,再删除或修改"采购入库单"和"采购发票";若结算后的发票已付款,则必须录入退货单。

②入库单已记账。此时,无论是否录入"采购发票"、是否结算、结算后的"采购发票"是否付款,都需要录入退货单。

(3)从采购发票角度分类

①采购发票未付款。如果入库单尚未记账,则可直接删除"采购入库单"和"采购发票",已结算的"采购发票"需先取消结算再删除。如果入库单已经记账,则必须录入退货单。

②采购发票已付款。此时,无论入库单是否记账,都必须录入退货单。

5. 综合查询

灵活运用采购管理系统提供的各种查询功能,可以有效提高信息利用和采购管理水平。

（1）单据查询

通过"入库单明细列表""发票明细列表""结算单明细列表"和"凭证列表查询"可以分别对入库单、发票、结算单和凭证进行查询。

（2）账表查询

通过对采购管理系统提供的采购明细表、采购统计表、余额表及采购分析表的对比分析，可以掌握采购环节的业务情况，为事中控制和事后分析提供依据。

6. 月末结账

月末结账是将当月的单据数据封存，结账后不允许再对该会计期的采购单据进行增加、修改和删除处理。

9.3.2　销售管理系统业务

1. 销售管理系统的主要功能

销售管理系统是用友 ERP-U8 供应链管理系统的一个子系统，主要功能如下：

（1）销售管理系统初始设置

销售管理系统初始设置包括设置销售管理系统业务处理所需要的各种业务选项、基础档案信息及销售期初数据。

（2）销售业务管理

销售业务管理主要处理销售报价、销售订货、销售发货、销售开票、销售调拨、销售退回、发货折扣、委托代销和零售业务等，并根据审核后的发票或发货单自动生成销售出库单，处理随同货物销售所发生的各种代垫费用，以及在货物销售过程中发生的各种销售支出。

在销售管理系统中，可以处理普通销售、委托代销、直运销售、分期收款销售、销售调拨及零售业务等业务类型。

（3）销售账簿及销售分析

销售管理系统可以提供各种销售明细账、销售明细表及统计表。销售管理系统还提供各种销售分析及综合查询统计分析。

2. 销售管理系统与其他系统的主要关系

采购管理系统可参照销售管理系统的销售订单生成采购订单。在直运业务必有订单的模式下，直运采购订单必须参照直运销售订单生成；如果直运业务非必有订单，那么直运采购发票和直运销售发票可相互参照。

根据选项设置，销售出库单既可以在销售管理系统生成，再传递到库存管理系统审核，也可以在库存管理系统参照销售管理系统的单据生成。库存管理系统为销售管理系统提供可用于销售的存货的可用量。

销售发票、销售调拨单、零售日报、代垫费用单在应收款管理中审核登记应收明细账、制单并生成凭证；应收款管理系统进行收款并核销相应应收单据后，回写收款核销信息。

直运销售发票、委托代销发货单发票和分期收款发货单发票在存货核算系统登记存货明细账、制单并生成凭证。存货核算系统为销售管理系统提供销售成本。

销售管理系统与其他系统的主要关系如图 9—4 所示。

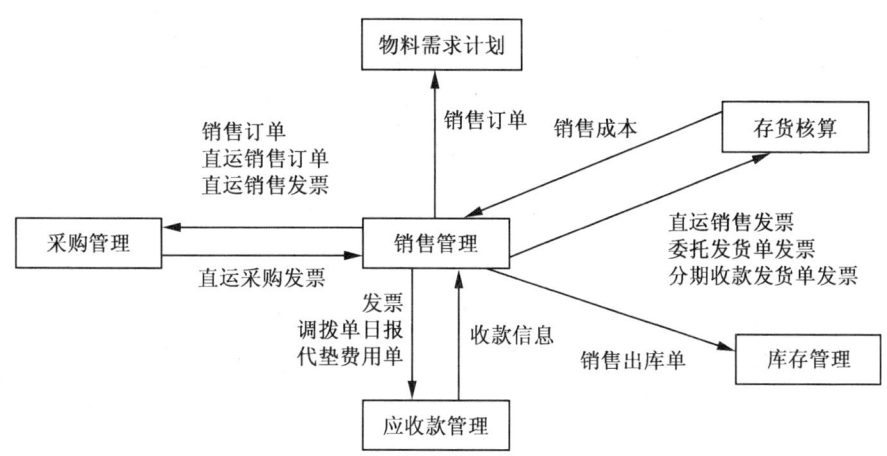

图 9—4　销售管理系统与其他系统的主要关系

3. 普通销售业务

普通销售业务模式适用于大多数企业的日常销售业务。销售管理系统与其他系统一起提供从销售报价、销售订货、销售发货、销售开票、销售出库、销售收款结算到结转销售成本全过程的处理。用户也可以根据企业的实际业务应用,结合本系统对销售流程进行灵活配置。

（1）销售报价

销售报价是企业向客户提供货品规格、价格和结算方式等信息。双方达成协议后,销售报价单可以转为有效力的销售合同或销售订单。企业可以针对不同客户、不同存货或不同批量提出不同的报价、折扣率。在销售业务流程中,销售报价环节是可省略的。

（2）销售订货

销售订货是指企业与客户签订销售合同,在系统中体现为销售订单。若客户经常采购某产品,或客户是企业的经销商,则销售部门无须经过报价环节即可输入销售订单。如果前面已有对客户的报价,也可以参照报价单生成销售订单。在销售业务流程中,订货环节是可选的。

已审核未关闭的销售订单可以参照生成销售发货单或销售发票。

（3）销售发货

当客户订单交期来临时,相关人员应根据订单发货。销售发货是企业执行与客户签订的销售合同或销售订单、将货物发往客户的行为,是销售业务的执行阶段。除了根据销售订单发货外,销售管理系统也有直接发货的功能,即无须事先录入销售订单,随时可以将产品发给客户。在销售业务流程中,销售发货处理是必需的。

在先发货后开票模式中,发货单由销售部门根据销售订单填制或手工输入,客户通过发货单取得货物所有权。发货单审核后,可以生成销售发票和销售出库单。在开票直接发货模式中,发货单由销售发票自动生成。发货单只能浏览,不能进行修改、删除或弃审等操作,但可以关闭或打开;销售出库单根据自动生成的发货单生成。

参照订单发货时,一张订单可多次发货,多张订单可一次发货。如果不做“超订量发货控制”,则可以超销售订单数量发货。

（4）销售开票

销售开票是在销售过程中企业给客户开具销售发票及其所附清单的过程，是销售收入确定、销售成本计算、应交销售税金确定和应收账款确定的依据，是销售业务的必要环节。

销售发票既可以直接填制，也可以参照销售订单或销售发货单生成。参照发货单开票时，多张发货单可以汇总开票，一张发货单可拆单生成多张销售发票。

（5）销售出库

销售出库是销售业务处理的必要环节，在库存管理系统用于存货出库数量核算，在存货核算系统用于存货出库成本核算（如果存货销售成本的核算依据销售出库单）。

根据参数设置的不同，销售出库单可以在销售系统生成，也可以在库存系统生成。如果由销售管理系统生成出库单，则只能一次销售全部出库；而由库存管理系统生成销售出库单，可实现一次销售分次出库。

（6）出库成本确定

销售出库（开票）之后，要进行出库成本的确定。对于采用先进先出、后进先出、移动平均或个别计价这四种计价方式的存货，在存货核算系统进行单据记账时进行出库成本核算；而全月以平均价、计划价/售价法计价的存货，在期末处理时进行出库成本核算。

（7）应收账款确定及收款处理

及时进行应收账款确定及收款处理是财务核算工作的基本要求，由应收款管理系统完成。应收款管理系统主要完成对经营业务转入的应收款项的处理，提供各项应收款项的相关信息，以明确应收账款来源，有效掌握收款核销情况，提供适时的催款依据，提高资金周转率。

普通销售业务支持两种业务模式，即先发货后开票业务模式和开票直接发货业务模式。以先发货后开票为例，其业务流程如图9-5所示。

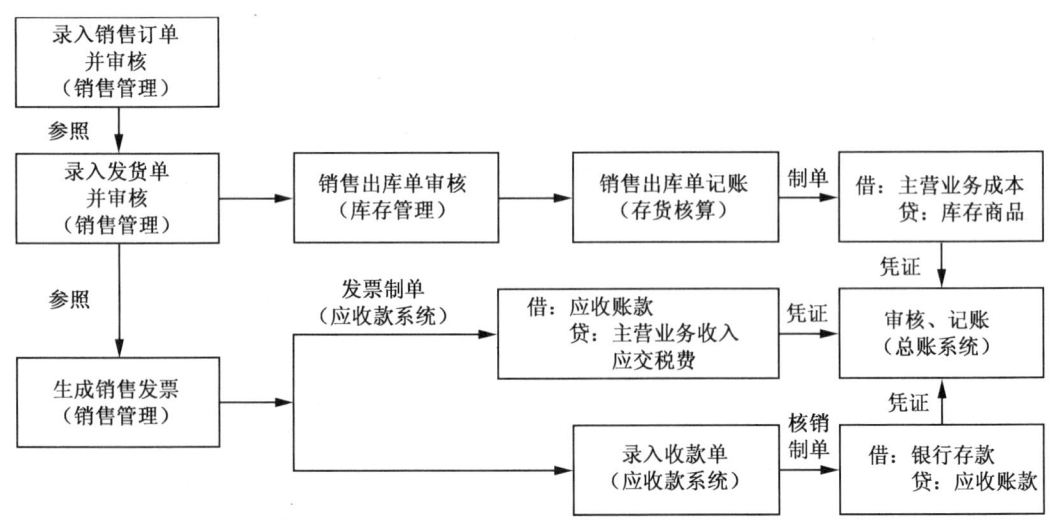

图9-5　先发货后开票业务模式的业务处理流程

4. 销售退货业务

销售退货是指客户因质量、品种、数量不符合规定而将已购货物退回。销售退货业务可分为先发货后开票业务下的退货和开票直接发货业务下的退货两种业务模式。

先发货后开票销售业务模式下的退货处理流程如图 9－6 所示。

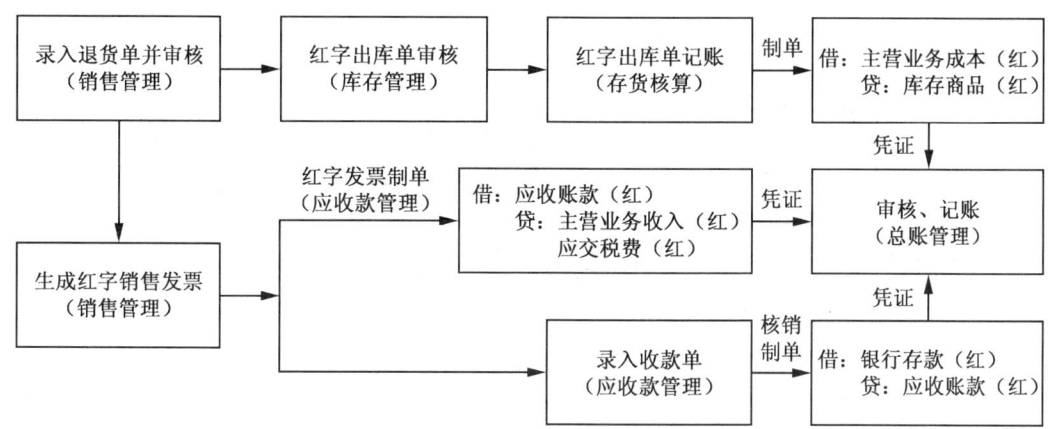

图 9－6　先发货后开票销售业务模式下的退货处理流程

开票直接发货销售业务模式下的退货处理流程为:填制并审核红字销售发票,审核后的红字销售发票自动生成相应的退货单、红字销售出库单以及红字应收账款,并传递到库存管理系统和应收款管理系统。

5. 综合查询

灵活运用销售管理系统提供的各种查询功能,可以有效提高信息利用和销售管理水平。

(1)单据查询

通过"销售订单列表""发货单列表""委托代销发货单列表""发票列表""销售调拨单列表""零售日报列表"可以分别对销售订单、发货单、委托代销发货单、销售发票、销售调拨单和零售日报进行查询。

(2)账表查询

通过查询销售管理系统提供的销售明细表、销售统计表、余额表及销售分析表,可以实现对销售业务的事中控制和事后分析管理。

6. 月末结账处理

月末结账是将当月的单据、数据封存,结账后不允许再对该会计期间的销售单据进行增加、修改或删除处理。

9.3.3　库存管理系统业务

1. 库存管理系统的主要功能

库存管理系统是用友 ERP-U8 供应链管理系统的一个子系统,主要功能如下:

(1)日常收发存业务处理

库存管理系统的主要功能是对采购管理系统、销售管理系统及库存管理系统填制的各种出入库单据进行审核,并对存货的出入库数量进行管理。

除管理采购业务、销售业务形成的入库和出库业务外,库存管理系统还可以处理仓库间的调拨业务、盘点业务、组装拆卸业务和形态转换业务等。

（2）库存控制

库存管理系统支持批次跟踪、保质期管理、委托代销商品管理、不合格品管理、现存量（可用量）管理和安全库存管理，对超储、短缺、呆滞积压和超额领料等情况进行报警。

（3）库存账簿及统计分析

库存管理系统可以提供出入库流水账、库存台账、受托代销商品备查簿和委托代销商品备查簿、呆滞积压存货备查簿供用户查询，同时提供各种统计汇总表。

2. 库存管理系统与其他系统的主要关系

库存管理系统既可以与采购管理系统、销售管理系统、存货核算系统集成使用，也可以单独使用。在集成应用模式下，库存管理系统与其他系统的主要关系如图9—7所示。

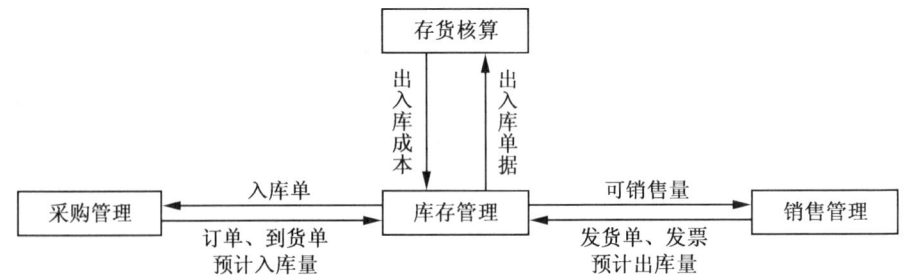

图9—7　库存管理系统与其他系统的主要关系

库存管理系统可以参照采购管理系统的采购订单、采购到货单生成采购入库单，并将入库情况反馈到采购管理系统。采购管理系统向库存管理系统提供预计入库量。

根据选项设置，销售出库单可以在库存管理系统填制、生成，也可以在销售管理系统生成后传递到库存管理系统，库存管理系统再进行审核。如果在库存管理系统生成，则需要参照销售管理系统的发货单和销售发票。销售管理系统为库存管理系统提供预计出库量，库存管理系统为销售管理系统提供可用于销售的存货的可用量。

库存管理系统为存货核算系统提供各种出入库单据。所有出入库单均由库存管理系统填制，存货核算系统只能填写出入库单中的单价和金额，并可对出入库单进行记账操作，核算出入库成本。

3. 库存管理系统入库业务处理

库存管理系统主要是对各种入库业务进行单据的填制和审核。

（1）入库单据

库存管理系统管理的入库业务单据主要包括：

①采购入库单。采购业务员将采购的存货交到仓库时，仓库保管员对其所购存货进行验收确定，填制采购入库单。采购入库单生成的方式有4种：参照采购订单、参照采购到货单、检验入库（与GSP集成使用时）和直接填制。采购入库单的审核相当于仓库保管员对采购的实际到货情况进行质量、数量的检验和签收。

②产成品入库单。产成品入库单是管理工业企业的产成品入库、退回业务的单据。

对于工业企业来说,对原材料及半成品进行一系列加工后,形成可销售的商品,然后验收入库。只有工业企业才有产成品入库单,商业企业没有此单据。

产成品一般在入库时无法确定总成本和单位成本,因此,在填制产成品入库单时,一般只有数量而没有单价和金额。

产成品入库的业务流程如图9-8所示。

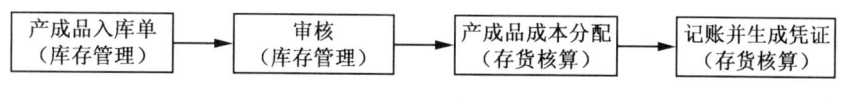

图9-8　产成品入库的业务流程

③其他入库单。这是指除了采购入库、产成品入库之外的其他入库业务,如调拨入库、盘盈入库、组装拆卸入库、形态转换入库等业务形成的入库单。

调拨入库、盘盈入库、组装拆卸入库和形态转换入库等业务可以自动形成相应的其他入库单,除此之外的其他入库单由用户填制。

(2)审核入库单据

库存管理系统中的审核具有多层含义,既可表示通常意义上的审核,也可用单据是否审核代表实物的出入库行为,即在入库单中的所有存货均办理了入库手续后,对入库单进行审核。

4. 出库业务处理

(1)销售出库

如果没有启用销售管理系统,则销售出库单需要手工增加。

如果启用了销售管理系统,则在销售管理系统中填制的销售发票、发货单、销售调拨单和零售日报经复核后均可以参照生成销售出库单。根据选项设置,销售出库单可以在库存管理系统填制、生成,也可以在销售管理系统生成后传递到库存管理系统,库存管理系统再进行审核。

(2)材料出库

材料出库单是工业企业领用材料时所填制的出库单据,也是进行日常业务处理和记账的主要原始单据之一。只有工业企业才有材料出库单,商业企业没有此单据。

(3)其他出库

其他出库是指除销售出库、材料出库之外的其他出库业务,如维修、办公耗用、调拨出库、盘亏出库、组装拆卸出库和形态转换出库等。

调拨出库、盘亏出库、组装出库、拆卸出库和形态转换出库等业务可以自动形成相应的其他出库单,除此之外的其他出库单由用户填制。

5. 盘点

盘点库存管理系统中提供了盘点单,用来定期对仓库中的存货进行盘点。存货盘点报告表则是证明企业存货盘盈、盘亏和毁损,据以调整存货实存数的书面凭证,经企业领导批准后,即可作为原始凭证入账。本功能提供两种盘点方法:按仓库盘点和按批次盘点,还可对各仓库或批次中的全部或部分存货进行盘点,盘盈、盘亏的结果可自动生成出入库单。

9.3.4 存货核算系统业务

1. 存货核算系统与其他系统的主要关系

存货核算系统是用友 ERP-U8 供应链管理系统的一个子系统,主要针对企业存货的收、发、存业务进行核算,掌握存货的耗用情况,及时、准确地把各类存货成本归集到各成本项目和成本对象,为企业的成本核算提供基础数据。

存货核算系统的主要功能包括:存货出入库成本的核算、暂估入库业务的处理、出入库成本的调整、存货跌价准备的处理等。

存货核算系统与其他系统的主要关系如图 9—9 所示。

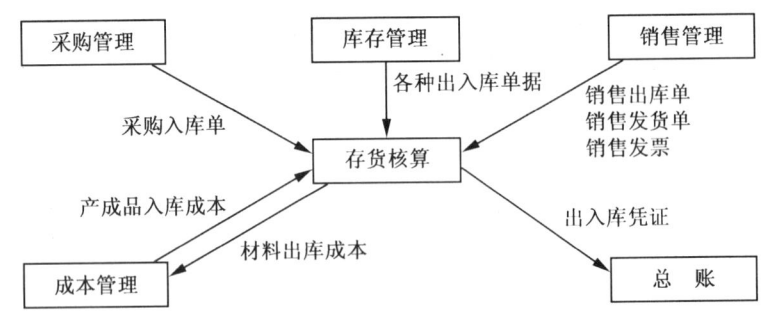

图9—9 存货核算系统与其他系统的主要关系

存货核算系统可对采购管理系统生成的采购入库单进行记账,对采购暂估入库单进行暂估报销处理。存货核算系统可对库存管理系统生成的各种出入库单据进行记账核算。企业发生的正常销售业务的销售成本可以在存货核算系统根据所选的计价方法自动计算;企业发生分期收款业务和委托代销业务时,存货核算系统可以对销售系统生成的发货单和发票进行记账并确认成本。

在存货核算系统进行了出入库成本记账的单据可以生成一系列物流凭证传入总账系统,实现财务和业务的一体化。成本管理系统可以将存货核算系统中材料出库单的出库成本自动读取出来,作为成本核算时的材料成本;成本管理系统完成成本计算后,存货核算系统可以从成本管理系统读取其计算的产成品成本并且分配到未记账的产成品入库单中,作为产成品入库单的入库成本。

2. 存货核算系统应用模式

存货核算系统既可以和采购管理系统、销售管理系统、库存管理系统集成使用,也可以只与库存管理系统联合使用,还可以单独使用。

(1)集成应用模式

当存货核算系统与采购管理系统、销售管理系统、库存管理系统集成使用时,在库存管理系统中录入采购入库单,在销售管理系统中录入发货单,审核后自动生成销售出库单或在库存管理系统中参照销售订单或发货单生成销售出库单,传递到存货核算系统,在存货核算系统中对各种出入库单据进行记账,并生成出入库凭证。

（2）与库存管理系统联合使用

当存货核算系统与库存管理系统联合使用时，在库存管理系统中录入各种出入库单据并进行审核，在存货核算系统中对各种出入库单据进行记账，生成凭证。

（3）独立应用模式

如果存货核算系统单独使用，那么，所有出入库单据均由存货核算系统填制。

3. 存货核算系统日常业务处理

（1）入库业务处理

入库业务包括采购入库、产成品入库和其他入库。

采购入库单在库存管理系统中录入，在存货核算系统中可以修改采购入库单上的入库金额，而采购入库单上"数量"的修改只能在该单据填制的系统进行。

产成品入库单在填制时一般只填写数量，单价与金额既可以通过修改产成品入库单直接填入，也可以由存货核算系统的产成品成本分配功能自动计算填入。

大部分其他入库单是由相关业务直接生成的。如果存货核算系统与库存管理系统集成使用，则可以通过修改其他入库单的操作对盘盈入库业务生成的其他入库单的单价进行输入或修改。

（2）出库业务处理

出库业务包括销售出库、材料出库和其他出库，可在存货核算系统修改出库单据上的单价或金额。

（3）暂估处理

存货核算系统中对采购暂估入库业务提供了月初回冲、单到回冲和单到补差三种方式。暂估处理方式一旦选择，不可修改，无论采用哪种方式都要遵循以下步骤：待采购发票到达后，在采购管理系统中填制发票并进行采购结算，然后在存货核算系统中完成暂估入库业务成本处理。

（4）生成凭证

在存货核算系统中，可以将各种出入库单据中涉及存货增减和价值变动的单据生成凭证传递到总账。

对比较规范的业务，在存货核算系统的初始设置中可以事先设置好凭证上的存货科目和对方科目，系统将自动采用这些科目生成相应的出入库凭证，并传送到总账。

在执行生成凭证的操作时，一般由在总账中有填制凭证权限的操作员来完成。

（5）综合查询

存货核算系统提供了存货明细账、总账、出入库流水账、入库汇总表、出库汇总表、差异（差价）分摊表、收发存汇总表、存货周转率分析表、入库成本分析和暂估材料余额分析等多种分析统计账表。

在查询过程中，应注意查询条件输入的准确性和灵活性。

4. 月末处理

存货核算系统的月末处理工作包括期末处理、结账和与总账系统对账三部分。

（1）期末处理

当存货核算系统日常业务全部完成后，就要进行期末处理。系统自动计算全年平均单价及本会计月度出库成本,自动计算差异率(差价率)以及本会计月度的分摊差异/差价,并对已完成日常业务的仓库或部门做处理标志。

(2)月末结账

存货核算系统期末处理完成后就可以进行月末结账。如果是集成应用模式,则必须待采购管理系统、销售管理系统和库存管理系统全部结账后,存货核算系统才能结账。

(3)与总账系统对账

为保证业务与财务数据的一致性,需要进行对账。存货核算系统记录的存货明细账数据应与总账系统存货科目和差异科目的结存金额、数量进行核对。

实验七　供应链管理系统初始设置

【实验目的】

(1)掌握用友 ERP-U8 管理软件中供应链管理系统的相关理论和概念。

(2)理解供应链管理系统的业务处理流程。

(3)掌握供应链管理系统初始设置的各种操作,如基础信息设置、期初余额录入的操作方法。

(4)掌握普通采购业务处理、采购退货业务处理、采购运费处理、暂估处理、月末结账及取消等操作方法。

(5)掌握普通销售业务处理、销售退货处理、销售账表查询、月末结账及取消等操作方法。

(6)掌握库存业务入库、出库、库存账簿查询等业务操作方法。

(7)掌握存货核算系统出入库单据处理、暂估业务、生成凭证、存货账簿查询和月末处理等业务操作方法。

(8)理解各个子系统与其他系统之间的数据传递关系。

【实验内容】

(1)启用供应链管理系统。

(2)供应链管理系统基础信息设置。

(3)供应链管理系统期初数据录入。

(4)采购管理系统日常业务。

(5)销售管理系统日常业务。

(6)库存管理系统日常业务。

(7)存货核算管理系统日常业务。

(8)各个子系统期末业务处理。

【实验要求】

(1)引入"实验一"账套数据。

(2)启用应收款管理、应付款管理、采购管理、销售管理、库存管理和存货管理。

(3)以"赵亮"的身份进行供应链管理初始设置。

(4)以"张佳琪"的身份处理采购管理系统业务。

(5)以"马弘扬"的身份处理销售管理系统业务。

(6)以"谢冰"的身份处理存货核算系统业务。

(7)以"王小红"的身份处理库存管理系统业务。

(8)以"王芳芳"的身份进行应收应付款业务的操作。

【实验案例】

1. 各子系统参数设置

(1)销售管理参数设置

无委托代销业务,无销售调拨业务,无零售日报业务,不允许超现存量发货,销售报价含税,销售计划金额含税,无信用额度控制,无最低售价控制。

(2)采购管理参数设置

不固定换算率,无远程应用,无受托代销业务。

(3)库存管理参数设置

无成套件管理,无批次管理,无保质期管理,无组装拆卸和形态转换业务,无最高最低库存报警;自动带出采购入库单、销售出库单、产成品入库单、材料出库单、其他入库单和其他出库单。

(4)存货核算参数设置

销售成本核算方式:销售出库单。

存货科目:按照存货分类设置存货科目。

2. 存货核算科目设置

(1)存货科目设置(见表 9—2)

表 9—2　　　　　　　　　　存货科目设置

仓　库	存货科目
成品库	库存商品(1405)
配料库	库存商品(1405)
杂品库	库存商品(1405)
原料库	主板(14030101) 扬声器(14030102) 液晶屏(14030103) 电源板(14030104)

(2)对方科目设置(见表 9—3)

表 9—3　　　　　　　　　　对方科目设置

收发类别	对方科目
采购入库	材料采购(1401)
产成品入库	直接材料(50010101)

续表

收发类别	对方科目
盘盈入库	待处理资产损溢(1901)
销售出库	主营业务成本(6401)
领料出库	直接材料(50010101)

3. 应收款系统初始设置

(1)参数设置(见表9—4)

表9—4　　　　　　　　　　　参数设置

控制参数	参数设置
坏账处理方式	应收余额百分比
登记支票	√
是否自动计算现金折扣	√
应收款核销方式	按单据
其他	默认

(2)科目设置(表9—5)

表9—5　　　　　　　　　　　科目设置

科目类别	设置方式
基本科目设置	应收科目:1122
	预收科目:2203
	销售收入科目:6001
	税费科目:22210102

(3)结算方式科目设置(见表9—6)

表9—6　　　　　　　　　　结算方式科目设置

结算方式	币　种	账　号	科　目
现金结算	人民币		100101
现金支票	人民币	123456789098	100201
转账支票	人民币	123456789098	100201
商业承兑汇票	人民币	123456789098	100201
银行承兑汇票	人民币	123456789098	100201
其他	人民币	123456789098	100201

（4）坏账准备（见表 9－7）

表 9－7　　　　　　　　　　　　　　　　坏账准备

控制参数	参数设置
提取比例	0.5%
坏账准备期初余额	0
坏账准备科目	1231
对方科目	6701

（5）账龄区间设置（见表 9－8）

表 9－8　　　　　　　　　　　　　　　　账龄区间

序　号	起止天数	总天数
1	0～30	30
2	31～60	60
3	61～90	90
4	91 以上	

（6）报警级别设置（见表 9－9）

表 9－9　　　　　　　　　　　　　　　　报警级别

起止比率	总比率	级别名称
0～10%	10	A
10%～30%	30	B
30%～50%	50	C
50%～100%	100	D
100%以上		E

4. 应付款系统初始设置

（1）参数设置（见表 9－10）

表 9－10　　　　　　　　　　　　　　　　参数设置

控制参数	参数设置
登记支票	√
是否自动计算现金折扣	√
其他	默认

（2）科目设置（见表9—11）

表9—11   科目设置

科目类别	设置方式
基本科目设置	应付科目:2202
	预付科目:1123
	采购科目:1401
	税费科目:22210101

（3）结算方式科目设置（见表9—12）

表9—12   结算方式科目设置

结算方式	币　种	科　　目
现金结算	人民币	100101
现金支票	人民币	100201
转账支票	人民币	100201
商业承兑汇票	人民币	100201
银行承兑汇票	人民币	100201
其他	人民币	

（4）账龄区间设置（见表9—13）

表9—13   账龄区间

序　号	起止天数	总天数
1	0～30	30
2	31～60	60
3	61～90	90
4	91以上	

（5）报警级别设置（见表9—14）

表9—14   报警级别

起止比率	总比率	级别名称
0～10%	10	A
10%～30%	30	B
30%～50%	50	C
50%～100%	100	D
100%以上		E

5. 采购系统期初数据

5 月 17 日,采购员张佳琪从汉恩电器公司采购液晶屏 50 个,单价为 700 元/个,商品验收入库但至今未收到发票。

6. 销售系统期初数据

5 月 21 日,销售部马弘扬向迅捷贸易公司出售三开门冰箱 10 台,单价为 3 000 元/台,由成品库发货,该发货单未开发票。

7. 应收应付款系统期初余额(见表 9—15 和表 9—16)

表 9—15　　　　应收账款会计科目期初余额明细(部门客户往来核算)　　余额:借 155 924.01 元

单据日期	发票类型	部门	客户	摘要	方向	金额
2013—04—23	销售专用发票	销售部	迅捷贸易	赊销冰箱	借	88 540.00
2013—05—10	销售专用发票	销售部	香水湾	赊销电视	借	67 384.01

表 9—16　　　　应付账款会计科目期初余额明细(部门供应商往来核算)　　余额:贷 173 983.89 元

单据日期	发票类型	部门	供应商	摘要	方向	金额
2013—04—15	采购专用发票	采购部	大兴电器	赊购原材料	贷	68 750.00
2013—05—07	采购专用发票	采购部	远通电子	赊购原材料	贷	105 233.89

8. 期初结存设置(见表 9—17)

表 9—17　　　　　　　　　　　期初结存

仓 库	存货名称	数 量	金 额
成品库	等离子电视	967	862 670.37
	LCD 背光电视	1	1 887.16
	LED 背光电视	545	2 487 118.40
	滚筒洗衣机	562	144 001.26
	波轮洗衣机	205	92 733.80
	单门冰箱	1 064	834 080.24
	双门冰箱	1 254	1 993 233.00
	三门冰箱	1 002	2 473 587.30
原料库	主板	270	99 832.77
	扬声器	420	50 045.49
	液晶屏	100	70 426.13
	电源板	160	47 234.36
杂品库	包装纸箱	1 500	113 331.59
配件库	电视机顶盒	500	144 828.65

9. 供应链日常业务

(1)6 月 2 日,因生产需要,生产车间张青提交采购液晶屏的请购单,数量为 100 个,单价为 700 元/个,需求日期为 6 月 10 日,财务部门通过审核。

(2)6 月 3 日,采购员梁国仁向远通电子公司订购液晶屏 100 个,单价为 700 元/个,计划到货日期为 6 月 10 日。

(3)6 月 10 日,收到远通电子公司发来的液晶屏 100 个,单价为 700 元/个,验收入库后发现有 10 个液晶屏质量有问题,要求退回供应商,同时收到一张运费发票 200 元,货款开出转账支票结清,支票号为 CN714。

(4)6 月 11 日,从远通电子购入的液晶屏质量有问题,退回 5 个,单价为 700 元/个。

(5)6 月 11 日,生产部门从原料库领用主板 100 个、扬声器 100 个、液晶屏 100 个、电源板 100 个,用于生产 LCD 背光电视。

(6)6 月 15 日,成品库收到生产车间加工的 10 台 LCD 背光电视作为产成品入库,单价为 1 500 元/台。

(7)6 月 16 日,海商集团欲购买 5 台 LED 背光电视,向销售部了解价格。销售部报价为 6 000 元/台。海商集团经过商议,决定订购 5 台 LED 背光电视,要求发货日期为 6 月 17 日。

(8)6 月 17 日,销售部向海商集团从成品仓库发出 5 台 LED 背光电视,因质量问题,海商集团退回 1 台,收回成品库。

(9)6 月 18 日,开出专用发票一张。

(10)6 月 19 日,收到海商集团转账支票一张,用以支付购买的 LED 背光电视货款,支票号为 ZZ516。

(11)6 月 20 日,因 LED 背光电视质量问题,海商集团退回 1 台。

(12)6 月 25 日,收到大兴电器提供的电源板 40 个,入原料库,月底发票仍未收到,故确定该批货物的暂估成本为 300 元/个。

(13)6 月 30 日,结转销售产品的成本,结转材料入库。

10. 期末结账

采购结账、销售结账、库存结账和存货结账。

【实验指导】

1. 启用子系统

以账套主管"赵亮(Lt001)"的身份登入企业应用平台,执行"基础设置|基本信息|系统启用"命令,启用"销售管理"系统、"采购管理"系统、"库存管理"系统、"存货核算"系统、"应收款管理"系统和"应付款管理"系统,启用日期为"2013—06—01"。

◇ 提 示 ◇

启用供应链管理系统之前,应收应付系统不能进行任何经济业务的操作;否则,供应链管理系统中的"销售管理"和"采购管理"系统无法启用。

2. 销售管理系统初始设置

在企业应用平台中,执行"业务工作"|"供应链"|"销售管理"|"设置"|"销售选项"命令,进入销售选项设置。

按实验要求勾选销售选项。

3. 采购管理系统初始设置

在企业应用平台中,执行"业务工作"|"供应链"|"采购管理"|"设置"|"采购选项"命

令,进入采购选项设置。

按实验要求勾选采购选项。

◇ 提示 ◇

采购管理期初设置完毕后进行采购期初记账;不然,存货核算系统中的期初存货录入后不能记账。

4. 库存管理系统初始设置

在企业应用平台中,执行"业务工作"|"供应链"|"库存管理"|"初始设置"|"选项"命令,进入库存选项设置。

按实验要求勾选库存选项。

5. 存货核算系统初始设置

在企业应用平台中,执行"业务工作"|"供应链"|"存货核算"|"初始设置"|"选项录入"命令,进入存货核算选项设置。

按实验要求勾选存货核算选项。

6. 存货核算科目设置

供应链|存货核算|初始设置|科目设置|存货科目|根据资料要求录入相关信息|保存并退出。

供应链|存货核算|初始设置|科目设置|对方科目|根据资料要求录入相关信息|保存并退出。

7. 应收款管理系统初始设置

(1)参数设置

在企业应用平台中,执行"业务工作"|"财务会计"|"应收款管理"|"设置"|"选项"命令,进入账套参数设置。单击"编辑"按钮,按实验资料设置应收款参数。

(2)初始设置

在企业应用平台中,执行"业务工作"|"财务会计"|"应收款管理"|"初始设置"命令,进入初始设置。

①单击"基础科目设置",进入基础科目设置页面,按实验资料设置基础科目。

②单击"结算方式科目设置",进入结算方式科目设置页面,按实验资料设置结算方式科目。

③单击"坏账准备设置",进入坏账准备设置页面,按实验资料设置坏账准备。

④单击"账期内账龄区间设置",进入账期内账龄区间设置页面,按实验资料设置账期内账龄区间。

⑤单击"逾期账龄区间设置",进入逾期账龄区间设置页面,按实验资料设置逾期账龄区间。

⑥单击"报警级别设置",进入报警级别设置页面,按实验资料设置报警级别。

8. 应付款管理系统初始设置

(1)参数设置

在企业应用平台中,执行"业务工作"|"财务会计"|"应付款管理"|"设置"|"选项"命

令,进入账套参数设置。单击"编辑"按钮,按实验资料设置应付款参数。

（2）初始设置

在企业应用平台中,执行"业务工作"|"财务会计"|"应付款管理"|"初始设置"命令,进入初始设置。

①单击"基础科目设置",进入基础科目设置页面,按实验资料设置基础科目。

②单击"产品科目设置",进入产品科目设置页面,按实验资料设置产品科目。

③单击"结算方式科目设置",进入结算方式科目设置页面,按实验资料设置结算方式科目。

④单击"账期内账龄区间设置",进入账期内账龄区间设置页面,按实验资料设置账期内账龄区间。

⑤单击"逾期账龄区间设置",进入逾期账龄区间设置页面,按实验资料设置逾期账龄区间。

⑥单击"报警级别设置",进入报警级别设置页面,按实验资料设置报警级别。

9. 应收应付系统期初余额录入

（1）在企业应用平台中,执行"业务工作"|"财务会计"|"应收款管理"|"设置"|"期初余额"|"期初余额查询"命令,点击"确定"按钮进入"期初余额明细表"窗口。

（2）单击"增加"按钮打开"单据类别——期初销售专用发票",根据资料(辅助明细账数据)的要求录入相关信息并保存。

（3）在期初余额明细表界面单击"对账"按钮,进入期初对账窗口,查看应收系统与总账系统的期初余额是否平衡。

> ◇ **提示** ◇
>
> 输入期初发票时要确定科目,以方便与总账系统的应收账款对账。
>
> 应收系统与总账系统的期初余额对账差额应为零,两个系统的客户往来科目的期初余额应一致。
>
> 应付系统期初余额录入与应收系统雷同,可参照应收系统初始数据流程处理。

10. 采购系统期初数据录入

（1）采购系统｜采购入库｜入库单｜期初采购入库单｜根据资料的要求录入相关信息(采购入库,暂估价700元)｜保存｜退出。

（2）采购系统｜设置｜采购期初记账｜记账｜期初记账完毕。

> ◇ **提示** ◇
>
> 采购系统有两类期初数据:一类是货到票未到即暂估入库业务,对这类业务应调用期初采购入库单录入;另一类为票到货未到即在途业务,对这类业务应调用期初采购发票功能,或等货到了一起录入。本例为暂估入库业务。
>
> 采购管理系统如果不执行期初记账,将无法开始日常业务,因此,即使没有期初数据也要执行期初记账。
>
> 采购系统不执行期初记账,库存管理和存货核算系统不能记账。
>
> 采购管理如果需要取消期初记账,则执行"设置"|"采购期初记账"|"取消记账功能"命令即可。

11. 销售系统期初数据

销售系统｜设置｜期初录入｜期初发货单｜根据资料的要求录入相关信息(无税单价

3 000元）｜保存｜审核。

◇ 提示 ◇

销售系统期初数据是指系统启用日期前已经发货、出库单位开具销售发票的存货。如果企业有委托代销业务，则指已经发生但未完全结算的存货需要在期初数据中录入。

12. 库存/存货核算系统期初存货结存设置

供应链｜存货核算｜期初数据｜期初余额｜选择仓库｜按照资料的要求录入相关信息｜对账｜记账。

如果在库存系统中录入，则供应链｜库存管理｜期初结存｜修改｜取数｜保存｜批审。

◇ 提示 ◇

各个仓库存货的期初数据可以在存货核算和库存管理的任意一个系统录入，另一个就可以通过"取数"获取相关数据。但因为涉及与总账对账，所以建议在存货核算系统中录入。

13. 日常业务操作

（1）采购请购

供应链｜采购管理｜请购｜请购单｜增加｜根据资料要求录入相关信息｜保存｜审核。

（2）采购订单

供应链｜采购管理｜采购订货｜采购订单｜增加｜生单(选择请购单)｜过滤｜选择单据｜确定｜根据资料要求录入相关信息｜保存｜审核。

◇ 提示 ◇

在填制采购订单时单击鼠标右键可查看存货现存量。

如果在存货档案中设置了最高进价，那么，当采购订单中货物的进价高于最高进价时，系统将自动报警。

如果企业按照部门或业务员进行审核，则必须输入相关"部门"和"业务员"的信息。

采购订单审核后，可以在"采购订单执行统计表"中查询。

（3）采购到货、入库、运费处理、采购结算和付款

①采购到货单

采购管理｜采购到货｜到货单｜增加｜生单(选择采购订单)｜过滤｜选择单据｜根据资料要求录入相关信息(按照实际入库数量填写)｜保存｜审核。

②采购入库单

库存管理｜入库业务｜采购入库单｜增加｜生单(选择采购到货单)｜过滤｜选择单据｜根据资料要求录入相关信息｜保存｜审核。

◇ 提示 ◇

只有采购管理系统和库存管理系统集成使用时，库存管理系统才可以通过"生单"功能生成采购入库单。

生单时参照的单据是采购管理系统中已审核、未关闭的采购订单和到货单。

采购管理系统如果设置"必有订单业务模式"时，不可手工录入采购入库单。

当入库数量与订单/到货单数量完全相同时，可不显示表体。

③采购发票处理

采购管理｜采购发票｜专用采购发票｜增加｜生单(选择入库单)｜过滤｜选择单据｜根据资料要求录入相关信息｜保存。

④采购运费单处理

采购管理｜采购发票｜运费发票｜增加｜根据资料要求录入相关信息｜保存。

◇ **提示** ◇

费用发票上的存货必须具有"应税劳务"属性。

⑤采购结算

采购管理｜采购结算｜手工结算｜选单｜过滤｜全选确定｜按数量分摊｜分摊｜结算。

◇ **提示** ◇

结算结果可以在"结算单列表"中查询。

结算完成后,在"手工结算"窗口将不能看到已结算的入库单和发票。

由于一些原因需要修改或删除入库单、采购发票时,需先取消采购结算。

出现运费业务时,不论采购入库单上有无单价,采购结算后,其单价都会自动修改为发票上的存货单价。

⑥审核采购发票并制单

应付款管理｜应付单据处理｜应付单据审核｜全选｜审核。

应付款管理｜制单处理｜选择单据条件｜全选｜合并｜制单。

借:材料采购(1401)	63 186	
应交税费/应交增值税/进项税额(22210101)	10 724	
贷:应付账款(2202)		73 910

⑦存货核算系统记账及制单

存货核算系统｜业务核算｜正常单据记账｜条件确定后进入正常单据记账界面｜记账。

存货核算系统｜财务核算｜生成凭证｜选择相应条件｜采购入库单(报销记账)｜进入"未生成凭证一览表"选中制单内容记录行｜确定｜转账凭证生成｜保存,出现"已生成"标志。

⑧付款处理并生成凭证

应付款管理｜付款单据处理｜付款单据录入｜应付单据审核｜根据资料要求录入相关信息｜保存｜审核制单｜核销处理｜手工核销｜远通电子｜核销(保存)。

借:应付账款(2202)	73 910	
贷:银行存款/工行存款(100201)		73 910

⑨相关账簿查询

以上业务完结,可以在采购管理系统中查询"到货明细表""入库明细表"和"采购明细表"等报表,在库存管理系统中查询"库存台账",在存货核算系统中查询"收发存汇总表"。

(4)采购结算后的采购退货

①红字采购入库单

库存管理｜入库业务｜采购入库单｜根据资料要求录入相关信息(增加红字入库单,数量为负数)｜保存｜审核。

②红字采购发票

采购管理｜采购发票｜红字专用采购发票｜增加｜生单(选择入库单)｜过滤｜选择单据｜根据资料要求录入相关信息｜保存。

③采购结算

采购管理｜采购结算｜手工结算｜选单｜过滤｜全选确定｜结算。

④红字发票审核及制单

应付款管理｜应付单据处理｜应付单据审核｜全选｜审核。

应付款管理｜制单处理｜选择单据条件｜全选｜合并｜制单。

　　借:材料采购(1401)　　　　　　　　　　　　　　　　3 500

　　　应交税费/应交增值税/进项税额(22210101)　　　595

　　　　贷:应付账款(2202)　　　　　　　　　　　　　4 095

(5)生产领用原材料

①库存管理｜出库业务｜材料出库单｜根据资料要求录入相关信息｜保存｜审核。

②存货核算｜业务核算｜正常单据记账｜选择材料出库单｜记账。

③存货核算｜财务核算｜生成凭证｜选择｜过滤｜选择单据｜生成。

　　借:生产成本/基本生产成本/直接材料(50010101)　　148 838

　　　贷:原材料/电视原材料/主板(14030101)　　　　　36 975

　　　　　原材料/电视原材料/扬声器(14030102)　　　　11 916

　　　　　原材料/电视原材料/液晶屏(14030103)　　　　70 426

　　　　　原材料/电视原材料/电源板(14030104)　　　　29 521

(6)产成品入库

①库存管理｜入库业务｜产成品入库单｜根据资料要求录入相关信息｜保存｜审核。

②存货核算｜业务核算｜正常单据记账｜选择产成品入库｜记账。

③存货核算｜财务核算｜生成凭证｜选择｜过滤｜选择单据｜生成。

　　借:库存商品(1405)　　　　　　　　　　　　　　　15 000

　　　贷:生产成本/基本生产成本/直接材料(50010101)　　15 000

◇ 提示 ◇

产成品入库单上无须添加单价,待产成品成本分配后会自动写入。

(7)销售报价与订货

①销售管理｜销售报价｜销售报价单｜增加｜根据资料要求录入相关信息｜保存｜审核。

②销售管理｜销售订货｜销售订单｜增加｜生单(报价)｜保存｜审核。

(8)销售出库

①销售管理｜销售发货｜发货单｜增加｜选择单据｜保存｜审核。

②销售管理｜销售发货｜退货单｜增加｜选择单据｜修改数据｜保存｜审核。

③库存管理｜出库业务｜销售出库单｜选择单据｜审核。

(9)销售发票处理

①销售管理系统｜销售开票｜销售专用发票｜增加｜取消过滤｜生单(参照发货单)｜发货单类型(全部)｜过滤｜选单｜确定｜根据资料修改相关信息｜保存｜复核。

②应收款系统｜应收单据处理｜应收单据审核｜选单｜审核。

③应收款系统｜应收单据处理｜制单处理｜选择过滤条件｜选择单据｜制单。

借:应收账款(1122)　　　　　　　　　　　　　　　　24 000

　　贷:主营业务收入(6001)　　　　　　　　　　　　25 641.03

　　　　应交税费/应交增值税/销项税额(22210102)　　3 487.18

　　　　主营业务收入(6001)　　　　　　　　　　　　5 128.21

(10)收到货款

①应收款管理系统｜收款单据处理｜收款单据录入｜根据资料要求录入相关信息｜保存｜审核｜制单。

借:银行存款/工行存款(100201)　　　　　　　　　　24 000

　　贷:应收账款(1122)　　　　　　　　　　　　　　24 000

②应收款管理系统｜核销处理｜手工核销｜海商集团｜核销(保存)。

(11)销售退货

①销售管理｜销售发货｜退货单｜增加｜过滤｜选择单据｜保存｜审核。

②销售管理｜销售开票｜红字专用销售发票｜增加｜取消过滤｜生单(参照发货单)｜选择发货单类型(红字记录)｜过滤｜选择单据｜根据资料要求修改信息｜保存｜复核。

③应收款管理系统｜应收单据处理｜应收单据审核｜选单｜审核。

④应收款管理系统｜应收单据处理｜制单处理｜选择过滤条件｜选择单据｜制单。

借:应收账款(1122)　　　　　　　　　　　　　　　　6 000

　　贷:主营业务收入(6001)　　　　　　　　　　　　5 128.21

　　　　应交税费/应交增值税/销项税额(22210102)　　871.79

(12)暂估入库

①库存管理系统｜入库业务｜采购入库单｜增加｜根据资料要求录入相关信息｜保存｜审核。

②存货核算系统｜业务核算｜暂估成本录入｜根据资料要求录入相关信息｜保存。

③存货核算系统｜业务核算｜正常单据记账｜选择单据｜记账。

④存货核算系统｜财务核算｜生成凭证｜选择｜选择单据｜确定｜输入科目｜生成。

借:原材料/电视原材料/电源板(14030104)　　　　　12 000

　　贷:材料采购(1401)　　　　　　　　　　　　　　12 000

(13)结转销售产品的成本,结转材料入库

①存货核算｜业务核算｜正常单据记账｜选择销售出库单｜记账。

②存货核算｜财务核算｜生成凭证｜选择｜选择单据｜确定｜输入科目｜合成。

借:主营业务成本(6401)　　　　　　　　　　　　　13 690.56

　　贷:库存商品(1405)　　　　　　　　　　　　　　13 690.56

③存货核算｜业务核算｜正常单据记账｜选择采购入库单｜记账。

④存货核算｜财务核算｜生成凭证｜选择｜选择单据｜确定｜输入科目｜合成。

　　借：原材料/电视原材料/液晶屏(14030103)　　　　　　　　　　　　59 686

　　　　贷：材料采购(1401)　　　　　　　　　　　　　　　　　　　　　　　59 686

14. 期末结账

(1)采购结账处理

①期末结账：在采购管理系统中，打开"月末结账"对话框，点击"选择标记"栏，单击"结账"按钮。月末结账完毕后单击"确定"按钮，"是否结账"一栏显示"已结账"。点击"退出"。

②取消结账：在采购管理系统中，打开"月末结账"对话框，点击"选择标记"栏，单击"取消结账"按钮。取消月末结账完毕后单击"确定"按钮，"是否结账"一栏显示"未结账"。点击"退出"。

(2)销售结账处理

①期末结账：在销售管理系统中，打开"月末结账"对话框，打开"销售月末结账"对话框，其中蓝条处是当前会计月，单击"结账"。"月末结账完毕"后单击"确定"按钮，"是否结账"一栏显示"是"。点击"关闭"。

②取消结账：在销售管理系统中，打开"月末结账"对话框，打开"销售月末结账"对话框，其中蓝条处是当前会计月。单击"取消结账"按钮，"是否结账"一栏显示为"否"。点击"关闭"。

(3)库存结账处理

①对账：财务核算｜与总账对账｜与总账对账表｜选择对账月份，查看对账结果。

②月末结账：业务核算｜月末结账｜采购系统尚未结账，不能继续！｜确定。

(4)存货结账处理

存货核算｜业务核算｜期末处理｜选择期末处理的月份｜确认进行期末处理｜期末处理完成。

◇ 提示 ◇

　　若应付款系统、库存管理系统或存货核算系统已经结账，则采购管理系统不能取消结账。

　　若应收款系统、库存管理系统或存货核算系统已经结账，则销售管理系统不能取消结账。

　　如果存货成本按全月平均法或计划价/售价方式核算，则当月业务全部完成后用户要进行存货核算系统的期末处理。

　　存货核算的期末处理需要在采购管理、销售管理和库存管理系统结账后进行。

　　存货核算期末处理前应检查需要记账的单据是否已经全部记账。

附录1 分模块练习

(一)建账及财务分工

1. 操作员及其权限

编号	姓名	口令	所属部门	角 色	权 限
201	曹玲佳	1	财务部	账套主管	账套主管的全部权限
202	张子强	2	财务部	总账会计、固定资产管理	总账(除 GL0209 恢复记账前状态权限)、固定资产管理、公共目录设置
203	陈景彤	3	财务部	出纳	出纳签字(GL0203)、出纳(GL04)所有权限
204	李文乐	4	财务部	应收应付会计、采购主管、材料会计	应收应付往来管理、采购主管、存货核算处理

2. 账套信息

账套号:411。

账套名称:科宏实业。

单位名称:吉林科宏实业股份有限公司。

单位简称:吉林科宏公司。

单位地址:吉林省长春市经开八区 183 号。

法人代表:高海英。

邮政编码:130031。

税号:100011010255669。

启用会计期:2013 年 1 月 1 日。

本币名称:人民币。

企业类型:工业。

行业性质:新会计制度科目,按行业性质预置科目。

账套主管:曹玲佳。

基础信息:对客户、供应商、存货进行分类,本企业无外币交易。

编码方案:科目编码级次为4222,客户编码、供应商编码均为 123,存货编码为 122,部门编码为 122,收发类别和结算方式编码均为 12。

核算精度:数量精确到两位小数,单价设置两位小数。

(二)基础设置

本账套所有子系统的启用日期均为 2013 年 1 月 1 日。

1. 部门档案

部门档案

部门编码	部门名称
1	人事部
2	财务部
3	供销中心
301	采购部
302	销售部
4	生产车间

2. 人员类别及人员档案

在职人员分为:1001 企业管理人员、1002 经营人员、1003 生产人员。

人员档案

人员编码	人员姓名	性别	人员类别	行政部门	是否业务员	是否操作员
101	高海英	女	企业管理人员	人事部	是	否
201	曹玲佳	女	企业管理人员	财务部	是	是
202	张子强	男	企业管理人员	财务部	是	是
203	陈景彤	女	企业管理人员	财务部	是	是
204	李文乐	男	企业管理人员	财务部	是	是
301	周莹	女	经营人员	销售部	是	否
302	张建平	男	经营人员	采购部	是	否
401	马文杰	男	生产人员	生产车间	是	否
402	刘士奇	男	生产人员	生产车间	是	否

3. 客户分类及客户档案

客户分类

客户分类编码	客户分类名称
1	批发商
2	代理商

客户分类编码	客户分类名称
3	零散客户

客户档案

客户编码	客户名称（简称）	所属分类	税　号	开户银行	账　号	分管部门	业务员
001	天益公司	1	110320104320012	工行北京分行	11015893249	销售部	周莹
002	立邦公司	1	210003232432247	工行上海分行	22100032341	销售部	周莹
003	明兴公司	2	120456486329565	工行鞍山支行	10210499855	销售部	周莹
004	维达公司	3	550438888288425	工行重庆分行	51019345637	销售部	周莹

4. 供应商分类及供应商档案

供应商分类

类别编码	类别名称
1	主料供应商
2	辅料供应商

供应商档案

供应商编码	供应商名称（简称）	所属分类	税　号	开户银行	账　号	分管部门	业务员
001	大发公司	1	110321124320456	工行北京分行	11027893470	采购部	张建平
002	光华公司	1	120347684358901	工行长春分行	22145089522	采购部	张建平
003	前进公司	2	220845306830059	工行天津分行	10324688659	采购部	张建平

二、总账管理系统

（一）账套总账系统的参数

（1）制单序时控制，支票控制，赤字控制资金及往来科目并提示，凭证系统编号，超出预算允许保存。

（2）允许修改、作废他人填制的凭证；出纳凭证必须经由出纳签字。

（3）现金流量科目并非必须录入现金流量项目。

（4）数量小数位和单价小数位设置为两位。部门、个人、项目按编码方式排序。

（二）会计科目

1. 指定科目

指定"1001 现金"为现金总账科目，指定"1002 银行存款"为银行总账科目，指定"现金""工行存款"为现金流量科目。

2. 会计科目增加

增加的会计科目

科目编码	科目名称	辅助账类型
100201	工行存款	日记账、银行账
113301	应收职工借款	个人往来
121101	原材料——主原材料	
12110101	钢材	数量金额核算(吨)
12110102	电动机	数量金额核算(台)
121102	原材料——辅原材料	
12110201	油漆	数量金额核算(桶)
124301	甲产品	数量金额核算(台)
124302	乙产品	数量金额核算(台)
41010101	生产成本——直接材料	
41010102	生产成本——直接人工	
510101	甲产品	数量金额核算(台)
510102	乙产品	数量金额核算(台)
550101	营业费用——办公费	
550102	营业费用——差旅费	
550103	营业费用——工资	
550104	营业费用——折旧费	
550105	营业费用——福利费	
550106	营业费用——其他	
550201	管理费用——办公费	部门核算
550202	管理费用——差旅费	部门核算
550203	管理费用——工资	部门核算
550204	管理费用——折旧费	部门核算
550205	管理费用——福利费	部门核算
550206	管理费用——其他	部门核算

3. 会计科目修改

"1111 应收票据""1131 应收账款"和"2131 预收账款"科目辅助类型为"客户往来"。

"2111 应付票据""2121 应付账款"和"1151 预付账款"科目辅助类型为"供应商往来"。

4. 期初余额

期初余额　　　　　　　　　　　　　　　　　　　　单位:元

科目名称	期初余额	备　注
库存现金	8 000	
银行存款	222 000	
银行存款/工行存款	222 000	
应收账款	15 710	2012 年 11 月 12 日,天益公司购买甲产品价税合计 7 020 元,货款未付,发票号为 78987 2012 年 11 月 18 日,明兴公司购买甲产品价税合计 7 020 元,货款未付,发票号为 78988 2012 年 11 月 22 日,为明兴公司代垫运费 500 元,票号为 0060 2012 年 11 月 22 日,立邦公司购买乙产品价税合计 1 170 元,发票号为 78989
应收职工借款	6 000	2012 年 12 月 7 日,人事部高海英出差借差旅费 6 000 元
预付账款	20 000	2012 年 12 月 12 日,预付大发公司货款 20 000 元
原材料	75 332	
原材料/主原材料	65 332	
钢材	30 000	30 吨
电动机	35 332	44 台
原材料/辅原材料	10 000	
油漆	10 000	100 桶
库存商品	50 000	
甲产品	30 000	20 台
乙产品	20 000	80 台
固定资产	1 212 000	
累计折旧	155 124	
短期借款	120 000	
应付账款	87 750	2012 年 12 月 15 日,向大发公司购主原材料——钢材 38 610 元,票号为 3007 2012 年 12 月 18 日,向前进公司购辅原材料——油漆 23 400 元,票号为 3008 2012 年 12 月 23 日,向光华集团购主原材料——钢材 25 740 元,票号为 3009
预收账款	30 000	2012 年 12 月 26 日,预收维达公司货款 30 000 元
应交税金/应交增值税/进项税额	3 832(借)	
应交税金/应交增值税/销项税额	20 000	
长期借款	200 000	
实收资本	1 000 000	

5. 定义常用摘要

从工行提取现金、购买原材料、销售商品、计提折旧费。

(三)凭证类别

凭证类别

类别名称	限制类型	限制科目
收款凭证	借方必有	1001,1002
付款凭证	贷方必有	1001,1002
转账凭证	凭证必无	1001,1002

(四)结算方式

结算方式

结算方式编码	结算方式名称	票据管理
1	现金结算	否
2	支票结算	否
201	现金支票	是
202	转账支票	是
3	商业汇票	否
301	商业承兑汇票	否
302	银行承兑汇票	否
4	其他	否

(五)2013 年 1 月发生的经济业务

(1)1 月 4 日,财务部李文乐购买办公用品 200 元,以现金支付,并附单据一张。

借:管理费用/办公费(550201)

　　贷:现金(1001)

(2)1 月 5 日,财务部陈景彤从工行提取现金 10 000 元作为备用金,现金支票为 XJ001。

借:现金(1001)

　　贷:银行存款/工行存款(100201)

(3)1 月 5 日,人事部高海英出差归来,报销差旅费 5 300 元,并交回现金 700 元。

借:管理费用/差旅费(550202)

　　现金(1001)

　　贷:应收职工借款(113301)

(4)1 月 8 日,以银行存款 50 000 元(转账支票,票号为 ZW004)支付销售部广告费。

借:营业费用/其他(550106)

　　贷:银行存款/工行存款(100201)

(六)常用凭证——从工行提现

(七)对各系统产生的凭证进行审核、记账

(八)银行对账

企业日记账余额为222 000元,银行对账期初余额为220 000元。有企业已收而银行未收的未达项2 000元(2012年12月20日)。

2013年1月银行对账单

单位:元

日　　期	结算方式	票　　号	借方金额	贷方金额
2013年1月5日	现金支票	XJ001		10 000
2013年1月8日	转账支票	ZW004		50 000
2013年1月15日	转账支票	ZW005	93 600	
2013年1月15日			12 000	
2013年1月24日	转账支票	ZW006		5 850

(九)期末结转

1. 自定义结转

每年按短期借款期末余额的0.2计提短期借款利息,平均到每月。

　　借:财务费用(5503)

　　　　贷:预提费用(2191)

税额结转:

　　借:应交税费/未交增值税

　　　　贷:应交税费/应交增值税/销项税额

2. 期间损益结转

本年利润科目3131,将本月"期间损益"转入"本年利润"。

3. 自动转账生成

生成自定义凭证并审核、记账。

4. 生成期间损益结转凭证,并审核记账

(十)对账、结账

三、UFO报表系统

(一)自制报表

管理费用明细表

编制单位：　　　　　　　　　　　　　年　月　日　　　　　　　　　　　　　单位:元

项　目	行次	借方发生额	贷方发生额
管理费用——办公费	1		
管理费用——差旅费	2		
管理费用——工资	3		
管理费用——折旧费	4		
管理费用——福利费	5		
管理费用——其他	6		
合　计	7		

制表人：

说明:①标题"管理费用明细表"为四号黑体居中；

②编制单位和年、月、日应设为关键字；

③表体文字为小四楷体居中,"制表人"为五号宋体右对齐,制表人为学生本人；

④相应单元公式及合计数公式学生自行设置。

(二)利用报表模板生成资产负债表

(三)利用报表模板生成现金流量表

四、薪资管理系统

引入"实验二"账套数据。

(一)工资系统参数

工资核算本位币:人民币。

不核算计件工资,自动代扣个人所得税,不进行扣零。人员编码长度为默认值。

工资类别:"基本人员",分布在各个部门；"试用期人员",分布在各个部门。

人员附加信息:"学历"和"技术职称"。

(二)工资项目设置

除应发合计、扣款合计、实发合计和代扣税四项以外,还需设置如下表所示项目:

增设工资项目

工资项目名称	类　型	长　度	小数位数	增减项
基本工资	数字	8	2	增项
职务补贴	数字	8	2	增项
交通补贴	数字	8	2	增项

工资项目名称	类 型	长 度	小数位数	增减项
奖金	数字	8	2	增项
缺勤扣款	数字	8	2	减项
养老金投保	数字	8	2	减项
住房公积金	数字	8	2	减项
缺勤天数	数字	8	2	其他

1. 基本人员工资项目

基本人员工资项目包括基本工资、职务补贴、交通补贴、奖金、应发合计、缺勤扣款、养老金投保、住房公积金、扣款合计、实发合计、代扣税和缺勤天数。

2. 试用期人员工资项目

试用期人员工资项目包括基本工资、职务补贴、交通补贴、应发合计、缺勤扣款、扣款合计、实发合计、代扣税和缺勤天数。

3. 计算公式

(1)基本人员计算公式

$$缺勤扣款＝基本工资÷24×缺勤天数$$
$$养老金投保＝基本工资×0.08$$
$$住房公积金＝(基本工资＋职务补贴＋奖金＋交通补贴)×0.08$$

经营人员的交通补贴为200元,其他人员的交通补贴均为100元。

(2)试用期人员计算公式

$$缺勤扣款＝基本工资÷24×缺勤天数$$
$$交通补贴＝(24－缺勤天数)×5$$

4. 基本人员档案

基本人员档案

人员编码	人员姓名	行政部门	人员类别	学历	技术职称	银行代发账号
101	高海英	人事部	企业管理人员	硕士	人力资源师	11022033001
201	曹玲佳	财务部	企业管理人员	硕士	高级会计师	11022033002
202	张子强	财务部	企业管理人员	本科	中级会计师	11022033003
203	陈景彤	财务部	企业管理人员	大专	初级会计师	11022033004
204	李文乐	财务部	企业管理人员	大专	助理会计师	11022033005
301	周莹	销售部	经营人员	大专		11022033006
302	张建平	采购部	经营人员	本科	市场营销师	11022033007
401	马文杰	生产车间	生产人员	本科	高级技师	11022033008
402	刘士奇	生产车间	生产人员	大专	初级技师	11022033009

注:银行为中国工商银行长春分行经开八区分理处。账号长度为11位,自动带出8位。

5. 基本人员工资数据

基本人员工资

单位:元

人员编码	人员姓名	行政部门	人员类别	基本工资	职务补贴	奖　金
101	高海英	人事部	企业管理人员	3 000	400	300
201	曹玲佳	财务部	企业管理人员	2 500	600	300
202	张子强	财务部	企业管理人员	2 000	400	200
203	陈景彤	财务部	企业管理人员	1 500	200	100
204	李文乐	财务部	企业管理人员	1 500	100	200
301	周莹	销售部	经营人员	2 000	0	100
302	张建平	采购部	经营人员	2 000	200	100
401	马文杰	生产车间	生产人员	2 500	400	300
402	刘士奇	生产车间	生产人员	2 000	100	100

6. 分摊构成设置

工资分摊

工资分摊类型	部门名称	人员类别	项　目	借方科目	贷方科目
应付工资（100%）	人事部、财务部	企业管理人员	应发合计	管理费用——工资(550203)	应付工资(2151)
	供销中心	经营人员	应发合计	营业费用——工资(550103)	
	生产车间	生产人员	应发合计	生产成本——直接人工(41010102)	
应付福利费（14%）	人事部、财务部	企业管理人员	应发合计	管理费用——福利费(550205)	应付福利费(2153)
	供销中心	经营人员	应发合计	营业费用——福利费(550105)	
	生产车间	生产人员	应发合计	生产成本——直接人工(41010102)	
工会经费（3%）	人事部、财务部	企业管理人员	应发合计	管理费用——其他(550206)	其他应付款(2181)
	供销中心	经营人员	应发合计	营业费用——其他(550106)	
	生产车间	生产人员	应发合计	管理费用——其他(550206)	

7. 2013年1月9日,聘任"403　李振南　男　大专　生产车间　生产人员　业务员　初级技师"为公司试用期人员,银行账号为11022033010,基本工资为2 000元,奖金暂无,职务补贴为100元。

8. 2013年1月31日,公司人事部和财务部共同参与核算职工本月工资,具体情况如下:

(1)本月财务部陈景彤和李文乐参加会计考试,每人缺勤2天。

(2)2012年生产车间技术改进取得成效,相关领导决定本年每月每位生产人员增加奖励工资300元,包含试用期人员。

(3)个人所得税设置:个人所得税基数为1 600元,计算个人所得税。

(4)进行工资费用分配。

五、固定资产管理系统

引入"实验二"账套数据。

(一)初始设置

1. 参数

本账套计提折旧,折旧方法为平均年限法(一),折旧汇总分配周期为 1 个月。当月初已计提月份=可使用月份-1 时,将剩余折旧提足。固定资产编码为 2-1-1-2;固定资产编码方式为"类别编码+部门编码+序号"自动编码,序号长度为 3。与账务系统对账,对账科目为"固定资产 1501"和"累计折旧 1502"。

业务发生后立即制单,月末结账前一定要完成制单登账业务,固定资产缺省入账科目为 1501,累计折旧缺省入账科目为 1502,固定资产减值准备缺省入账科目为 1505。

2. 部门对应折旧科目

人事部、财务部对应贷方科目:管理费用——折旧费(550204)。

供销中心——采购部、销售部:营业费用——折旧费(550104)。

生产车间:制造费用 5105。

3. 资产类别

资产类别

类别编码	类别名称	使用年限	净残值率(%)	计提属性	折旧方法	卡片样式
01	房屋及建筑物	30	2	正常计提	平均年限法(一)	通用样式
011	办公楼	30	2	正常计提	平均年限法(一)	通用样式
012	厂房	30	2	正常计提	平均年限法(一)	通用样式
02	机器设备		3	正常计提	平均年限法(一)	通用样式
021	生产线	10	3	正常计提	平均年限法(一)	通用样式
022	办公设备	5	3	正常计提	平均年限法(一)	通用样式

4. 固定资产增减方式

固定资产增减方式

增加方式	对应入账科目	减少方式	对应入账科目
直接购入	100201	出售	1701
盘盈	191102	盘亏	191102
投资者投入	3101	投资转出	140102
捐赠	311102	捐赠转出	1701
在建工程转入	1603	报废/损毁	1701

5. 固定资产原始卡片

(二)日常业务

2013 年 1 月 10 日,以银行存款直接购入并交付人事部、供销中心各 1 台电脑,预计使用年限均为 5 年,每台电脑原值为 6 000 元,净残值为 3%,采用"年数总和法"计提折旧。

固定资产日常业务

固定资产卡片名称	1 号楼	2 号楼	A 生产线	B 生产线	电脑
所属类别	011	012	021	021	022
所属部门	人事部、财务部、供销中心(2∶4∶4)	生产车间	生产车间	生产车间	财务部
增加方式	在建工程转入	直接购买	在建工程转入	投资者投入	直接购买
使用情况	在用	在用	在用	在用	在用
使用年限(年)	30	30	10	10	5
折旧方法	平均年限法(一)	平均年限法(一)	平均年限法(二)	平均年限法(二)	平均年限法(一)
开始使用时间	2006—09—08	2006—10—10	2006—08—20	2006—12—23	2007—04—05
原值(人民币元)	412 000	450 000	150 000	180 000	20 000
累计折旧(元)	37 800	25 515	39 375	45 198	7 236

2013 年 1 月 17 日,根据实际情况将固定资产 A 生产线的使用状况修改为"大修理停用",将固定资产原始卡片中的电脑折旧方法更改为"年数总和法"。

2013 年 1 月 31 日,计提本月折旧。

2013 年 1 月 31 日,供销中心损毁台式计算机 1 台。

六、应收款管理系统

引入"实验二"账套数据。

(一)初始设置

1. 付款条件和本单位开户银行

付款条件

编码	信用天数	优惠天数 1	优惠率 1	优惠天数 2	优惠率 2	优惠天数 3	优惠率 3
01	30	5	2				
02	60	5	4	15	2	30	1
03	90	5	4	20	2	50	1

本单位开户银行:

编码——01;名称——中国工商银行长春分行经开八区分理处;账号——786543239075。

2. 计量单位

计量单位

计量单位组	计量单位
基本计量单位 （无换算率）	吨
	台
	桶
	千米

3. 存货分类及档案

存货的分类

存货分类编码	存货分类名称
1	主原材料
2	辅原材料
3	库存商品
4	应税劳务

存货档案

存货编码	货物名称	所属分类码	计量单位	税率（%）	存货属性	参考成本
1001	钢材	1	吨	17	外购、生产耗用	1 000
1002	电动机	1	台	17	外购、生产耗用	803
2001	油漆	2	桶	17	外购、生产耗用	100
3001	甲产品	3	台	17	自制、销售	1 500
3002	乙产品	3	台	17	自制、销售	250
4001	运输费	4	千米	7	外购、销售、应税劳务	

4. 应收款管理系统基础设置

按单据核销,明细到客户,坏账处理方式为应收余额百分比法,自动计算现金折扣。

单据编码:销售发票和采购发票编码均为完全手工编号。

应收科目1131,预收科目2131,税金科目(销项税额)21710105。

产品科目设置:甲产品510101,乙产品510102。

现金结算为1001,现金支票和转账支票为100201。

坏账准备提取比率为0.5%,期初准备为0,科目为"坏账准备",对方科目为"资产减值准备"。

账期内账龄区间和逾期账龄期间

序　号	起止天数	总天数
1	1～30	30
2	31～60	60

续表

序　号	起止天数	总天数
3	61~90	90
4	91 以上	

5. 应收期初余额

(1)销售专用发票,2012—11—12,天益公司购买甲产品 3 台,无税单价为 2 000 元,价税合计 7 020 元,发票号为 78987。

(2)销售专用发票,2012—11—18,明兴公司购买甲产品 3 台,无税单价为 2 000 元,价税合计 7 020 元,发票号为 78988。

(3)销售专用发票,2012—11—22,立邦公司购买乙产品 2 台,无税单价为 500 元,价税合计 1 170 元,票号为 78989。

(4)其他应收单,2012—11—22,票号为 0060,为明兴公司代垫运费 500 元。

(5)预收款单,2012—12—26,转账支票,票号为 7111,预收维达公司货款 30 000 元。

(二)日常业务

2013 年 1 月 5 日,销售给维达公司甲产品 5 台,无税单价为 1 980 元,增值税税率为 17%,专用发票号为 53479,以现金代垫运费 120 元。货款由预收款支付,运费暂未归还。

2013 年 1 月 6 日,销售给立邦公司甲产品 30 台,无税单价为 2 000 元;乙产品 40 台,无税单价为 500 元;共计货款 80 000 元,税款 13 600 元,价税合计 93 600 元,填制专用发票,票号为 78990。

2013 年 1 月 11 日,收到转账支票 ZW005,金额为 93 600 元,支付本货款。

2013 年 1 月 13 日,销售给明兴公司甲产品 10 台,无税单价为 2 000 元;乙产品 20 台,无税单价为 500 元,专用增值税发票票号为 78992,未收到货款。

2013 年 1 月 15 日,收到明兴公司货款 30 000 元,其他欠款转给立邦公司。

2013 年 1 月 18 日,确认本月为维达公司代垫运费 120 元作为坏账处理,期末计提坏账准备。

2013 年 1 月 20 日,收到维达公司 120 元,用于归还代垫运费 120 元。

七、应付款管理系统

引入"实验二"账套数据。

(一)初始设置

1. 应付款管理系统基础设置

应付科目为 2121,预付科目为 1151,采购科目为 1201,税金科目(进项税额)为 21710101。现金结算为 1001,现金支票和转账支票为 100201。

2. 应付期初余额

(1)采购专用发票,2012—12—15,向大发公司购主原材料——钢材 30 吨,无税单价为

1 100元,价税合计38 610元,发票号为3007。

（2）采购专用发票,2012－12－18,向前进公司购辅原材料——油漆 200 桶,无税单价为100 元,价税合计23 400元,发票号为3008。

（3）采购专用发票,2012－12－23,向光华集团购主原材料——钢材 22 吨,无税单价为1 000元,价税合计25 740元,发票号为3009。

（4）预付款单,2012－12－12,预付给大发公司货款20 000元,转账支票号为7450。

（二）日常业务

2013 年 1 月 5 日,以转账支票 5830 支付大发公司货款18 610元,剩余20 000元货款用预付款支付。

2013 年 1 月 7 日,以商业承兑汇票一张支付前进公司货款,票据号为 58754,面值为23 400元,到期日为 2013 年 7 月 5 日。

2013 年 1 月 10 日,从光华集团采购辅原材料——油漆 100 桶,无税单价为 100 元,价税合计11 700元,发票号为3010。货款用转账支票5837 支付。

2013 年 1 月 12 日,支付光华集团前欠货款 30 000 元,转账支票5839,剩余货款作为预付款。

2013 年 1 月 15 日,发现从光华集团购买的油漆因质量问题退回 10 桶,填制红字发票一张,票号为 3101,货款变为预付款。

2013 年 1 月 16 日,从前进公司购买主原材料——钢材 10 吨,无税单价为1 000元,价税合计11 700元。

2012 年 1 月 18 日,将前欠前进公司货款转给大发公司。

八、供应链管理系统

引入"实验二"账套数据。

（一）初始设置

1. 仓库档案及存货科目设置

仓库档案及存货科目

仓库编码	仓库名称	计价方式	存货科目	
1	主原材料库	移动平均法	钢材　　12110101 电动机　12110102	
2	辅原材料库	移动平均法	油漆　　12110201	
3	成品库	全月平均法	甲产品　124301 乙产品　124302	
收发类别			存货对方科目	
采购入库			物资采购1201	
产成品入库			生产成本——直接材料41010101	

2. 收发类别

收发类别

收发类别编码	收发类别名称	收发标志	收发类别编码	收发类别名称	收发标志
1	入库	收	2	出库	发
101	采购入库	收	201	销售出库	发
102	产成品入库	收	202	材料领用出库	发
103	其他入库	收	203	其他出库	发

3. 采购/销售类型

采购类型

采购类型编码	采购类型名称	入库类别	是否默认值
1	主原材料采购	采购入库	是
2	辅原材料采购	采购入库	否
3	其他采购	其他入库	否

销售类型

销售类型编码	销售类型名称	出库类别	是否默认值
1	经销	销售出库	是
2	零售	销售出库	否

4. 采购模块期初数据

2012 年 12 月 14 日,收到光华集团提供的电动机 5 台,月底暂估价为 820 元,已入主原材料库,建账套前未收到发票。

5. 库存和存货系统期初数据

库存和存货系统期初数　　　　　　　　　　　　　　　　金额单位:元

仓库名称	存货编码	存货名称	数量	单价	金额	合计
主原材料库	1001	钢材	30	1 000	30 000	75 332
	1002	电动机	44	803	35 332	
辅原材料库	2001	油漆	100	100	10 000	
成品库	3001	甲产品	20	1 500	30 000	50 000
	3002	乙产品	80	250	20 000	

(二)日常业务

2013 年 1 月 18 日,采购部张建平向大发公司询问钢材单价,供应商报价为 1 050 元,张建平认为价格适宜,随后向公司上级主管提出请购 20 吨,并填制请购单。当日,上级主管同意从大发公司购买钢材 20 吨,单价为 1 050 元,到货日期为 2013 年 1 月 20 日。

2013年1月20日,收到大发公司钢材20吨,填制到货单,并验收入主原材料库。当天收到该笔业务的专用发票,票号为3015;同时,发生运输费200元,税率为7%,收到相应运费发票一张,票号为84517。

2013年1月21日,财务部根据采购部对验收入库情况的汇报,确认可以支付货款,开出转账支票一张,票号为5832,支付货款及运费,并进行采购成本核算。

2013年1月23日,立邦公司向我公司销售部询问甲产品和乙产品的价格,准备购买20台甲产品、20台乙产品。销售部周莹给予的报价是甲产品1 980元/台,乙产品500元/台,并填制审核报价单。

2013年1月24日,立邦公司向我公司要求订购甲产品20台,单价为1 980元/台,乙产品20台,单价为500元/台,要求1月25日发货,并填制审核销售订单。

2013年1月25日,销售部从成品库发出立邦公司所需货品,并填制销售专用发票,票号为78995。

2013年1月26日,收到立邦公司全额货款,转账支票票号为ZW009。

2013年1月26日,销售部将销售发票交给财务部进行销售成本及收入的结转。

2013年1月29日,从光华集团采购辅原材料——油漆50桶,货入库,月末发票未到,以单价100元/桶做暂估入库处理。

2013年1月30日,从大发公司购买的钢材1吨存在质量问题,退货,填制红字专用发票,票号为3105,货款收回。

(三)期末处理

采购管理系统、销售管理系统、库存管理系统、存货核算系统和应收应付款系统结账。

附录 2　综合练习

一、新建账套

(一)账套信息

账套号:学号后 3 位。

账套名称:学号＋本人姓名。

账套路径:默认。

启用会计期间:2013 年 1 月。

单位名称:学号＋本人姓名。

单位地址:长春市净月大街 55 号。

邮政编码:130000。

联系电话:84535555。

税号:123456789123456。

本位币代码:RMB。

本位币名称:人民币。

企业类型:工业。

行业性质:2007 年新会计制度科目。

账套主管:本人姓名。

基础信息:无客户分类、无供应商分类、无存货分类、有外币核算。

编码方案:科目编码规则是 4－2－2－2,结算方式编码是 1－2。

系统启用:总账、应收款管理、应付款管理、固定资产、薪资管理、销售管理、采购管理、库存管理、存货核算。

启用时间:2013 年 1 月 1 日。

(二)用户及权限

用户及权限

编号	姓名	口令	所属部门	角色	权　限
001	本人姓名	001	财务部	账套主管	账套主管的全部权限
002	林一丹	002	总经理室	账套主管	账套主管的全部权限
003	刘丽丽	003	财务部	出纳	总账—出纳签字及出纳的全部权限

二、初始设置(以本人身份完成以下工作)

(一)基础设置

1. 部门档案

1 总经理室,2 财务部,3 销售部,4 采购部,5 生产部。

2. 人员档案

人员档案

人员编号	人员姓名	性别	人员类别	行政部门	是否操作员	对应操作员编码	是否业务员
001	本人姓名	本人	在职人员	财务部	是	001	是
002	林一丹	女	在职人员	总经理室	是	002	是
003	刘丽丽	女	在职人员	财务部	是	003	是
004	张清	男	在职人员	销售部			是
005	王猛	男	在职人员	采购部			是
006	刘俊仁	男	在职人员	生产部			是

3. 供应商档案

001 康达公司,002 健硕公司。

4. 客户档案

001 夏兰公司,002 远扬公司。

5. 存货分类

01 原材料,02 产成品。

6. 计量单位

计量单位组:1 无换算关系组,无换算率。

计量单位:01 台,02 个。

7. 存货档案

存货档案

存货编码	存货名称	存货分类	主计量单位	税率	存货属性
001	电脑	02	台	17%	内销,外销,外购,自制
002	显示器	01	台	17%	内销,外销,外购,自制
003	鼠标	01	个	17%	内销,外销,外购,自制
004	键盘	01	个	17%	内销,外销,外购,自制
005	机箱	01	台	17%	内销,外销,外购,自制

8. 外币

币符：USD；币名：美元；2013 年 1 月记账汇率为 6.68。

9. 会计科目表

会计科目

科目编码	科目名称	方向	外币币别/计量单位	辅助核算
1001	库存现金	借		日记账
1002	银行存款	借		银行日记
100201	人民币	借		银行日记
100202	美元	借	美元	银行日记
1122	应收账款	借		客户往来
2202	应付账款	贷		供应商往来
2221	应交税费	贷		
222101	应交增值税	贷		
22210101	进项税额	贷		
22210102	销项税额	贷		
6602	管理费用	借		部门核算

将 1001 指定为现金总账科目，将 1002 指定为银行总账科目。

10. 凭证类别

收　借方必有　1001，100201，100202；

付　贷方必有　1001，100201，100202；

转　凭证必无　1001，100201，100202。

11. 结算方式

1 现金支票，2 转账支票，3 现金结算。

12. 本单位开户银行

开户银行信息

项　目	内　容
开户银行编码	001
开户银行名称	中国工商银行净月支行
银行账号	112233456789
币种	人民币

13. 仓库档案

仓库档案

编码	名称	所属部门	计价方式	是否货位管理
1	成品库	生产部	全月平均法	否
2	原料库	生产部	移动平均法	否

14. 收发类别

收发类别

编码	名称	收发标志	编码	名称	收发标志
1	入库类别	收	2	出库类别	发
11	采购入库	收	21	销售出库	发
12	产成品入库	收	22	领料出库	发
13	其他	收	23	其他	发

15. 采购类型

采购类型

编 码	名 称	入库类别	是否默认值
1	原材料采购	采购入库	是
2	产成品采购	采购入库	否

16. 销售类型

销售类型

编 码	名 称	出库类别	是否默认值
1	批发	销售出库	是
2	零售	销售出库	否

(二)总账初始设置

1. 选项参数
可以使用应收应付款系统受控科目。

2. 录入期初余额
应收账款和应付账款的期初余额应先在应收款管理和应付款管理系统中录入,然后在总账管理系统中通过引入的方式引入余额。

录入期初余额 单位:元

科目编码	科目名称	外币币别/计量单位	期初余额
1001	库存现金		15 000
1002	银行存款		110 000
100201	人民币		100 000
100202	美元		10 000
		美元	6 680
1122	应收账款		53 001
1403	原材料		125 000
1405	库存商品		65 000
1601	固定资产		135 800
1602	累计折旧		10 535
2202	应付账款		51 480
4001	实收资本		441 786

(三)应收款管理初始设置

1. 控制参数

坏账处理方式:应收余额百分比法。

2. 设置科目

科目设置

基本科目	控制科目	结算方式
应收科目(本币):1122 预收科目(本币):2203 销售收入科目:6001 税金科目:22210102	所有客户的控制科目: 　应收科目:1122 　预收科目:2203	现金支票:人民币(100201) 转账支票:人民币(100201)

3. 坏账准备

提取比例:0.5%。

坏账准备期初余额:0。

坏账准备科目:1231。

对方科目:6701。

4. 账龄区间和逾期账龄区间

1~30,31~60,60 以上。

5. 期初余额

期初余额   金额单位：元

票据类型	日期	客户名称	部门名称	科目	货物名称	数量	单价	税率	金额
销售专用发票	2012—12—23	夏兰公司	销售部	1122	电脑	10	4 530	17%	53 001

(四)应付款管理初始设置

1. 设置科目

应付款科目设置

基本科目	控制科目	结算方式
应付科目(本币):2202 预付科目(本币):1123 采购科目:1401 税金科目:22210101	所有客户的控制科目： 应付科目:2202 预付科目:1123	现金支票:人民币(100201) 转账支票:人民币(100201)

2. 账龄区间和逾期账龄区间

1~30,31~60,60 以上。

3. 期初余额

期初余额   金额单位：元

票据类型	日期	客户名称	部门名称	科目	货物名称	数量	单价	税率	金额
采购专用发票	2012—12—20	康达公司	采购部	2202	显示器	40	1 100	17%	51 480

(五)固定资产初始设置

1. 部门对应折旧科目

折旧科目

部门名称	折旧科目
总经理室	管理费用
财务部	管理费用
销售部	销售费用
采购部	管理费用
生产部	制造费用

2. 固定资产类别

固定资产类别

编　码	类别名称	折旧方法
01	房屋建筑物	平均年限法（一）
02	办公设备	平均年限法（一）

3. 固定资产原始卡片

固定资产原始卡片

资产类别	01	02
资产编码	01001	02001
名称	办公大楼	打印机
使用部门	多部门使用（各占 20%）	总经理室
增加方式	直接购入	直接购入
使用状况	在用	在用
使用年限	40 年	5 年
折旧方法	平均年限法（一）	平均年限法（一）
开始使用日期	2009－12－31	2011－12－31
币种	人民币	人民币
原值（元）	133 000	2 800
累计折旧（元）	9 975	560
净残值率	0	0

（六）存货核算系统初始设置

1. 存货科目

成品库:1405;原料库:1403。

2. 对方科目

采购入库:1401;产成品入库:5001;销售出库:6401;领料出库:5001。

3. 存货期初结存

存货期初结存

金额单位:元

仓　库	存货名称	数　量	单位成本
成品库	电脑	20	900
原料库	显示器	65	80
原料库	鼠标	58	100
原料库	键盘	65	1 200
原料库	机箱	20	900

三、会计业务处理（该单位以本人身份进行业务处理）

1 月 2 日，刘丽丽从银行提取人民币 10 000 元作为备用金。

1 月 8 日，销售部张清出差归来报销差旅费 1 000 元。

1 月 10 日，收到夏兰公司的货款人民币 53 001 元，结算方式为转账支票，支票号为 6688。

1 月 11 日，向健硕公司购买显示器 20 台，每台 680 元，收到采购专用发票，款未付。

1 月 11 日，向健硕公司采购的显示器验收入库 20 台，入库单位成本为 680 元/台。

1 月 12 日，购买传真机一台，作为固定资产核算和管理，成本为 4 800 元，现金支付，总经理室使用，预计使用 8 年。

1 月 31 日，计提固定资产折旧。

1 月 31 日，进行存货盘点，发现键盘比账面多 2 个，鼠标比账面少 1 个。

1 月 31 日，期末结转损益。

1 月 31 日，进行月末结账（用"林一丹"审核凭证）。

四、根据本月数据，生成利润表和资产负债表

参 考 文 献

[1]张瑞君,蒋砚章. 会计信息系统[M]. 北京:中国人民大学出版社,2009.

[2]王新玲,汪刚. 会计信息系统实验教程[M]. 北京:清华大学出版社,2009.

[3]毛华扬,傅樵. 会计电算化原理与实务[M]. 北京:中国人民大学出版社,2012.

[4]毛卫东,孙浩,叶小平. 会计信息系统实验指导教程[M]. 上海:上海财经大学出版社,2012.

[5]李景峰. 会计信息系统教程[M]. 上海:上海财经大学出版社,2012.

[6]候克兴、李长山. 会计电算化初级教程[M]. 长春:吉林人民出版社,2009.

[7]王新玲,赵彦龙,蒋晓燕. 新编用友 ERP 财务管理系统实验教程[M]. 北京:清华大学出版社,2009.

[8]李冬梅,谷增军,葛红. ERP 财务管理实务[M]. 北京:清华大学出版社,2011.

[9]曹燕华,武新华,王丽平. 用友 ERP-U8 财务应用从入门到精通[M]. 北京:中国铁道出版社,2011.

[10]宋祥亮. 用友 ERP-U8 财务管理实战详解[M]. 北京:电子工业出版社,2011.

[11]刘清云. 详解用友 ERP-U8 财务应用[M]. 北京:中国铁道出版社,2011.